이란과 미국

이 도서의 국립중앙도서관 출판예정도서목록(CIP)은 서지정보유통지원시스템 홈페이지(http://seoji.nl.go.kr)와 국가자료공동목록시스템(http://www.nl.go.kr/kolisnet)에서 이용하실 수 있습니다. (CIP제어번호: CIP2014023340)

이란과 미국

이란 핵 위기와 중동 국제정치의 최전선

다카하시 가즈오(高橋和夫) 지음
이용빈 옮김

한울
아카데미

추천의 글 I

이란과 미국의 관계는 과거 60년 동안 주목할 만한 변화를 경험해왔다. 특히 미국이 외교정책상의 이유로 석유 등 전략적 자원이 풍부한 중동지역에서 소련의 영향력이 광범위하게 확산되는 것을 우려하고 있을 때였던 1953년, '아작스 작전(Operation Ajax)'은 미국과 이란 간의 긴밀한 군사협력을 장기간 주도하는 역할을 했다. 과거 이란의 팔레비(Muhammad Reza Shah Pahlavi) 정권은 미국의 강력한 '반공(反共) 동맹국'이었으며, 또한 미국이 중동지역에서 군사적으로 강력한 존재감을 발휘할 수 있도록 했는데, 특히 이스라엘과 이란 간의 '비밀 협력'이 있을 때에는 더욱 긴밀하게 움직였다.

그런데 이란에서 1979년에 발발한 혁명적이며 민중적인 소요와 이슬람주의 개혁은 이러한 미국과 이란 사이의 관계를 역전시켰다. 그 당시 소련은 유럽에서 세력을 상실해가고 있었을 뿐만 아니라 중동지역에서도 도전을 받고 있었기 때문에, 중동지역에서의 미국의 막강한 존재감은 바람직하지 못한 결과를 초래하게 되었다. 이란과 이라크 사이에서 전쟁이 일어나 수십만 명의 양국 사람들이 사망하는 동안, 테헤란의 미국 대사관에서 444일 동안 벌어진 '인질 위기(hostage crisis)'는 신문의 헤드라인 뉴스를 장식했다. 또한 레바논에서 발생한 내전은 결국 이스라엘의 직접적인 개입을 초래했고, 299명의 미국 해병대 장병들과 프랑스 낙하산 부대 대원들의 희생을 가져왔다. 걸프협력기구(GCC)로 발전하게 되는 국가들과 미국의 관계는 이스라엘에 대한 미국의 지원을 저해하지 않는 범위 내에서 기타 지역적 이해(regional interests)와 균형이 맞추어져야 했다.

현재 이란의 핵개발 프로그램과 관련하여 진행되고 있는 협상은 1950년대부터 미국과 이란 양국이 직면해왔던 동일한 이슈들의 상당 부분을 재현하고 있는데, 여기에는 이스라엘, 아랍 세계의 석유 자원이 풍부한 국가들, 이라크, 그리고 시리아를 중심으로 한 소련(러시아)의 영향력 등이 포함된다. 이란이 핵기술을 확보하고자 사력을 다하고 있는 상황은 이른바 '아랍의 봄'의 발발, 글로벌 금융위기, 그리고 이란 및 미국 국내정치의 주목할 만한 변화 등 일련의 사태와 연계하여 발전하고 있다.

증가하고 있는 식량 부족, 세계의 민족 간 · 종교 간 분쟁, 그리고 기후 변화 등의 심각성과 변화하고 있는 글로벌 맥락을 감안할 때, 이란과 미국 그리고 이스라엘과 관련된 복잡한 관계와 갈수록 상호 연계되어 심화되는 '전략적 문제'를 이해하는 것은 말할 필요도 없이 매우 중요하다. 지속가능한 환경의 확보와 '인간 안보(human security)'의 담지는 앞으로 다가올 도전들을 성공적으로 헤쳐 나가는 데에 핵심적이며, 또한 심층적인 학문적 분석을 통해서 검토되고 이해되어야 할 사활적인 이슈라고 할 수 있다. 이러한 측면에서 미국과 이란의 관계를 역사적 · 외교적 · 전략적 관점에 기반을 두고 균형 잡힌 시각에서 다루고 있는 이 책에 대한 일독을 독자들에게 권하는 바이다.

2014년 7월

미국 해군사관학교(The United States Naval Academy) 교수
중동 · 이슬람연구소(CMEIS) 소장
브래넌 휠러(Brannon Wheeler)

추천의 글 II

필자의 '오랜 친구[老朋友]'로부터 이란과 미국 양국 관계에 대한 중요한 번역서를 출간한다는 소식을 접하게 되어, 이와 관련하여 기쁜 마음으로 한국의 독자 여러분들을 위해 몇 가지 말씀을 전해드리고자 합니다. 우선 이란과 미국은 미국과 중동 국가들의 제반 관계 가운데에서 매우 중요한 양자 관계 중의 하나입니다. 1979년은 이란과 미국 양국 관계의 발전에서 하나의 분수령이 되었는데, 이란과 미국은 하룻밤 사이에 틈새가 없는 친밀했던 맹우(盟友)에서 서로 양립할 수 없는 적이 되어버렸습니다.

이 책의 저자는 이란이 옛 페르시아 제국의 영광을 간직한 유일한 국가로서 유구한 역사와 찬란한 문명을 지니고 있을 뿐만 아니라, 이슬람 문명을 부흥시키고자 하는 '대국의 꿈[大國夢]'을 갖고 있다고 지적하고 있습니다. 이란은 다른 국가들과 마찬가지로 평화적으로 원자력 에너지를 사용할 권리가 있음을 강조하고 있고, 이에 대해 이스라엘은 이란이 핵무기를 발전시켜서 이스라엘이 중동지역에 지니고 있는 '핵무기 독점' 상황을 변경시키려고 하는 것을 확고하게 반대하고 있습니다. 미국도 이란이 핵무기를 보유하여 부상(浮上)하게 됨으로써, 페르시아 만(걸프 만)에서의 미국의 주도권에 도전하는 것을 반대하고 있습니다.

이 책은 영어 및 페르시아어(이란어) 자료 등을 활용하면서 역사학과 국제정치학의 관점에서 이란과 미국 양국 관계의 발전 과정을 분석하고 있는데, 이란 핵문제가 실제로는 이란을 한 편으로 하고, 미국과 이스라엘 등을 다른 한 편으로 하여 현재 진행되고 있는 '정치적 승부'라는 것에 초점을 맞추고 있습니다. 특히 이 책은 30여 년 동안 이란과 미국 양국 관계의 향방에 중대한 영향을 미치고 있는 다음과 같은 네 가지 측면의 요인에 대해 구체적으로 분석하고 있습니다.

우선 첫째, 이란 국내정치의 변화로서, 특히 1979년 이란의 이슬람 혁명 및 이란 역대 지도자의 외교 풍격의 변화입니다. 둘째, 미국 역대 정부의 중동 전략의 추세 변화로서, 각기 다른 역사 시기와 서로 다른 문제에서 이란은 미국의 주요 적(敵)이기도 했고 또한 잠재적인 협력 파트너로서도 존재해왔습니다. 셋째, 이란과 이스라엘 양국 관계의 발전에 대한 것입니다. 그리고 넷째, 페르시아 만 지역 정세의 변화에 대한 것으로 특별히 1980~1988년 이란 · 이라크 전쟁, 1991년 걸프 전쟁, 2003년 이라크 전쟁 및 2014년 이라크와 ISIS(Islamic State of Iraq and Syria: 이라크 · 시리아 이슬람 국가)의 대두 등은 모두 이란 · 미국 관계에 중요한 영향을 미치고 있습니다.

이 책이 독자 분들께 제공하고 있는 것은 이란과 미국 양국 관계가 발전해온 역사 이야기뿐만 아니라, 이러한 역사 이야기 배후에 있는 각국 지도자의 '외교 투쟁'의 예술과 예측하기 어려운 중동 정치의 모습입니다. 한국의 독자 여러분들 및 한국어를 이해하는 세계 각국의 독자 여러분들께서 이 책의 한국어판 출간을 즐거워하시게 될 것으로 생각하며, 이 책을 읽음으로써 이란 · 미국 관계사(關係史)에 대한 지식이 증가되는 것은 물론 중동문제를 폭넓게 이해하는 데에서 유용한 지혜가 늘게 되시리라는 것을 믿어 의심치 않습니다.

2014년 7월

중국 상하이외국어대학(SISU)
중동연구소(MEI) 교수
쑨더강(孫德剛)

추천의 글 III

이 책은 이란의 외교정책, 그중에서도 특히 미국과의 험난한 관계를 더욱 잘 이해할 수 있도록 도와주는 훌륭한 연구서이다. 이란이 석유와 천연가스 같은 전략 자원을 풍부하게 보유하고 있는 여러 국가들과 국경선을 공유하고 있는 '지역 대국'이라는 사실은 의심할 여지가 없다.

이란의 인구는 문맹률이 낮고, 매우 숙련되어 있으며, 정치적으로도 깨어 있다. 경제 제재에도 불구하고, 이란은 상대적으로 정치적 안정을 향유하고 있고, 발전된 경제와 막강한 군사력을 갖추고 있다. 이란은 주요 지역 강대국으로 부상할 가능성을 지니고 있다. 따라서 이란의 핵 문제가 미국과 기타 강대국들 사이에서 해결되기만 하면, 이란은 더욱 빠르게 전방위적으로 발전하게 될 것이다. 미국, 유럽연합(EU), 이스라엘, 그리고 일부 아랍 세력의 이란을 고립시키려는 시도에도 불구하고, 이란은 베네수엘라에서 말레이시아까지, 그리고 러시아와 중국에서 남아프리카공화국에 이르기까지 전 세계적으로 상당한 영향력을 미치고 있다.

이 책은 중동 지역과 세계정치에서 이란의 역할은 물론 미국 · 이란 관계의 발전 방향에 대해 질문을 던지고 있다. 그런데 이 책은 세계사에서 이란이 차지하고 있는 위치에 대해 역사적으로 서술하거나 미국을 위시한 다른 국가들과 이란의 관계에 대해서 나열하듯이 설명하는 것이 아니라, 국제정치의 관점에서 이란과 미국의 양국 관계를 핵심적으로 다루고 있다는 데에 커다란 특징이 있다.

이 책은 모두 9장(章)으로 나누어져 있으며, '아랍의 봄'과 중동 지역에서의 민주화 과정, 이집트와 이슬람화, 이슬람의 각성과 시리아에서의 내전, 아프가니스탄과 팔레스타인 문제, 시아파와 수니파 간의 반목, 쿠르드인 문제, 이란에 대한 경제 제재, 미국 오바마 정권의 이란에 대한 정책과 이란 핵 위기를 둘러싼 협상 과정, 그리고 이란과 이스라엘 양국 관계의 미래상에 대한 조감 등을 다루고 있다.

이 책이 정부 관계자, 학자, 그리고 학생들에게 유용하기를 바란다. 이 책의 저자가 내린 결론에 독자 여러분들께서 동의하실지의 여부를 떠나서, 이 책의 '한국어판' 출간이 두말 할 나위 없이 매우 중요한 시기에 이루어졌다는 점과 중동 지역의 중요성이 국제적인 맥락을 지니고 있다는 점을 주목할 필요가 있다. 마지막으로 이 책이 이란을 포함하는 걸프 지역에 관련하여 한국의 외교정책과 경제협력에 대한 생산적인 논의를 이끌어낼 수 있기를 진심으로 바라마지 않는다.

2014년 8월

인도 자와할랄네루대학교(JNU) 국제관계대학 교수
서아시아연구소(CWAS) 전임 소장
파샤(A. K. Pasha)

한국어판 서문

중동은 해마다 격동적인 변화와 놀라움으로 가득 찹니다. 2013년 초 이 책을 출판한 이후 지금까지도 그것은 예외가 아니었습니다. 먼저 2013년 6월 이란에서는 로하니(Hassan Rouhani)가 대통령에 당선되었습니다. 로하니 정권은 자국에 대한 경제 제재를 철폐시키도록 여러 강대국과 교섭하기 시작했습니다. 그리고 11월에는 잠정적인 합의에 도달했습니다. 현재는 최종적으로 합의하기 위해 교섭이 진행되고 있는 중입니다. 그 결과는 물론 예측할 수 없습니다. 그렇지만 지적해두고자 하는 것은 이라크 및 아프가니스탄과의 전쟁으로 피로감을 느끼고 있는 미국 국민에게는 새로운 대규모의 군사적인 개입을 받아들일 수 있는 분위기가 아니라는 것입니다. 또한 이란도 경제 제재로 고통을 받고 있습니다. 즉 미국과 이란 양국 모두 교섭이 성공하기를 바라고 있는 것입니다.

2013년 이래 시리아와 이라크에서도 커다란 움직임이 있었습니다. 이 두 나라 모두 이란과 미국이 관여하고 있는 국가입니다. 시리아에서는 이란의 동맹자인 레바논의 시아파 조직 헤즈볼라가 개입하여 아사드(Bashar al-Assad) 정권을 도왔습니다. 또한 8월에는 시리아에서 화학무기가 대규모로 사용되었습니다. 각국은 아사드 정권을 비난하고 미국과 유럽은 군사적으로 개입하려는 의향을 보였습니다. 그렇지만 영국이나 미국 모두 여론의 지지를 얻지 못하고 공격은 중지되었습니다. 2014년 6월에 아사드는 지배 지역에서 대통령 선거를 실시하여 재선되었습니다. 이것은 선거라기보다는 정권의 안정을 과시하기 위한 일종의 쇼(show)였습니다. 거꾸로 시리아의 반체제파 사이에서 대립이 격렬해져, 그 가운데에서 ISIS(Islamic State of Iraq and Syria: 이라크 · 시리아 이슬람 국가)라고 일컬어지는 급진파 조직이 역량을 증강시켰습니다. ISIS는 2014년 6월 이라크에서 공격을 개시하여 제2의 도시 모술을 포함하는 넓은 영토를 지배하게 되었습니다. 또한 ISIS는 IS(Islamic State: 이슬람 국가)로 스스로 명칭을 바꾸고, 그 지도자 바그다디(Abu Bakr al-Baghdadi)를 새로운 '칼리프(Caliph: 예언자 무함마드의 후계자)'로 선출했습니다. 시리아의 내전과 이라크의 위기적인 정세가 연동되고 있습니다.

시리아에서는 반(反)아사드파를, 그리고 이라크에서는 말리키(Nouri al-Maliki) 정권을 지지해온 미국의 대응이 주목되고 있습니다. 그리고 시리아에서는 아사드 정권을, 이라크에서는 말리키 정권을 지원하고 있는 이란의 움직임도 주목됩니다. 확실히 시리아와 이라크가 안정되는 데 필요한 열쇠는 미국과 이란 양국의 수중에 놓여 있습니다. 중동 정세를 살펴보는 데에서 양국 관계의 중요성은 갈수록 높아지고 있습니다.

이러한 시기에 중동에서 존재감을 높여가고 있는 한국의 독자 분들께 일조(一助)를 할 수 있다는 점은 이 책의 저자로서 더할 수 없는 기쁨

입니다. 한편으로 그 기쁨 속에서 이 책의 옮긴이가 감당하셨을 노고를 상상하게 됩니다. 책의 번역은 그것이 완벽하면 당연시되고, 만약 오류가 있을 경우에는 비판의 집중 포화를 받게 되는 경우가 일반적입니다. 필자 자신도 과거에 경험을 했습니다만, 전문적인 학술 서적을 번역하여 출간하는 작업은 매우 지난(至難)한 작업입니다. 그러한 노고를 마다하지 않고 인내심을 갖고 세심하게 마무리해주신 이용빈 연구원님께 진심으로 깊은 감사의 말씀을 전해드리고자 합니다.

마지막으로 일본어를 구사하실 수 있는 독자들을 위해서 필자의 블로그와 트위터 주소를 아래에 기록해두었습니다. 중동정세를 중심으로 국제문제 전반에 대한 글을 올리고 있습니다. 팔로우(follow)하여 관련 정세를 파악하시는 데에 조금이라도 도움이 될 수 있기를 바랍니다.

비엔나에서 진행 중인 이란 핵문제 관련 교섭의 행방에 주목하면서

2014년 7월 9일

다카하시 가즈오

http://ameblo.jp/t-kazuo

https://twitter.com/kazuotakahashi

차 례

머리말

이란인은 미국을 매우 좋아한다.

과거에 이란인은 일본에 입국하는 데 비자가 필요 없었다. 그 때문에 1980년대부터 1990년대에 걸쳐서 많은 이란인들이 일본에 왔다. 그 목적 중 한 가지는 취업이었지만 또 다른 목적은 도쿄(東京)에서 미국행 비자를 신청하기 위해서였다. 필자 자신도 이란의 수도 테헤란(Tehran) 발 도쿄행 비행기에서 그런 이란인을 여러 명 만났다. 미국과 이란 정부 사이의 관계가 악화되었음에도 불구하고 양국 간에는 놀랄 정도로 긴밀한 인적 교류가 있다. 혁명 이전에는 수만 명의 이란인 유학생이 미국에서 공부했다. 1979년 이란혁명 이후에는 아마 백만 명 단위의 이란인이 미국에 망명했다. 수많은 이란인은 미국에 친척이 있다.

19세기부터 이란은 러시아와 영국의 사냥감이 되어왔다. 이란은 20세기 초부터 미국에 접근해서 이러한 곤경에서 탈출하고자 했다. 영국과의 독립전쟁을 거쳐서 독립한 미국이라면, 이란을 도와줄 것이라는 기대감을 갖고 있었기 때문이다. 그렇지만 1953년 미국은 영국과 공모하여 민주적으로 선출된 이란의 모사데크(M. Mossadeq) 정권을 쿠데타로 전복시켰다. 이란인의 마음에 깊은 상처를 남긴 사건이었다. 미국은 그 후 이란혁명이 일어날 때까지 이란에 큰 영향력을 행사했다. 이러한 과거에 대한 반감이 이후 미국에 대한 이란의 자세를 결정지었다. 미국에 배신당했다는 감정은 지금도 이란인의 마음속에서 떠나지 않고 있다. 그렇지만 배신당했다는 감정은 미국에 대한 강렬한 기대감에 대한 반증이기도 하다. 이란에게 미국은 증오의 대상일 뿐만 아니라 동시에 강한 동경의 대상이기도 하며 마음이 끌리는 존재다.

대다수 미국인의 이란에 대한 인식은 이란혁명에서 시작된다. 1979년 11월부터 그 이듬해인 1980년 1월까지 테헤란의 미국 대사관이 점거되고 대사관 직원이 인질이 되었다. 미국인은 이 굴욕을 잊지 않고 있다. 심리적으로 이란을 용납할 수 없다. 미국인은 이란에 대한 강한 혐오감을 품어왔다. 혁명 이전에 이란에서 미국이 무엇을 했는가에 대해서 생각하는 사람은 많지 않았다. 이리하여 이란과 미국의 관계에서 서로 자신이 피해자라고 보는 심리가 생겨났다. 그렇지만 미국에서도 세대교체가 진행되고 있다. 대사관 인질사건을 동시대의 경험으로서 기억하고 있는 세대는 제1선에서 물러나고 있다. 여론조사 결과를 보면 젊은 세대는 이란에 대한 혐오감을 계속 갖고 있지는 않다. 이란과 화해하기 위한 심리적 준비가 정비되고 있다.

양국이 화해하는 데 최대 과제는 이란의 핵개발이다. 이란은 평화적 이용이라고 주장하고 있으나 미국은 군사적인 전용을 우려하고 있다. 이 문제의 해결을 복잡하게 만들고 있는 것은 미국과 깊은 관계에 있는 이스라엘의 의향이다.

이스라엘의 네타냐후(B. Netanyahu) 총리는 이란은 현대의 나치 독일이며, 제2의 홀로코스트(유대인 대학살)를 준비하고 있다고 말한다.

그리고 현재의 시대는 1938년이라고 주장하고 있다. 그 이듬해인 1939년에 나치 독일은 폴란드를 침략하여 제2차 세계대전을 일으켰다. 1938년에 영국과 프랑스가 단호한 수단을 취했다면 제2차 세계대전은 막을 수 있었을지도 모른다. 즉 현재의 모습이 그러한 시기라고 네타냐후는 말하고 있는 것이다. 지금이야말로 이란에 대한 강경한 대응이 필요하다. 나치 독일과 이란의 차이는, 전자는 제2차 세계대전을 시작하고 나서 원자폭탄의 개발을 지향했지만, 후자는 원자폭탄을 개발하고 나서 전쟁을 시작하려 하고 있다는 점이다. 이란의 핵보유는 이스라엘의 생존을 위협한다. 따라서 군사력을 행사해서라도 그것을 저지해야 한다고 호소하고 있다.

제2기에 들어선 오바마(B. Obama) 대통령은 이러한 이스라엘의 의향을 고려하면서 이란의 핵문제를 다루려 하고 있다. 미국의 대통령은 3선이 금지되어 있기 때문에 오바마에게 다음 선거는 없다. 선거를 걱정할 필요가 없는 '오바마 외교'의 성패에 중동의 평화가 달려 있다. 오바마의 입장은 명확하다. 이란의 핵무장은 용납하지 않는다. 이란도 평화적 이용의 권리를 주장하고 있을 뿐 핵무장의 의도를 부정하고 있다. 또한 2013년 1월 총선거에서 네타냐후 총리는 이란의 위협을 호소했다. 그렇지만 결과는 자신의 당인 리쿠드당(Likud)의 대폭적인 의석 감소였다. 이스라엘 국민의 관심은 이란의 핵개발이 아니라 일상생활에 있다는 것을 보여주었다. 이렇게 보면 타협의 가능성은 아직 남아 있다.

그러나 교섭은 새하얀 캔버스에 그림을 그리는 것이 아니다. 교섭에는 과거의 이란 · 미국 관계가 긴 그림자를 드리우고 있다. 또한 이란인들이 가지고 있는, 자신들이야말로 위대한 '페르시아 제국' 건설자들의 후예라는 강력한 역사의식을 빼고는 핵개발을 포함해 이 나라의 행동을 이해할 수 없다. 그 역사의식을 포함해 이란에 대해서는 많은 것이 알려져 있지 않다. 이러한 역사가 방출하는 빛의 어두운 그림자 가운데서 양국의 관계를 규정하고자 하는 것이 이 책의 시도이다. 거기에서 엿보이는 현대사의 여정을 떠나고자 한다.

제 1 장

이란의 핵개발 의혹과 이스라엘

"현재는 1938년으로 이란은 나치 독일이다. 이란은 원자폭탄의 제작을 서두르고 있다. 아직 시간은 남아 있다. 이란을 저지하자."

__ 이스라엘 네타냐후 총리

대통령선거 직전의 뉴스

이란과 미국의 관계에 새로운 국면이 열리려 하고 있다. 경제 제재로 내몰렸던 이란이 핵문제에 대해서 미국과 직접 교섭할 것을 제안하고 있다. 2012년 10월 20일 자 ≪뉴욕타임스(New York Times)≫에 의하면 오바마 정권은 여기에 응할 생각이다. 이란 측은 2012년 11월 6일 미국 대통령선거 이후에 교섭하기를 바랐다. 오바마 정권이 들어선 이래, 이제까지 미국과의 양국 간 교섭을 거절해왔던 이란은 왜 입장이 바뀌었을까? 그것은 경제 제재로 이란 경제가 위기적인 상황에 빠지게 되었기 때문일 것이다. 이 경제 제재의 영향에 대해서는 뒤에서 더 상세하게 논하도록 하겠다.

이 기사에 의하면, 6월에 유럽 국가들이 제재를 발표한 이후에 이란은 미국에 교섭하고 싶다고 통고했다. 대통령 후보자들의 외교문제에 관한 토론회가 10월 22일에 이루어졌다. 이러한 이란의 제안에 관한 뉴스가 그 토론회의 2일 전에 그리고 미국 대통령선거 투표일의 약 2주 전에 보도되었다. 이란과 핵문제를 둘러싼 교섭이 조만간 시작될 것이라는 뉴스는 오바마에게 순풍이 되었을 것이다. 이 시기의 특종에는 오바마 정권의 리크(leak), 즉 수면 아래에서 의도적으로 정보를 제공함으로써 뉴스를 조작하는 듯한 냄새가 난다.

이러한 외교문제에 대한 토론회에서 공화당의 대통령 후보 롬니(M. Romney)는 오바마의 정책을 약해빠졌다고 강도 높게 비판했지만 구체적으로는 아무런 대안을 제시하지 않았다. 할 수 없었다고 하는 편이 정확할지도 모른다. 이란에 관해서는 오바마보다 강경한 태도를 보이겠다고 롬니는 주장했지만 전쟁을 시작한다고 말하지는 않았다.

이란에 대한 개전론자(開戰論者)인 이스라엘의 네타냐후 총리와 롬니는 개인적으로 친밀하다. 선거 캠페인 기간 중에 롬니는 이스라엘을 방문하여 네타냐후 총리와 회담을 한 것으로 알려져 있다. 또한 젊은 시절에 두 사람은 함께 보스턴에서 수학했다.

롬니는 하버드 경영대학원을 졸업했고, 네타냐후는 매사추세츠 공과대학교(MIT) 경영대학원의 졸업생이다. 두 대학은 모두 보스턴 근처에 있는 엘리트 대학이다. 그리고 두 사람은 그대로 보스턴에 남아 경영컨설턴트 회사인 보스턴 컨설팅 그룹(Boston Consulting Group: BCG)에서 동료로 일했다. 두 사람은 이때부터 긴밀한 관계를 유지해왔다.

사실, 두 사람은 같은 인물에게서 정치자금을 제공받고 있다. 셸던 아델슨(S. Adelson)이다. 리투아니아에서 보스턴으로 이주한 유대계 이민자의 아들로 출생한 아델슨은 라스베이거스와 마카오에서 카지노를 경영하여 거부가 되었다. 이스라엘에서는 유대교도라면 자동적으로 시민권이 주어지기 때문에 미국과 이스라엘 양쪽의 국적을 갖고 있다. 이스라엘에서는 네타냐후 총리의 지지자로서 알려져 있으며 네타냐후를 지지하는 무료 신문을 발행하여 기존 신문의 경영 기반을 위협하고 있다. 동시에 미국에서는 공화당에 대한 거액의 기부자로 알려져 있으며, 2012년 대통령선거에서는 공화당의 지명을 받기 바랐던 뉴트 깅리치(N. Gingrich) 전임 하원의장에게 자금을 제공했다. 롬니가 깅리치 등을 꺾고 공화당의 지명을 받자 이번에는 롬니에게 자금을 제공했다.

이러한 아델슨 금맥의 연계와 네타냐후와의 친밀함에도 불구하고 롬니의 입에서 이란에 대한 공격이라는 말은 나오지 않았다. 역시 롬니도 미국 국민들 사이에서 전쟁을 혐오하는 강한 감정을 잘 이해하고 있었기 때문일 것이다. 이란에 관해서 말하자면, '오바마의 정책 + 큰 목소리 = 롬니의 정책'이라고 오바마가 반론한 대로였다. 그렇다면 외교 정책에 대해서 말하자면 롬니는 대통령선거에 출마할 것이 아니라 오바마에게 투표했다면 좋았을 것이라는 생각이 들 정도였다.

교섭의 핵심

어쨌든 롬니의 도전을 물리친 오바마는 제2기가 끝나는 2017년 1월까지 백악관에 머물게 되었다. 오바마와 이란 사이에 이루어진 교섭의 핵심은 이란의 우라늄 농축이다. 오바마가 농축하는 것을 계속 인정할 것인가 아니면 인정하지 않을 것인가? 만약 대답이 '그렇다'라면 어느 정도까지 용인할 것인가? 이 점에 관해 미국 정부 내 국방부와 국무부 등에서 정책 조정이 이루어지고 있다고 ≪뉴욕타임스≫의 기사는 소개하고 있다. 오바마 정권은 엄격한 사찰 대신 어느 정도 농축을 용인할 수밖에 없다는 입장으로 굳어지고 있는 모습이다.

한편 이란은 2011년 봄 민주화를 요구하는 시위가 일어난 바레인이나 내전이 격화되고 있는 시리아 문제 등도 동시에 교섭에서의 의제로 할 것을 제안하고 있다. 그러나 미국은 핵문제만을 분리하여 교섭하기를 바라고 있다. 이란이 광범위한 의제를 제안하는 것은 중동지역 전역에 발언권을 갖는 대국으로서의 지위에 대한 승인을 요구하고 있는 입장을 반영한다. 미국이 의제를 좁히려고 하는 것은 그렇지 않아도 장기화하고 있는 이란 문제를 그 이상으로 복잡하게 만들고 싶지 않기 때문이다.

늦추어진 발표

이러한 가운데 대통령선거 직전인 2012년 11월 1일 이란 공군기가 미국의 무인정찰기 프레데터(Predator)에 사격을 가하는 사건이 일어났다. 프레데터에는 손해가 없었다. 이란 공군기가 접근하는 모습이 무인기의 카메라 영상에 남겨져 있다고 보도되었다. 미군에 의하면 이 무인기는 페르시아 만의 공해상을 비행 중이었다. 쿠웨이트 동쪽 이란 연안지역으로부터 약 26킬로미터 떨어진 상공에서 공격이 가해졌고 발포한 것은 이란 공군 소속인 2기의 러시아제 수호이(Sukhoi) 전투기였다. 미국은 페르시아 만 상공에서 이제까지의 관례에 따라 지역의 안전 확보를 목표로 정찰 비행을 계속하고 있다는 것이 이란 측에 통고되었다고 주장했다.

이 사건이 공표된 날은 11월 8일로, 11월 6일에 실시된 대통령선거

이틀 후였다. 발표할 때까지 미국 정부는 1주일의 냉각기간을 두었던 것이다. 이란과의 관계를 더 이상 긴장시키고 싶지 않다는 오바마 정책의 배려였을까? 또는 그것보다 가능성이 높은 해석으로, 오바마의 약한 대처로 인해 이란이 우쭐대고 있다는 롬니 후보의 비판을 피하기 위한 판단이었을까? 어쨌든 대통령선거가 끝날 때까지 발표를 삼갔다.

이란의 대응도 매우 흥미롭다. 11월 10일이 되어서야 겨우 이 사실을 확인했기 때문이다. 이란에 의하면 미국의 무인정찰기는 이란 영공을 침범했다. 미국의 무인정찰기에 의한 이란 영공의 침범은 주지의 사실이다. 그다지 새로운 사건은 아니다. 예를 들면 2011년 12월에 미국의 스텔스 무인정찰기 RQ-170 센티넬(Sentinel)이 이란 측에 포획되는 사건이 있었다. 이때 한편으로 이란은 전자적으로(GPS 교란에 의한 격추) 정찰기를 납치했다고 발표하고, 다른 한편으로 미국은 이 비행기가 사고로 이란 영내에서 추락했다고 설명했다.

이와 같은 이란 측의 발포 사건이 만약 이란의 설명대로라면 미국은 이전과 같은 정찰 행동을 이란 영공에서 계속했던 것이다. 그렇지만 거꾸로 미국이 주장하는 공해상에서의 사격이었다고 한다면 이란 측이 강경한 제스처를 보였던 것이 된다. 양자 간에 '교섭 전의 교섭'이 시작된 것일까?

이 경우에 '공해(公海)'는 정의가 애매한 개념이다. 미국은 확실히 영해의 바깥이라는 의미로 공해라는 용어를 사용하고 있다. 그렇지만 유엔(UN) 해양법 조약에 의하면 연안국은 영해의 외측에 배타적 경제수역을 설정할 수 있다. 그 거리는 일반적으로 200해리(海里)까지이다. 1해리는 1,852미터이다. 즉 연안에서 약 370킬로미터까지의 해역 가운데 영해의 외측을 배타적 경제수역으로 주장한다. 그렇지만 바다 반대편 가까이에 나라가 있을 경우에는 그 중간이 된다. 협소한 페르시아 만에서는 각국의 주장이 맞부딪쳐 공해라는 것은 남겨져 있지 않다.

그러나 해양법 조약을 비준하지 않고 있기 때문에 미국은 '영해의 바깥은 공해'라는 해석을 붙들고 늘어지고 있다. 물론 배타적 경제수역에서는 군함의 항행과 항공기의 비행이 자유이다. 경제 방면 이외에서 배타적 경제수역은 국제법상으로는 공해와 같이 취급된다.

그런데 이란 측도 이 사건의 공표를 10일이나 기다렸다는 사실은 무엇을 의미하는 것일까? 무인정찰기에 발포했지만 격추시키지 못했다는 사실에 당황했을까? 혹은 미국 대통령선거에서 롬니 후보에게 도움이 될 것 같은 사건은 발표하고 싶지 않았던 것일까? 미국이 공표할 때까지 이 사건은 보도되지 않았고 게다가 한 박자 늦은 반응이었다.

오바마의 '올림픽'

재선이 결정된 오바마 제2기가 시작되는 시기에 이란과 미국의 교섭 또한 시작되려 하고 있다. 주목되는 것은 포르도(Fordo)에서의 우라늄 농축이다. 이란의 수도 테헤란에서 남쪽으로 120킬로미터 떨어진 곳에 성스러운 도시 쿰(Qom)이 있다. 과거에 호메이니(Khomeini)는 여기에서 교편을 잡았다. 포르도는 그 쿰에서 남쪽으로 50킬로미터 떨어진 지점에 있다. 쿰은 사막 가운데에 있는 오아시스 도시인데 포르도까지 가면 지형이 변해서 산악지대로 되어 있다. 포르도는 표고 2,000미터를 넘는 지점에 위치해 있다. 이 포르도의 지하 깊은 곳에 이란은 3,000기의 원심분리기를 설치하여 우라늄 농축을 계속하고 있다. 매 시각 핵무기 제조 능력의 획득에 가까워지고 있다. 외교적인 문제 해결을 위한 시간은 한정되어 있다. 여기에서는 제1기째, 즉 오바마 대통령이 취임한 2009년 1월부터의 미국의 이란 정책을 되짚어보도록 하겠다.

이란을 이라크, 북한과 함께 '악의 축'으로 단정했던 부시(G. W. Bush) 정권의 뒤를 계승한 오바마는 이란에 대화를 호소했다. 2009년 1월 취임해서부터 2개월 후인 3월 춘분에는 이란을 향해 비디오로 메시지를 공개했다. 이란에서 사용하는 달력으로는 춘분부터 새해가 시작된다. 이러한 이란 달력의 새해에 맞춘 메시지를 통해 오바마는 고대 '페르시아 제국' 이래 이란의 문명에 대한 위대한 공헌을 언급했다.

또한 이란에 대해서 '이란이슬람공화국(The Islamic Republic of Iran)'이라는 정식 명칭으로 언급했다. 이제까지 미국 대통령이 결코 입에 담은 적이 없었던 표현이다. 나아가 지도층과 국민 양쪽에 대화를 호소했다. 또한 끝에는 서투르지만 페르시아어로 "새해 복 많이 받으세요"라는 메시지를 보냈다. 게다가 이란의 하메네이(A. Khamenei) 최고지도자에게는 두 통의 친서를 보냈다. 그렇지만 적극적인 회신은 이란으로부터 오지 않았고 오바마 정권은 대(對)이란 경제 제재 강화로 움직이게 되었다.

그런데 오바마는 취임 직후 이란에 대화를 호소하는 것과 동시에 비밀작전을 실시했다. 2012년 6월 1일 ≪뉴욕타임스≫에 게재된 데이비드 생거(D. Sanger) 기자의 기사에 의하면 오바마는 이란에 대한 사이버 공격을 명령했다. 그때까지는 2010년에 일어났던 이란의 핵 관련 시설에 대한 컴퓨터 바이러스를 사용한 공격, 이른바 사이버 공격은 이스라엘의 '단독범행'이라고 간주되고 있었다.

이 바이러스 공격으로 인해 이란의 우라늄 농축시설의 원심분리장치가 이상하게 작동하여 다수가 파괴되었다. 우라늄 농축은 고속으로 회전하는 다수의 원심분리장치를 접속하여 이루어진다. 이 분리장치의

〈그림 1-1〉 이란의 핵 관련 시설

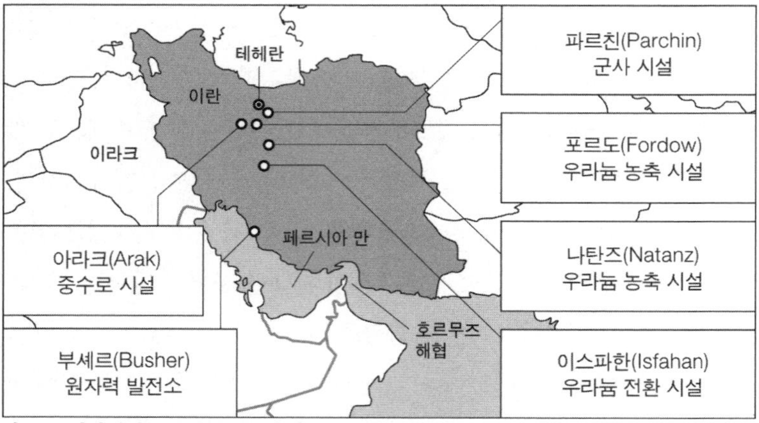

자료: ≪아사히신문(朝日新聞)≫의 자료를 토대로 작성.

작동을 관리하는 독일 지멘스(Siemens AG)사 제품의 컴퓨터에 바이러스가 침입한 것으로 보인다.

생거 기자에 의하면 이것은 부시 전 대통령이 재임했을 때부터 이스라엘과 미국이 협력하여 추진해왔던 이란에 대한 사이버 공격 작전의 성과였다. 이 작전에는 '올림픽'이라는 암호명이 붙여져 있었다. 오바마 대통령은 이 '올림픽'을 계승했다. 게다가 2010년에 바이러스 공격이 표면화되었음에도 속행을 명령해왔던 것이다. 오바마의 '올림픽'은 한 국가가 다른 국가에 대해 대규모로 사이버 공격을 한 최초의 사례 중 하나로 역사에 남을 것이다.

생거 기자에 의하면, 오바마가 부시로부터 인계받은 것은 이란에 대한 사이버 공격과 파키스탄에서의 무인기에 의한 알카에다(Al-Qaeda) 구성원 살해 작전이다. 이 두 가지의 계획과 실행을 오바마가 직접 명령했다. 이 시기에 이러한 정보가 공개된 배경에는 무엇이 있었을까?

공화당 롬니 후보의 비판에 대한 대답이라는 견해가 있다. "(오바마는) 이스라엘에 냉담하다. 이란의 위협에 정면으로 나서지 않는다." 이것이 롬니가 오바마에 대해 비판한 내용이다. 그렇지만 생거 기자가 묘사하는 오바마는 취임 직후부터 이란의 위협에 대해 이스라엘과 밀접하게 협력하면서 사이버 공격을 하는 공세적인 모습으로 부각되고 있다.

2008년 대통령선거 중에 이란과의 직접 대화를 호소하고, 취임 직후부터 유엔 안보리 국가들과 함께 이란과의 교섭을 실시해왔던 오바마가 사실은 뒤에서 이란에 대한 사이버 공격을 명령하고 있었다. 오바마라는 인물은 핵무기의 폐기를 호소하는 등 이상주의적인 지도자라는 인상을 주어왔지만, 실제로는 사이버 공격과 무인기에 의한 살해라고 하는 그 어느 쪽도 법적으로 문제가 남는 정책을 실시해왔다. ≪뉴욕타임스≫의 생거 기자가 그려낸 어두운 그림자가 있는 오바마의 실상이 보여준 의외의 모습에 적이나 그의 편 모두 당황하고 있다.

핵시설의 위성사진

양국 관계의 초점은 이란의 핵개발이다. 이란은 이것을 평화적 이용이라고 주장하고 있다. 그렇지만 미국과 이스라엘은 이것을 군사적 전용을 위한 핑계라고 의심하고 있다.

평화적 이용이라는 주장에 대해서 세계 유수의 석유와 천연가스 자원을 자랑하는 이란은 원자력 에너지를 개발할 필요가 없다는 논리가 있다. 이란은 어떻게 반론하고 있을까? 이란은 다음과 같이 설명하고 있다.

20세기 초반부터 개발되어온 이란의 석유 자원에 대한 전망은 어두워 보인다. 자원의 고갈이 예상된다. 또한 이란의 인구는 성장을 계속하고 있으며 그에 따라 석유의 국내 소비도 증대하고 있다. 일본의 외무성(外務省) 홈페이지에 따르면 2010년 시점에서 이란의 총인구는 약 7,500만 명이다. 이란의 석유 수출 여력은 점차 축소되고 있다. 그렇다면 장래에 대비하여 원자력의 평화적 이용이 불가결하다. 발전(發電)은 원자력으로 실시하며 현재 발전용으로 사용되고 있는 석유를 수출로 돌리고자 한다. 이것이 이란의 설명이다. 그렇지만 미국 등은 핵기술의 군사적 전용을 우려하고 있다.

부언하면 세계 유수의 매장량을 자랑하는 이란은 천연가스 자원의 개발도 추진하지 않고 있다. 이란의 핵개발을 이유로 구미(歐美) 국가 등에 의한 경제 제재가 실시되어 필요한 기술과 자본이 이란에 유입되지 않고 있기 때문이다. 석유 자원이 고갈되고 있기 때문에 핵개발을 추진하고, 이로 인해 천연가스 자원의 개발이 멈춰져서 더욱 핵개발이 필요하게 된다는 악순환일까?

이란의 핵개발 문제가 표면화한 것은 2002년이었다. 그 해 8월, 이란의 반체제 조직 '무자헤디네 할크(Mujahedin-e Khalq: MOK)'가 이란의 핵 관련 시설을 찍은 위성사진을 공개했다. 부시 정권이 이라크 전쟁 준비로 분주했던 무렵의 일이다.

그때까지도 이란의 핵개발에 관해서는 의혹의 목소리가 있었다. 미국 국무부는 클린턴(B. Clinton) 정권 시절부터 이란이 구입하고 있는 기기(機器)가 평화적 이용을 위한 것치고는 '지나치게 고급이다'라고 지적했다. 그렇지만 핵 관련 시설의 위성사진을 공표하는 일은 없었다. 미국은 그 존재를 확인하지 못했던 것인가, 아니면 확인했음에도 불구하고 속셈을 보여주려고 하지 않았던 것인가? 어쨌든 사진이라는 형태로 핵시설이 존재한다는 증거가 세계에 제시된 것은 이것이 처음이었다.

이 폭로로 인해 무자헤디네 할크는 세계의 주목을 받았다. 이란 국내에서의 지지 기반이 건재한 것이 아닌가 하는 추측도 있었다. 그렇지만 많은 전문가들은 그 정보가 사실은 이스라엘의 첩보기관 모사드(Mossad)가 제공한 것이라고 생각하고 있다. 모사드는 자신이 표면에 나서지 않고 이란의 핵문제에 주목을 모으는 도구로 무자헤디네 할크를 이용했다는 해석이다. 모사드와 무자헤디네 할크의 협력 관계가 2010년대에 들어서부터 이란의 핵과학자 암살과 미사일 기지에서의 폭파사건 등 일련의 테러 사건의 배경에 있는 것으로도 여겨지고 있다.

이 무자헤디네 할크라는 조직은 1960년대에 이란에서 학생들에 의해 결성된 지하조직이다. 마르크스주의가 말하는 이데올로기는 이미 이슬람의 가르침 속에 존재한다고 주장하며 사회주의와 이슬람의 융합을 내세웠다. 그리고 왕정(王政)의 타도를 호소하며 수많은 젊은이들을 사로잡았다. 구체적인 프로그램으로는 도시 테러의 불꽃에 의해 민중의 불만에 불을 지피고, 타오른 불길로 왕정을 몽땅 태워버리려고 하는 것이었다. 샤(Sha, 왕)의 비밀경찰과의 투쟁으로 수많은 구성원들을 상실하면서도 미국인 군사고문 등을 살해하여 민중의 인기를 모았다.

1978년 이란이 이후의 장(章)에서 상세하게 논하게 되는 혁명 상황에 들어가자 공개적으로 활동을 시작하여 샤의 타도에 공헌했다. 혁명 이후에는 전통적인 종교세력과 격렬한 권력투쟁을 치렀다. 현재 최고 지도자인 하메네이는 당시 무자헤디네 할크의 폭탄 테러에 의해 부상을 당했다. 그렇지만 결국 무자헤디네 할크는 패하고 이라크로 근거지를 옮겨 후세인(S. Hussein) 정권의 보호를 받았다. 이란 · 이라크 전쟁에서는 적의 편에 붙었던 것이다. 이란 국내의 지지는 이것으로 소멸되었다고 보는 견해가 일반적이다.

해제된 테러조직 지정

미국은 클린턴 정권 시기인 1997년에 대(對)이란 관계 개선 시도의 일환으로 무자헤디네 할크를 테러조직으로 지정했다. 그런데 2012년 9월 말, 미국 정부는 무자헤디네 할크를 테러조직의 리스트에서 제외한다고 발표했다. "폭력을 포기하고 평화적 수단으로 이란의 민주화를 요구하고 있기 때문에 테러조직으로 지정하는 것은 부당하다"라고 주장하는 무자헤디네 할크가 만약 재판에 제소하면, 미국 국무부로서는 테러조직 지정을 법적으로 유지할 수 없다고 판단하여 해제 결단에 이르게 되었다는 것이 하나의 설명이다. 또 다른 설명은 이라크에 남은 무자헤디네 할크의 구성원 3,000명을 설득할 수 없기 때문이라는 것이다. 더욱 설득력이 있는 설명은 대통령선거를 앞에 두고 이란에 대해 강경한 이미지를 내세우기 위한 오바마의 선거 대책이라는 해석이었다.

테러조직 지정에서 제외됨으로써 무자헤디네 할크는 미국에서의 자금 모집 등이 자유롭게 되었다. 무자헤디네 할크는 유럽에서 적극적인 로비 활동을 전개하고 있다. 그 풍부한 자금원은 지원자로부터의 기부라고 설명하고 있다. 그러면서도 이 부분에서 이스라엘과의 연계를 지적하는 전문가도 있다.

이란은 미국이 무자헤디네 할크를 이란에 대한 개입의 앞잡이로 삼으려 하고 있다고 경계하고 있다. 테러조직 지정의 해제는 이란인의 미국에 대한 시의심(猜疑心)을 더욱 심화시키는 결단이 될 것이다. 이 조직에 관해서는 뒤에서 자세하게 논하도록 하겠다.

경제 제재의 효과

2009년, 오바마 정권이 성립한 이래 미국은 이란에 대한 경제 제재를 강화해왔다. 특히 효과가 있었던 것은 이란 원유의 수입 제한이었다. 미국 자신은 이란 원유의 수입을 이전부터 금지해왔는데 유럽 국가들, 일본, 한국 등은 자주적으로 혹은 미국의 강력한 압력을 받아서 이란으로부터의 원유 수입을 삭감했다. 이러한 조치로 인해 이란의 경제는 커다란 타격을 받고 있다.

본격적으로 이란 원유를 보이콧하기 시작한 2012년 6월 이래 이란의 통화 리알(rial)의 가치는 절반 이하로 떨어졌다. 예를 들면 2012년 5월의 대(對)달러 교환 비율은 1달러가 1만 6,000리알이었는데, 9월 말까지는 3만 6,000리알까지 내려갔다. 리알의 급격한 추락 경향은 수그러들지 않고 있다.[1] 이것은 서민 생활을 직격하고 있으며 식탁에서 고기가 사라지고 있다. 쌀의 가격도 상승하고 있다.

수많은 국가들이 이란 원유의 수입량을 삭감했음에도 불구하고 석유 가격이 보통 이상의 수준을 초월하는 일은 없었다. 즉 1배럴(158.99리터)에 100달러 전후다. 왜 그럴까? 시장에서 이란 원유가 사라지면 원유 부족으로 가격이 급등할 수밖에 없지 않은가? 왜 석유 가격은 안정되었을까?

요인은 많다. 한 가지는 세계적인 경제 불황으로 석유 수요가 정체되고 있기 때문이다. 두 번째 요인은 이라크에서 석유 생산이 부활하고 있기 때문이다. 2003년 후세인 정권의 붕괴 후 혼란스러웠던 이라크에서 석유 생산이 부활되었다. 2012년에는 후세인 시절의 전성기를 상회할 정도까지 생산이 늘어났다. 이것이 이란 원유의 감소분을 충당했다.

1 2014년 8월 8일 현재 1달러는 2만 6,438리알에 교환되고 있다. _ 옮긴이 주

그리고 가장 큰 요인은 사우디아라비아의 석유 증산이다. 통상적으로 1일 800만 배럴 정도의 생산량이었는데, 2012년에는 1일 1,000만 배럴까지 생산량을 늘렸다. 필요하다면 더 많은 증산도 불사하겠다는 심산이다. 이러한 사우디아라비아의 자세가 세계의 석유시장을 안심시켜 가격을 안정시켰다. 증산이라는 석유 전략으로 사우디아라비아는 확실히 이란 경제에 타격을 주고 있다.

미국발, 셰일(shale) 혁명

이란 원유를 보이콧하는 것이 석유 가격의 급등을 유발시키지 못한 중요한 요인을 또 한 가지 지적해보도록 하겠다. 그것은 미국에서 석유와 천연가스 생산이 늘어났기 때문이다. 즉 미국의 석유 생산이 급속하게 신장되었고, 가스 생산은 그 이상의 페이스로 늘어나고 있다.

석유로 본다면 2008년에 미국 국내소비의 3분의 2는 수입에 의존했다. 그런데 2012년에는 수입 의존도가 절반 이하로 떨어졌다. 5년 이내에 가스와 석유를 합친 에너지 생산량에서 미국은 러시아를 추월해 버린 것이다.

석유에 대한 구체적인 수치를 살펴보면, 2005년에 1일 760만 배럴로 바닥을 쳤던 국내생산량이 2009년에는 906만 배럴까지 상승했다. 이것은 사우디아라비아의 같은 해 생산량인 820만 배럴을 상회하는 수치다. 물론 미국의 소비량은 방대하기 때문에 수출 여력은 없다. 그렇지만 그럼에도 미국 정부는 2010년에는 수입 의존도가 2% 저하했다고 추정하고 있다. 2011년에도 같은 비율로 저하될 것으로 예상되었다. 이 흐름이 계속된다면 장기적으로는 미국이 석유 수출국으로 돌아설 가능성도 보인다. 더욱이 '대(大) 수출국'으로 말이다. '사우디아메리카'

라는 용어조차 사용되기 시작했다.

이러한 에너지 생산의 상승 이유는 기술혁신이다. 혈암(頁岩, shale)이라고 불리는 암반 속에 가스와 석유가 매장되어 있다는 것은 예전부터 알려져 있었다. 이러한 가스와 석유를 각각 셰일가스와 셰일오일이라고 부른다. 문제는 비용이 너무 많이 들어서 경제적으로 추출하는 것이 불가능했다.

그러나 기술혁신에 의해 그것이 가능해졌다. 이 기술혁신의 중심에 있는 것은 수평 굴착이라는 기술이다. 이것은 수직으로 굴착된 유정(油井)의 방향을 지하에서 90도 돌려서 수평으로 굴착하는 것이다. 또 한 가지 중요한 것은 암반에 균열을 넣는 '수압파쇄(水壓破碎)'라고 불리는 기술이다. 이 '셰일 혁명'이라고도 할 수 있는 새로운 상황이 이란에 대한 제재를 가능하게 한 커다란 요인이었다는 사실에 유의해야 한다.

이스라엘의 동향

그런데 이란 · 미국 관계를 고려할 때 이란의 핵개발에 많은 관심을 가지고 있으며, 또한 미국의 정책에 커다란 영향을 줄 수 있는 힘이 있는 국가, 즉 이스라엘의 동향에도 주목해야 할 필요가 있다.

만약 이란에 대해 군사력을 행사하려고 한다면, 행사하는 주체로 상정될 수 있는 것은 이스라엘이나 미국, 혹은 그 두 나라 모두이다. 가정 위에 가정을 중복하는 논의가 되겠지만, 만약 군사력이 행사되는 경우 이란의 대응은 어떻게 될까? 물론 이란 본국으로부터의 반격이 예상된다. 그리고 또 한 가지 예상되는 것이 국외의 친(親)이란 세력에 의한 반격이다. 그 가운데에서도 공격하는 측의 입장으로 보아 주의해야 할 존재의 필두는 레바논의 '시아파 조직' 헤즈볼라(Hezbollah)다. 이 헤즈볼라는 2006년 7월부터 8월에 걸쳐서 이스라엘군과 교전을 했었다.

전투의 계기가 되었던 것은 2006년 7월 헤즈볼라의 게릴라가 이스라엘 북부에 침투하여 이스라엘 병사 두 명을 인질로 삼은 사건이었다. 헤즈볼라는 이스라엘에서 구속된 자신의 구성원과 교환하기 위한 카드로 이 두 명을 인질로 삼았다. 이스라엘이 교섭에 응할 것이라고 기대했던 것이다.

그런데 이스라엘은 전혀 교섭에 나서지 않았다. 헤즈볼라를 무장 해제시킬 것이라고 호언하고, 헤즈볼라의 거점인 레바논 남부 등을 중심으로 전 국토를 공격하여 교량, 도로, 발전소, 학교, 모스크 등의 경제 · 사회 인프라를 파괴했다. 이 공격은 레바논이라는 국가의 경제 · 사회 기반을 만신창이로 만들 정도의 격렬한 포격전이었다. 약 1,000명의 레바논 국민이 사망했다. 또한 인구가 500만 명도 채 되지 않는 레바논에서 100만 명의 난민이 생겨났다. 실제로 인구의 20%가 난민이 된 것이다.

헤즈볼라의 저항도 격렬했다. 미사일을 100발 이상 쉴 새 없이 매일 이스라엘 북부를 향해서 발사했다. 발사된 로켓의 총계는 4,000발에 달했다. 또한 침입해온 이스라엘의 육상부대를 교묘하게 구축된 요새지대로 유인하여 커다란 타격을 가하고, 이스라엘 육군의 전차 다수를 파괴했다. 이스라엘군 사망자는 100명 이상이며, 민간인 사망자도 50명에 달했다. 이 단계가 되어서야 유엔 안보리에서 겨우 정전 결의가 성립되었다. 7월에 전투가 시작되어 8월에 전투가 끝났다.

안보리에서의 정전 결의 채택이 늦어진 것은, 이 기회에 헤즈볼라를 와해시키려고 한 이스라엘이 공격의 속행을 바라서, 그 시간을 주기 위해 미국과 영국이 결의가 성립되는 것을 저지했기 때문이다. 그 때문에 이스라엘이 군사적인 승리가 불가능하다고 깨닫게 될 때까지 정전은 성립되지 못했다.

미국이 이스라엘에 시간을 주었던 것은 핵문제로 이스라엘 혹은 미국이 나중에 이란을 공격할 때, 헤즈볼라가 이스라엘을 공격할 가능성을 제거하고자 하는 목적 때문이었다. 이 전쟁은 사전에 준비되었으며, 인질 사건은 핑계에 불과했던 것이다. 사실 이스라엘의 올메르트(E. Olmert) 총리는 2007년에 들어서자마자 이스라엘 미디어와의 인터뷰에서 대(對)헤즈볼라 작전은 인질 사건이 발생하기 몇 개월 전부터 준비하고 있었던 것이라고 고백했다.

일개 게릴라 조직이 중동 최강으로 간주되는 이스라엘군의 맹공에 34일간이나 견뎠다. 그리고 헤즈볼라는 무장 해제되지 않았다. 이스라엘의 전쟁 목적은 달성되지 못했다. 주변 국가들의 군대를 압도해왔던 이스라엘군에게는 쓰라린 경험이었다. 마오쩌둥(毛澤東)이 이끌었던 중국공산당의 유격전(게릴라전) 시대 이후 게릴라와 정규군 간의 전쟁에서 게릴라는 지지 않으면 이기지만, 정규군은 이기지 않으면 진다고 일컬어진다. 이스라엘과 이슬람 세계의 여론은 이 해석을 지지하고 있는 듯하다. 한편으로는 이스라엘 올메르트 내각의 정치적 기반이 흔들렸고, 다른 한편으로 헤즈볼라 지도자 나스랄라(S. H. Nasrallah)가 이슬람 세계 전체에서 영웅이 되었기 때문이다.

이란의 입장에서 본다면 2006년 여름에 레바논에서 일어난 이 전쟁은 미국과 이란의 대리전(代理戰)이자, 전초전(前哨戰)이었다. 미국과 그 동맹자는 패배하고 이란과 그 동맹자가 승리를 거두었다. 헤즈볼라 승리의 의미는 향후에도 이란의 카드로서 헤즈볼라가 이스라엘을 공격할 능력을 지켜냈다는 사실이다. 이 헤즈볼라에 대해서는 뒤에서 다시 강조하게 될 곳이 있을 것이다.

체스라면 …

가상 공격에 대한 이란의 가상 반격 가능성에 대해서 논했는데, 실제로는 미국이 이란을 공격할 능력 자체에도 물음표가 붙고 있다. 물론 미군이 아프가니스탄에서 발목이 잡혀 있기 때문이다. 2013년 1월 오바마 대통령과 아프가니스탄의 카르자이(H. Karzai) 대통령 간 정상회담에서 같은 해 봄까지 아프가니스탄에서의 치안유지의 전면에서 미군이 물러서는 것이 합의되었다. 그리고 양자는 2014년 말까지 미군의 대부분을 철수시키는 것에도 합의했다. 그 이후에는 한정된 수의 미군이 훈련과 대(對)테러 대책을 위해 남을 것이다. 어쨌든 아프가니스탄 전쟁으로 지친 미국에는 재정적으로도 심리적으로도 이란에 대해서 새로운 전쟁을 시작할 여유 등은 존재하지 않는다. 이라크보다도 훨씬 큰 국토를 가진 이란과의 전쟁은 초강대국 미국에게도 엄청난 부담이 아니겠는가?

더욱이 만약 한반도에서의 상황이 악화된다면 병력의 부족은 숨기기 어려울 것이다. 전략과 전술이 아니라 산술(算術)적인 측면에서 이란과의 군사적인 대립은 피해야 할 것이다. 그러한 계산이 일반적이다.

그런데 반대로 만약 군사력을 행사한다는 최악의 시나리오인 경우에는 육상 병력의 투입보다는 우선 공군을 투입해 핵 관련 시설을 폭격할 가능성이 높다. 그렇지만 핵 관련 시설 모두를 폭격만으로 파괴할 수 있는가 하는 점에 대해서는 의문이 남는다. 이란의 핵 관련 시설이 군사 목적이라고 한다면 광대한 국토에 분산되어 지하에 깊숙이 건설되어 있을 것이기 때문이다. 또한 외부에 알려져 있지 않은 시설이 존재할 가능성도 있다.

그렇다면 폭격으로 가능한 것은 이란의 주요 핵 관련 시설을 폭격하여 핵개발을 수년 늦추게 한다는 선택일까? 또한 폭격으로 체제를 흔들리게 하고, 그 붕괴를 기다린다는 논의도 일부 존재한다. 그렇지만 대부분의 전문가는 폭격을 받는다면 체제에 비판적인 층도 현재의 이란 정권 아래에 결집할 것이라고 예상하고 있다.

여기에는 과거의 사례가 있다. 1979년에 혁명정권이 성립된 직후에 이란 국내의 혼란은 매우 심각했다. 혁명정권이 인심을 장악했다고 말하기 어려운 상황이었다. 이것을 기회로 본 이라크는 1980년에 이란에 대한 전쟁을 개시했다. 이란 · 이라크 전쟁의 시작이었다. 이란 국민의 대다수는 이 국난(國難)이 일어났을 때 혁명정권 아래 결집했다. 이라크의 침략이 이슬람 혁명정부의 기반을 공고하게 만들었다고 할 수 있다. 마찬가지로 미국과 이스라엘의 폭격은 현재 이란 체제의 정치 생명을 연장시키게 될 것이다.

만약 이란에 공격이 가해진다면 아프가니스탄에 주둔하고 있는 미군은 이란의 반격 목표가 되고, 이란군에 의한 공격과 동시에 이란의 영향력이 침투한 세력이 미국의 권익에 대해서 공격해올 것을 각오해야만 할 것이다. 레바논, 아프가니스탄, 이라크 등 어디를 보아도 친(親)이란 세력은 건재하며, 미국과 동맹자의 입장에서 본다면 잠재적인 위협이다. 현재 이라크 정권의 요인(要人) 중 대다수는 후세인 시대에 이란으로 망명했던 사람이 많다.

미국이 후세인을 지원했던 시기에 이란은 반(反)후세인 세력의 피난 장소였다. 쿠르드인도 시아파도 이란의 도움을 받지 않은 인물을 찾기가 어려울 정도이다.

석유 가격은 2013년 1월 시점에서 1배럴당 97.77달러이다. 새로운 전쟁은 석유 가격의 상승을 유발하여 세계경제에 커다란 부담이 된다. 미국 국내를 보면 오바마 대통령의 민주당은 2010년 중간선거에서 참패하고 의회에 대한 지배를 상실했다. 의회를 장악한 야당인 공화당은 증세를 거부하고 있으며, 미국은 재정 적자에 고통을 겪고 있다. 새로운 전쟁을 시작할 여유는 재정적으로도 존재하지 않는다.

합리적으로 고려해본다면 미국에게 군사력 행사라는 옵션은 없다. 만약 미국과 이란의 교섭이 외교상의 체스(chess)라고 한다면 이란의 승리이다. 인도에서 기원한 체스는 페르시아를 경유하여 유럽에 전해진 것으로 알려져 있다.

전임 모사드 국장의 정부 비판

하지만 국제정치는 아무래도 체스와는 다른 것이다. 2012년 11월 초 이스라엘 미디어에 의하면, 2010년에 네타냐후 총리와 바라크(E. Barak) 국방장관이 이스라엘 국방군에 최고도의 임전체제에 들어갈 것을 명령했는데, 참모총장과 모사드 국장이 이것을 거절했다고 한다.

반대한 이는 국방군의 가비 아쉬케나지(G. Ashkenazi) 참모총장과 모사드의 메이르 다간(M. Dagan) 국장이다. 이러한 결단에는 내각의 승인이 필요하다. 그런데 명령이 이러한 승인에 기초하지 않았다는 이유로 군과 안전보장의 책임자는 군을 임전체제에 두는 것을 거절했다. 군을 고도의 임전체제에 두는 결단은 전쟁을 초래할 수밖에 없다. 두 사람은 임전체제가 전쟁의 위기를 높인다고 우려했다. 두 사람은 전문가로서, 그 배후에 있는 생각은 물론 이란에 대한 공격이 무모하다는 판단이었다. 두 사람 모두 현재는 공직에서 물러나 있다. 그리고 두 사람 모두 이란에 대한 공격에 반대를 표명하고 있다.

아쉬케나지는 아직 경제 제재와 외교 교섭의 시기이며 전쟁은 시기상조라는 입장이다. 다간은 "이제까지 이렇게 바보 같은 일을 들어본 적이 없다"라는 표현을 사용했다. 모사드의 국장을 역임한 사람이 이 정도로 분명하게 정부를 비난하는 것은 대단히 이례적이다. 당시부터 그 이유에 관해서는 다양한 억측이 있었다. 실제로 이란을 공격할 준비라고도 해석되는 명령을 네타냐후 총리와 바라크 국방장관이 발했다고 한다면, 그것이 다간의 이례적인 정부 비판에 대한 설명이 될 것이다.

이러한 명령이 나왔던 것이 2010년 몇 월이었는지까지는 이스라엘의 안보 관련 뉴스에 대한 검열로 인해 보도되지 않았다. 이 뉴스는 네타냐후 총리와 바라크 국방장관을 저돌맹진(猪突猛進)의 무모한 정치가로 국민에게 각인시켰다. 그리고 군과 첩보 관계자를 책임과 분별력이 있는 존재로서 국민에게 선전하는 결과가 되었을 것이다. 이스라엘의 총선거는 2013년 1월에 예정되어 있었다. 투표를 2개월 앞둔 시기에 이러한 뉴스가 새어나갔던 이유는 무엇이었을까? 정보원은 군 아니면 첩보기관일 것이다. 적어도 이 두 사람으로부터 거리를 두고자 하는 의향이 군과 모사드 일부에 내재되었던 것은 사실일 것이다. 이스라엘의 최대 야당 카디마(Kadima)의 샤울 모파즈(S. Mofaz) 당수(黨首)는 네타냐후가 전쟁을 초래한다는 메시지를 발표하여 선거전에서 싸우고자 했다. 이 모파즈도 참모총장을 역임했으며, 게다가 이란계 인물이다.

선거에서는 네타냐후가 이끄는 정당인 리쿠드가 제1당으로 남았지만 의석 수는 크게 감소하고 연립 내각의 수립에도 고전했다. 이 점에 대해서는 이 책의 서문에서 언급했다. 또한 바라크 전임 국방장관은 군과 첩보의 책임자가 명령을 거절했다는 보도를 부정하고 있다. 이 국방장관에 의하면 명령이 실시되지 못했던 것은 군에 능력이 없었기 때문이라고 한다.

이스라엘에 의한 간부 암살

이 보도가 정확하다면 2010년에 군이 임전체제에 들어가는 것을 거부했던 것이 된다. 그렇지만 2012년 11월 중순, 군은 네타냐후 정권의 명령을 받아 가자(Gaza)를 공격했다. 그 직접적인 계기는 가자로부터의 이스라엘에 대한 격렬한 로켓탄 공격이었다. 그 원인이 되었던 것은 이스라엘이 가자를 지배하고 있는 조직인 하마스(Hamas)의 군사 부문 책임자 아흐마드 자바리(A. al-Jabari)를 암살한 것이었다. 이 단계에서 하마스가 대규모로 보복 공격을 한 배경은 무엇이었을까?

먼저 첫째로 살해된 인물이 이집트를 중개로 하는 이스라엘과의 교섭 담당자였던 점이다. 자바리는 가자의 하마스 이외의 무장세력에 의한 로켓탄 발사를 억제하고자 했다. 그가 암살된 것에 대한 분노는 강했을 것이다. 이스라엘에 대한 강경한 대응을 주장하는 세력을 억제하는 무게추가 사라진 것과 같은 상황이었다. 또한 시리아 정세의 불안정화, 그것에 연동된 레바논 정세의 불안정화, 나아가 요르단에서는 반(反)왕정 시위가 발생하고 있었다. 이스라엘의 주위는 문제투성이였다. 게다가 2013년 1월 총선거를 앞두고 있는 이스라엘은 희생이 나올 만한 작전은 취할 수 없었다. 아마도 육상부대가 가자를 침공하지는 않을 것이라는 계산이었을 것으로 추측된다.

이스라엘은 예비역을 소집하여 침공하려는 모습을 보였지만, 결국 육상부대의 가자 돌입은 결단하지 않았다. 이런 측면에서 하마스의 예상은 정확했다. 사실 이스라엘의 여론조사 결과를 보면, 가자에 대한

〈그림 1-2〉 하마스 등의 로켓 사정거리

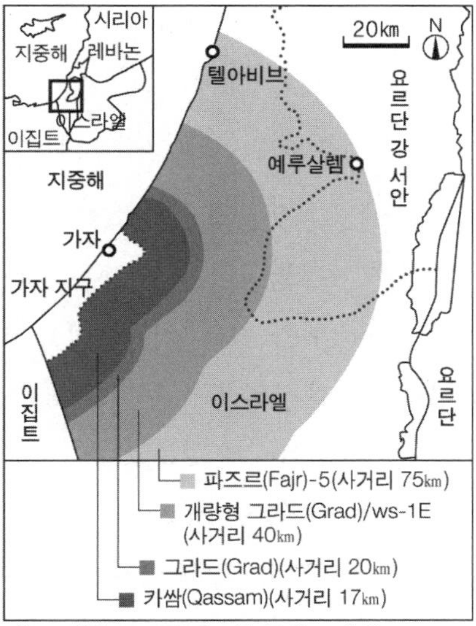

자료: 영국 BBC의 자료를 토대로 작성.

대규모 공중폭격에 대한 지지율은 80%를 넘었지만, 육상부대의 침공에 대한 지지율은 30% 정도였다.

요격 미사일 명중률은 90%

이스라엘에 의한 간부 암살에 대해서 하마스는 로켓탄 보복으로 대응했다. 그 보복에 대해서 이스라엘은 대량 보복으로 대응했다. 앞에서 논한 바와 같이 육상 전투에 의지하지는 않았지만, 이스라엘은 하늘에서 폭격하고 바다에서 포격을 했다. 현지 시간으로 2012년 11월 14일부터 21일까지의 전투에서 이스라엘군은 1,500개소 이상의 목표를 공격했다. 그 결과 166명의 팔레스타인 사람들이 사망했다. 그 3분의 2는 비전투원이었다. 또한 1,200명 이상의 부상자가 나왔다. 그 대부분은 민간인이었다. 아울러 가자로부터의 로켓 공격에 의해 이스라엘 시민 6명이 사망했다. 그리고 부상자도 나왔다.

2008년에도 이스라엘은 같은 형태로 가자 지구에 대해 대규모 공격을 했다. 그렇지만 2008년과 2012년의 공격 사이에는 커다란 차이가 있었다. 우선 이스라엘 측의 로켓탄에 대한 방공 능력에 상당한 진보가 있었다. 미국의 지원으로 설치된 '아이언 돔(Iron Dome)'이라고 불리는 미사일 요격용 미사일 시스템이 위력을 발휘했다. 이 돔은 2005년에 개발이 시작되어 2011년에 배치되었다. 그리고 같은 해 4월 처음으로 하마스가 발사한 로켓에 대한 요격에 성공했다.

이스라엘 정부는 가자로부터 발사된 로켓의 90%를 추격했다고 발표했다. 자세한 내용을 살펴보면, 총 1,500발의 미사일이 가자에서 발사되었다. 이스라엘 측은 발사 직후에 그 미사일의 착탄 지점을 예측할 수 있는 능력을 지니고 있다. 발사된 미사일 가운데 착탄 지점이 바다와 사막 등 무인(無人) 지역이면 이것은 무시한다. 1,500발 중 대다수는 이렇게 무시되었다.

피해 가능성이 예측된 미사일에 대해서 요격용 미사일이 발사되었다. 그 명중률은 90%였다. 물론 낙하한 미사일 파편에 의해 부상을 당한 사람도 나왔다. 그렇지만 90%라는 것은 가공할 만한 명중률이다. 전문가들은 이것이 이스라엘 국민을 안심시키기 위한 과장된 수치일 것이라고 보고 있다. 하지만 그럼에도 상당수가 실제로 격추된 것으로 여겨진다. '아이언 돔'이 어떤 종류의 로켓에 효과적이었을까? 그러한 점을 포함하여 이제부터 상세하게 검증을 시작할 것이다. 아마도 '아이언 돔'은 비교적 느린 속도로 날아가는 미사일에 대해서 효과적이었을 것으로 보인다.

미사일 가격

근대전에서 최초로 미사일이 사용되었던 것은 제2차 세계대전 말기의 일이었다. 독일군이 우선 V1 로켓을 사용했다. 이것은 비교적 느린 속도로 저공을 비행했다. 그 때문에 연합국 측은 레이더로 미사일을 감지하고 그 진행 방향을 예측하여 전투기를 높은 상공에 배치한 후 고속도로 급하강시켜, 이것을 격추한다는 대응책을 마련했다. 다음으로 독일군은 V2 로켓을 도입했다. V2 로켓은 초고도를 고속으로 비행했다. 그 때문에 연합군 측에는 공중에서 격추시킬 수 있는 방도가 없었다. '아이언 돔'은 기본적으로 제2차 세계대전 당시와 비교하자면 V1 로켓에 대한 대응이다.

참고로 '아이언 돔' 시스템 1개의 비용은 5,000만 달러라고 한다. 현재 이스라엘에는 5개가 배치되어 있다. 수십 개를 배치하면 이스라엘 전역을 포괄할 수 있다고 한다. 이렇게 배치하는 데에는 미국으로부터 거액의 자금원조가 있었다. 힐러리 클린턴(H. Clinton) 국무장관은 정전 교섭을 위해 이스라엘을 방문했을 때 자랑스럽게 시스템의 성공을 언급했다. 발사된 미사일 요격용 미사일의 가격에 대해서는 수만 달러라고 보도되고 있다. 발사된 총 수는 450~460발로 간주되고 있다. 사용된 미사일의 총액은 2,000만~3,000만 달러였다. 그 가운데 421발이 공중에서 가자로부터 발사된 미사일을 맞추었다고 이스라엘 담당자는 설명했다.

그렇다면 가자에서 발사된 미사일의 가격은 어느 정도일까? 종류에 따라 다르긴 하지만, 간단한 것은 철 파이프에 화약을 점화하는 것뿐이며 수백 달러 정도라고 추측되고 있다. 이스라엘의 미사일은 수만 달러, 가자의 미사일은 수백 달러라고 한다면 가격이 100배 차이가 나는 미사일이 이스라엘 상공에서 격돌했던 것이다.

여기에서 1991년 걸프 전쟁을 상기할 수 있다. 이 전쟁 기간 중에 이라크로부터 발사된 스커드 미사일에 대해서 미국의 패트리엇 요격 미사일이 발사되어 명중시키는 장면이 반복적으로 TV에서 방송되었다. 그렇지만 그 후 명중률이 극단적으로 낮았다는 사실이 폭로되었다. 10% 이하였다는 보도도 있었다. 만약 이번 전투에서의 명중률을 낮게 추정하더라도 50%였다고 한다면, '아이언 돔'은 걸프 전쟁 시기의 패트리엇 미사일에 비하면 정밀도를 상당히 향상시킨 것이다. '아이언 돔' 덕분에 이스라엘 측 사망자는 6명에 그쳤다.

군사 방면에서 또 한 가지 차이는 가자로부터 로켓의 사정거리가 늘어났다는 점이다. 이번에 가자로부터 발사된 로켓 6발이 멀리 떨어진 텔아비브와 예루살렘의 남쪽 교외에 떨어졌다. 텔아비브가 공중으로부터 공격을 받았던 것은 걸프 전쟁 이래 처음이었다. 무엇보다 미사일이 어떤 것을 목표로 했으며 어느 정도의 정밀도였는가는 판명되지 않고 있다. 그럼에도 이스라엘에 준 충격은 컸다. 이것을 받아들여 급거 텔아비브 주변에 '아이언 돔'이 배치되었다. 이 사실에서 가자로부터 텔아비브까지의 장거리 미사일 공격을 상정하지 못했음을 추측할 수 있다. 또한 여기에서는 미사일과 로켓을 같은 의미로 사용하고 있다.

전쟁 리허설

텔아비브와 예루살렘에 도달한 '장거리' 미사일을 제공한 이는 이란으로 보인다. 로켓은 파즈르(Fajr)-3와 파즈르(Fajr)-5형이었다. 파즈르(*Fajr*)란 '동녘'이라는 의미이다. 텔아비브와 예루살렘의 시민에게는 사실 가자로부터 발사되는 미사일이 위협하는 '동녘'인 것이다.

그렇다고 해도 도대체 어떻게 해서 봉쇄되어 있는 가자에 미사일이 들어갈 수 있었을까? 미사일을 분해하여 지하 터널 등을 통해 반입한 뒤 가자에서 조립했던 것일까? 그 때문에 관련 요원들의 훈련을 레바논이나 이란에서 했던 것이 아닐까?

그러나 이란의 설명에 의하면 제조 기술을 가자 지구의 사람들에게 이전했다. 즉 미사일은 이란의 설계지만, 가자에서 제조되었다. 어느 쪽이 맞는 것인가는 확인할 수 없다. 또한 이러한 미사일이 어느 정도 가자에 잔존하고 있는지도 불명확하다.

장거리 미사일은 6발이었지만, 이미 언급한 바와 같이 가자로부터 발사된 미사일의 총 수는 1,500발에 달했다. 이것은 2008년 가자에서의 충돌 시기에 격추된 776발의 약 2배이다. 이스라엘의 무인정찰기가 상시적으로 가자의 상공을 비행하고 있으며, 표적을 발견하는 대로 이스라엘군이 폭격했다. 또한 가자에는 이스라엘에 정보를 제공하고 있는 팔레스타인 사람도 있다. 그럼에도 불구하고 그러한 감시를 빠져나가 이 정도의 미사일이 발사된 것은 놀라운 일이다.

만약 장래 이스라엘이 이란의 핵 관련 시설을 공격한다면, 이란으로부터, 그리고 레바논의 헤즈볼라로부터의 반격이 예상된다. 덧붙여서 이스라엘은 가자로부터의 미사일에 대비할 필요가 있다. 이번 전투의 교훈이다. 그러한 의미에서 이 전투는 이란과 이스라엘의 전쟁에 앞선 리허설적인 의미를 지니고 있었다. 또한 이란제 미사일이 가자로부터 텔아비브와 예루살렘 등의 대도시에 떨어졌다는 사실은 이스라엘에서 '이란을 공격해야 한다'라는 논의를 강화시키게 될 것이다.

또한 주목해야 하는 것은 이 전투가 이스라엘의 선거에 미친 영향이다. 전투가 개시된 직후에 네타냐후 총리에 대한 지지율은 90%로 뛰어

올랐다. 전쟁을 하고 있을 때에 잘 나타나는 현상이다. 걸프 전쟁이 개전되었을 때 미국의 부시 대통령(부친) 지지율이 마찬가지로 90%에 달했다. 그렇지만 전쟁으로 인한 인기는 오래 계속되지 않는다. 1991년 걸프 전쟁 이듬해인 1992년 대통령선거에서는 부시가 클린턴에게 패배했다.

마찬가지로 2013년 1월 이스라엘의 총선거 결과, 이란의 위협을 호소했던 네타냐후 총리가 속한 리쿠드당의 의석 수가 줄어들었다. 이것은 이스라엘 국민의 최대 관심사가 이란이 아니라는 사실을 시사하고 있는 것일까?

이스라엘을 둘러싼 이란 · 미국의 삼각관계에 2011년 가을 이래로 아랍 국가들에서 진행되고 있는 정변의 파도, 즉 '아랍의 봄'이 깊고 길게 그림자를 드리우고 있다. 이 아랍의 봄은 어디에서부터 온 것일까? 그리고 중동을 어떻게 변화시킬 것인가? 이것이 다음 장의 주제이다.

제 2 장

'아랍의 봄' 이후의 풍경

이집트 정변의 영향

2011년은 중동 · 이슬람 세계에 사건이 많이 일어났던 해로 기억될 것이다. 1월에는 튀니지의 독재자 벤 알리(Z. Ben Ali)가 사우디아라비아로 망명하고, 2월에는 이집트에서 무바라크(H. Mubarak) 정권이 무너졌다. 5월에는 파키스탄에서 오사마 빈라덴(O. bin Laden)이 살해되고, 10월에는 리비아에서 카다피(M. al-Gaddafi)가 또한 살해되었다. 이러한 일련의 전개는 중동의 국제관계에 어떠한 영향을 미쳤을까?

1월의 튀니지 정변, 그리고 2월의 이집트 정변은 미국과 이란의 대립 구도로 보면, 미국 진영에게는 마이너스였다. 이집트의 무바라크 정권은 이스라엘과 밀접한 관계를 유지하고, 팔레스타인의 가자 지구 봉쇄를 거들고 있었다. 가자 지구는 북쪽과 동쪽은 이스라엘에, 서쪽은 지중해에, 그리고 남쪽은 이집트의 시나이 반도로 둘러싸여 있다. 이 가자 지구를 실효적으로 지배하고 있는 것은 '이슬람 조직' 하마스이다. 하마스는 2006년 팔레스타인 의회 선거에서 승리를 거두었다. 그리고 온건 · 평화파 파타(Fatah)와의 무력 충돌에서도 승리를 거두어, 가자를 명실상부하게 장악했다. 파타는 아라파트(Y. Arafat)가 창설한 조직으로 그의 사후에는 압바스(M. Abbas)가 이끌고 있다. 이 파타가 요르단강 서안(西岸, West Bank) 지구를 근거지로 삼고 팔레스타인 자치정부를 지배하고 있다. 즉 하마스가 가자에서 승리함으로써 팔레스타인은 가자와 서안으로 분열되었다.

그런데 이스라엘은 하마스가 지배하는 가자 지구의 북쪽과 동쪽 검문소를 폐쇄하고, 지중해 해안을 해상 봉쇄했다. 그리고 남쪽 검문소를 이집트가 봉쇄해서 가자를 고립시켰다. 가자의 육상 부분은 높은 벽으로 둘러싸여 있다. 그리고 공기구멍과 같은 몇 개의 검문소가 있다. 이것을 폐쇄하고 해상을 폐쇄하면 가자는 일종의 거대한 감옥이 된다.

아래로부터의 이슬람화

이집트의 무바라크 정권이 이스라엘에 협력한 배경은 무엇인가? 그것은 가자를 지배하는 하마스가 이집트 최대 야당인 무슬림형제단과 장기간 동안 깊고 강력한 관계를 갖고 있기 때문이다. 무슬림형제단 운동은 1928년에 이집트에서 일어났다. 기묘하게도 무바라크 대통령이 태어난 해이다.

창설한 사람은 하산 반나(H. al-Banna)이다. 반나의 가르침은 아래로부터의 이슬람화, 즉 개인이 이슬람을 실천하고 축적하여 가정, 지역, 그리고 사회를 순화하고 최종적으로는 국가 전체를 순수한 이슬람국가로 변혁하고자 한 것이다. 이 주장은 수많은 사람들에 의해 받아들여졌고, 무슬림형제단은 20세기 중반까지 이집트 최대의 대중 운동으로 발전했다. 동시에 그 운동은 주변 아랍 국가들에게 파급되어 각국에서 무슬림형제단이 결성되었다.

그중 하나가 팔레스타인의 무슬림형제단이었다. 그것이 1987년 말에 하마스(이슬람 저항운동을 의미하는 아랍어 약자)라는 명칭을 붙여 이스라엘의 점령에 대한 저항운동을 시작했다. 따라서 하마스의 힘이 신장되면, 그것이 이집트의 무슬림형제단에 대한 뒷받침이 된다는 것이 무바라크 정권의 인식이었다. 즉 그것을 저지하고자 했던 것이 가자 봉쇄에 협력한 배경이었다. 협력이라기보다는 이집트는 이스라엘과 함께 가자 봉쇄의 당사자였다.

이 정책은 이집트 국민들 사이에서는 인기가 없었다. 같은 아랍인인 팔레스타인을 좁은 가자 지구에 집어넣어 폐쇄시키고, 기아선상 가까이까지 내몰고자 하는 비인도적인 정책이다. 국민의 지지 등을 기대할 수 없는 무바라크의 독재하에서만 가능한 정책이었다. 가자의 봉쇄는 무바라크 정권의 정통성에 상처를 입혔다.

'차가운 평화'

이러한 정책을 수행하고 있던 무바라크 정권의 붕괴는 가자의 하마스에게 용기를 북돋워주었다. 또한 이집트의 민주화는 민의를 무시한 친(親)이스라엘 정책을 어렵게 만들었다. 2011년 9월에 발생한 카이로 주재 이스라엘 대사관 습격 사건은 이집트의 민의가 어디에 있는가를 보여주었다. 표면화된 이스라엘과 미국에 대한 협력은 더 이상 이집트로서는 어려워졌다.

이스라엘이 외교 관계를 유지하고 있는 아랍 국가는 이집트와 요르단밖에 없다. 그 이집트와의 관계도 국민들 입장에서는 온화함이 없었으며, '차가운 평화'라고 불렸다. 결국 무바라크 독재를 통해 유지가 가능한 관계였다. 예를 들면 카이로 주재 이스라엘 대사관 경비의 엄중함에 그 차가움이 반영되었다.

필자가 과거에 청취 조사를 위해 이스라엘 대사관을 방문했는데, 그 경비는 삼엄했다. 대사관이 있는 빌딩 앞은 일방통행으로 되어 있었다. 빌딩 앞에는 고가도로가 있었다. 그리고 거기에는 기관총을 탑재한 이집트 치안당국의 차량이 서 있었다. 빌딩 입구에는 이집트의 치안당국자가 있으며, 그곳을 지나서 빌딩 가운데로 들어가면 이번에는 이스라엘 담당자가 있었다. 그리고 꼼꼼한 짐 검사가 있었다. 엘리베이터에 타서 지시된 층계로 향했다. 그 층계에 도착하자 우선 화물을 건네고 다음으로 강철 문을 열자 또 하나의 문이 있었다. 뒤로 문이 하나 닫히고, 다음 두 번째 문이 열린 후에야 드디어 대사관 내부에 도착했다.

여성 외교관이 면담하러 왔다. 대학에서 아랍어를 전공한 경력을 지니고 있는 사람이었다. 이집트 · 이스라엘 관계에 대해서는 이집트의 대응이 차가우며 생각하는 것만큼 진전되지 못하고 있다고 말했다. 예를 들면 이집트의 기독교도로 성지에, 즉 이스라엘이 지배하는 지역으로 여행하고자 하는 사람이 있다. 그러나 실제로 여행을 하면 귀국 후 내무부에 끌려가 엄중한 심문을 받는다. 그 때문에 여행자의 수가 늘지 않는다고 이집트의 대응에 대한 불만을 설명해주었다. 참고로 이집트 인구의 10% 정도는 기독교도이다.

무바라크의 퇴진 이후

또한 중동지역의 비핵화 구상을 1990년대에 이집트가 제안하고, 이스라엘의 핵무기 보유를 문제시한 것도 양국 관계가 마찰을 빚게 된 요인이었다. 이스라엘은 누가 뭐라고 하더라도 핵무기를 포기할 의사가 없기 때문이다. 무엇보다 공식적으로는 핵무기 보유마저 인정하지 않고 있다. 또한 이집트는 이스라엘을 인정하고 있지만 존재를 승인했을 뿐이며, 그 권리를 승인한 것은 아니라고 이집트 외교관이 발언한 사례가 있었던 것처럼, 그 노여움을 드러냈다.

장기간 아랍 국가들로부터 승인이 거절되어온 이스라엘에게 카이로의 이스라엘 대사관은 심리적으로 중요하다. 그것은 아랍 국가들 가운데 최대 국가가 그것도 네 차례의 중동전쟁을 치렀던 상대국인 이집트가 결국 이스라엘을 인정했다는 증거이다. 나일 강가에 다윗의 별이 그려진 이스라엘의 국기가 펄럭이는 광경 그 자체에 큰 의미가 있다. 1979년에 이집트와 이스라엘이 평화조약을 맺었을 때에는 양국 간에 맺힌 오랜 세월의 응어리가 용해되고 있었다. 전쟁에 지친 이집트 국민은 평화를 환영했다.

그러나 그 후 이집트인의 이스라엘에 대한 감정은 다시 악화되었다. 1993년 오슬로 협정(잠정자치선언) 아래에서 일시적으로 진전되었지만 결국에는 팔레스타인의 평화가 진전되지 못했기 때문이다. 이스라엘이 팔레스타인 점령지에 입식(入植: 정착촌 건설)을 계속하고 있기 때문이며, 팔레스타인 사람의 권리가 유린되는 모습이 위성 TV로 이집트 가정의 안방에 밤낮으로 계속 전해지고 있기 때문이다.

엄중하게 경비되고 있는 이스라엘 대사관은 이집트 국민의 강한 반(反)이스라엘 감정의 바다로 둘러싸여 있는 작은 섬이었다. 2011년, 독재자 무바라크가 퇴진하고 이집트에 민주주의가 찾아오자, 그 작은 섬과 같은 이스라엘 대사관은 폭도의 파도에 휩쓸려 대사관 직원들이 귀국길로 내몰렸다.

이 사건이 일어났을 때 경비를 서고 있던 병사는 전력을 다해 폭도를 억제하고자 하지 않았다. 병사도 이집트 사람인 이상, 서민의 반(反)이스라엘 감정을 공유하고 있지 않았을까? 미국의 필사적인 설득에 의해, 어쨌든 이집트 정부가 특수부대를 파견하여 이스라엘 대사관의 직원들은 무사했다. 그렇지만 민주국가에서는 국민감정을 무시한 외교가 어렵다고 하는 사실을 이집트 정부가 알 수 있었던 장면이기도 했다. 이러한 국민감정과 같이 변하기 쉬운 것을 어떻게 외교에 반영시킬 것인가? 새롭게 이집트가 직면하고 있는 과제들 중 하나라고 할 수 있다.

"중동의 높은 기온으로 보면 추워졌다고 하더라도 평화가 얼어붙는 것은 아니다"라고 어느 이스라엘 연구자가 농담했던 것이 떠오른다. 얼어붙지는 않지만 이집트와 이스라엘의 평화가 따뜻해지는 것은 바랄 수 없는 상황이다.

이집트뿐만 아니라 요르단에서도 국민의 민주화 요구가 높아진다면, 이스라엘과의 관계는 어렵게 될 것이다. 무엇보다 요르단 국민의 다수파는 팔레스타인 출신자와 그 자손이며, 이집트 이상으로 국민의 이스라엘에 대한 감정은 냉담하다. 그럼에도 요르단이 이스라엘과의 외교관계를 유지하고 있는 것은, 왕정으로 인해서 국민의 목소리를 어느 정도까지는 무시할 수 있기 때문이다. 그렇지만 민주화 요구가 높아진다면 이스라엘 · 요르단 관계가 유지된다고 해도 무엇보다 차가운 것이 될 수밖에 없을 것이다. 요르단의 수도 암만 주재 이스라엘 대사관도 견고하게 방어되고 있다. 주위로부터 고립된 한 채의 건물로 서부극에 나오는 기병대의 성채를 연상시키기도 한다. 중동의 매서운 햇볕과 사람들의 냉담한 시선에 노출되어 있는 대사관이라고 할 수 있다.

'이슬람의 각성'

이집트의 정변, 터키 · 이스라엘 관계의 악화, 대(對)파키스탄 관계의 악화, 그 어느 것을 보아도 미국 진영에는 마이너스로 전개되었다.

그렇다면 미국과 대립하고 있는 이란은 '아랍의 봄'을 어떻게 보고 있을까? 이란 체제에서 이것은 1979년에 이란에서 이루어진 이슬람 혁명의 영향이 파급된 것이었다. 이란에서 발단이 된 '이슬람의 각성'이라는 현상의 전파라고도 할 수 있다. 이슬람의 각성이란 이슬람교도가 이 종교가 지닌 혁명성을 깨닫고 일어서는 현상을 의미한다. 1979년부터 2011년까지 32년의 기간이 필요했는데, 결국 아랍 세계의 이슬람교도도 각성하고 있다. 즉 이러한 해석에 의하면 이란에서 발단된 이슬람 혁명이 주변으로 확산되는 과정이 '아랍의 봄'인 것이다.

또한 이란의 반체제파에게 '아랍의 봄'은 2009년 이란 대통령선거 이후에 발생한 대규모 항의 활동의 전파라고 볼 수 있다. 이것은 아흐마디네자드(M. Ahmadinejad) 대통령이 재선에 성공한 2009년 대통령선거에서 부정이 있었다고 하여, 개혁파 사람들이 대규모로 항의 활동을 전개한 '녹색 운동(Green Movement)'이라고 불리는 개혁파의 움직임을 말한다.

이 움직임 자체는 체제 측에 의해 탄압받았지만 그 영향은 겨우 2년 만에 아랍 세계 전체로 확대되었다. 이 해석에 의하면 '아랍의 봄'의 원천은 이란의 '녹색 운동'이다. 사실 이란에서 개혁파의 움직임은 1997년 하타미(M. Khatami) 대통령의 당선 이래, 중동의 위성방송 '알자지라(Al Jazeera)'를 필두로 하는 미디어에 의해 아랍 세계에서도 폭넓게 보도되어왔다. 1996년 개국한 알자지라를 통해서 아랍 세계는 이란의 정치에 강렬한 흥미를 보여 왔다. 이란 개혁파의 움직임은 아랍 세계에 적지 않은 영향을 미쳐온 것이다.

또한 아랍 세계와 이란 사이에 상호 영향을 보는 관점에서 아랍의 봄이 이란에 파급되어 현 체제를 동요시키지는 않을까 하는 기대를 하고 있는 흐름도 있다. 이란 체제는 그것을 우려하고 있다. 이러한 해석이 타당한가는 별도로 하고 아랍의 봄은 이란의 외교 관계에 구체적인 형태로 영향을 미치고 있다.

이 현상에 의해 미국에게 마이너스인 것은 이란에게는 플러스이다. 예를 들어 이집트를 살펴보도록 하겠다. 무바라크 이후의 새로운 정권은 곧바로 이란과의 국교 회복을 위한 움직임을 시작했다. 과거 왕정 시대에는 이란의 샤(Shah)와 이집트의 사다트(A. El Sadat) 대통령이 친밀한 관계를 유지했었다. 혁명 후 1980년에 망명지에서 사망한 샤가 카이로의 알리파이 모스크(Al Rifa'i Mosque)에 매장된 것은 상징적이다. 샤의 이란과 이집트의 관계가 좋았기 때문에 샤 체제를 타도하며 성립된 이란의 혁명정권과 이집트 간의 관계가 좋지 못했다. 혁명이 일어난 1979년에 이란과 이집트는 국교를 단절한 상태로 현재에 이르고 있다. 이집트의 방향 전환은 이란에게는 플러스라고 할 수 있다.

시리아 내전

그렇지만 이란도 아랍의 봄을 무조건 기뻐할 수 있는 상황은 아니다. 그것은 민주화 요구가 이란의 동맹국 시리아에 파급되었기 때문이다. 시리아의 동요는 이란 측에 커다란 마이너스가 된다.[1] 종교적으로는 소

1 '시리아 사태'의 국제정치적 함의와 이란 · 시리아 · 헤즈볼라 · 하마스 간의 관계에 대해서는 다음을 참고하기 바란다. 구니에다 마사키, 『시리아: 아사

수파이면서 시리아를 지배하는 알라위파의 독재체제가 무너지는 사태가 일어난다면, 이란은 동맹국을 상실한다. 그것은 이란이 시리아를 경유하여 지원을 제공해온 레바논의 '시아파 조직' 헤즈볼라에게도, 또한 팔레스타인의 하마스에게도 중대한 사태가 된다. 시리아를 경유하는 것은 이미 이란으로부터 지원을 받을 수 없게 되어, 시리아 동쪽에 있는 동맹자들과 이란이 분리될 가능성마저 의미하고 있다.

2011년 봄에 시작된 시리아에서의 대규모 시위는 정부군과 민중 간의 무력 투쟁으로, 그리고 무력 투쟁은 내전으로 전환되었다. 2013년에 들어설 무렵에는 반(反)정부 세력이 국토의 넓은 부분을 정권 측으로부터 빼앗았다. 또한 수도 다마스쿠스(Damascus)와 상업도시 알렙포(Aleppo) 등 대도시의 교외에도 전투가 벌어지고 있다. 시리아의 아사드 정권은 점점 궁지에 몰리고 있다.

그러나 반정부 세력은 다양한 조직으로 구성되어 있으며 통일되어 있지 않다. 또한 과격한 이슬람 조직이 반정부 세력의 핵심을 차지하고 있다. 아사드 정권이 무너진다고 해서 평화롭고 민주적인 체제가 탄생한다는 보장은 그 어디에도 존재하지 않는다. 가장 가능성이 높은 시나리오는 아사드 정권이 시리아 일부를 지배하는 지방 정권으로 전환되고 현재의 반체제파인 여러 세력이 다른 지역을 분할하는 상황, 즉 시리아의 분열이 아닐까?

드 정권의 40년사』(한울아카데미, 2012). _ 옮긴이 주

아사드의 지배체제

이란을 중심으로 하는 그룹에서 시리아가 최초로 상실했던 것은 하마스와의 우호관계였다. 시리아는 이스라엘에 대한 압력을 넣기 위한 카드로 하마스를 지원해왔다. 하마스의 정치 지도부는 장기간 시리아의 수도 다마스쿠스에 본거지를 두어왔다. 그렇지만 하마스는 수니파 조직으로, 이집트 무슬림형제단의 영향을 받고 있는 조직이다. 그리고 현재 시리아에서 반정부 운동을 하고 있는 사람들 역시 인구의 다수파인 수니파이다. 같은 수니파인 하마스는 알라위파인 시리아 정부와의 우호관계를 유지하기 어렵게 되었다. 시리아 정부가 하마스에게 아사드 정권에 대한 지지 성명을 낼 것을 요구했지만, 이것을 하마스가 거절했다는 정보가 흘러나오고 있다. 아사드 정권과 하마스 관계의 긴장을 뒷받침하듯이, 2011년 8월 해안에 인접해 있는 팔레스타인 난민 캠프를 시리아 해군이 포격했다는 뉴스가 나왔다. 또한 하마스의 정치 지도부가 다마스쿠스에서 가자로 본거지를 이동시켰다.

시리아의 장래를 전망할 때 짚어두어야 할 점 가운데 한 가지는 그 지배체제이다. 시리아의 바아스당(Ba'ath Party)에 의한 독재체제란 종교적인 소수파인 알라위파 지배체제의 별명이다. 아사드의 독재란 바샤르 아사드 대통령 개인을 향한 권력의 집중이 아니다. 알라위파 지배의 핵심은 아사드 가문과 주변 사람들을 향한 권력의 집중이다. 이 체제가 민중이 대규모로 민주화를 요구하는 시위에 직면하고, 그 대응을 둘러싸고 체제 내부에서 의견 대립이 있다는 견해가 확산되고 있다. 구체적으로는 온건한 접근을 지향하는 바샤르 아사드 대통령과 강경한 대응을 주장하는 동생 마헤르 아사드 사이의 줄다리기다.

애초에 아사드 가문에는 4명의 아들이 있었다. 장남 바실 아사드는 하페즈 아사드 전임 대통령의 후계자로 간주되었는데, 1994년 교통사고로 사망했다. 런던에서 안과의사로 교육을 받은 차남 바샤르가 귀국하여 후계자로서 육성되었다. 그리고 2000년 부친 하페즈가 사망하자 대통령에 취임했다.

과격한 성격을 가졌다고 전해지는 세 살 연하의 동생 마헤르는 군인으로 교육을 받아, 전차부대 지휘관을 경험했고, 현재는 군의 정예부대인 공화국 방위대와 제4사단 사령관을 맡고 있다. 공화국 방위대는 알라위파의 장병만으로 구성되어 있다. 무엇보다 시리아군의 장교단 대부분을 알라위파가 점유하고 있다. 4남 마지드는 최근 병환으로 사망했다.

마헤르가 대표하는 것은 군, 그리고 수만 명의 요원을 보유하고 있는 치안당국의 의향이다. 바샤르 대통령도 동생을 경시할 수 없다. 시위에 대한 대응이 미지근하다고 해서 쿠데타를 일으킬 가능성도 배제할 수 없는 상황으로 보인다.

실제로 주민 봉기와 형제간 라이벌 관계의 표면화는 부친 하페즈 시대에도 있었다. 1982년 하마(Hama)라는 도시에서 무슬림형제단이 봉기했을 때 하페즈의 동생 리파트의 부대가 하마를 포위하고 포격했다. 그리고 부대가 돌입하여 대량 학살을 함으로써 사태가 진정되었다.

그 2년 후인 1984년 동생 리파트가 자신의 부대를 수도 다마스쿠스로 진군시키는 사건이 일어났다. 형인 하페즈가 심장병 발작을 일으켰기 때문이다. 그렇지만 회복한 하페즈도 부대를 동원했다. 시리아는 형제에 의한 내전의 벼랑 끝까지 내몰렸다. 이때 하페즈가 늙은 모친을 동생 리파트가 있는 곳으로 보내고, 그리고 자신이 동생의 군영을 방문했다. 모친의 눈앞에서 직접 담판하여 자산의 해외 지참 등을 인정하고 동생을 망명시켰다. 이리하여 내전은 피할 수 있었다.

바샤르는 부친 하페즈와 같은 카리스마성과 대담성은 갖고 있지 않다. 또한 이번 경우는 1982년 봉기와 다르며, 하마뿐만이 아니라 전국 각지에서 국민이 반란을 일으키고 있다. 형제간의 투쟁은 아사드 가문 지배체제의 파멸을 가져올 수 있다. 아사드 가문 형제의 관계에 주목하고 있는 까닭이다.

여기에서 이야기를 더 전개하기 전에 잠시 짚고자 하는 것은, 어떻게 해서 소수파인 알라위파가 다수파인 수니파를 지배하게 되었는가에 대한 것이다. 전통적으로 시리아에서는 다수파인 수니파가 우세한 시대가 계속되었다. 이것이 역전되는 메커니즘을 제공한 것은 군이었다. 수니파에 비해서 가난하고 충분한 교육의 기회를 얻지 못했던 알라위파의 젊은이들을 수업료가 없는 사관학교가 받아들여, 결국 군의 내부에서 알라위파가 영향력을 미치게 되었다. 그리고 군이 쿠데타로 정권을 장악하게 되면서 알라위파의 지배체제가 확립되었다.

역사를 통해서 가난한 소수파로서의 비애를 맛보았던 사람들이 이번에는 다수파를 지배하는 입장에 서게 되었다. 대중이 요구하는 민주화가 의미하는 것은 알라위파 지배체제의 종언이다. 왜냐하면 다수파는 수니파이며, 민주주의가 다수의 원리로 움직이는 것이라면 알라위파가 권력을 유지할 수 있는 가능성은 거의 제로에 가깝기 때문이다. 마치 후세인 이후 이라크에서의 민주주의 도입이 다수파인 시아파 지배체제를 만들어낸 것처럼, 시리아에서는 수니파 정권이 만들어지게 될 것이다.

현재 시리아에서 실권과 이권 그리고 폭력 장치를 독점하고 있는 알라위파가 과연 민주주의를 받아들일 것인가?

시리아에 대한 경제 제재

그럼 이야기를 아사드 체제가 성립되는 과정에서 현재 상황으로 돌려보도록 하겠다. 정치적 불안은 시리아 경제에 심각한 영향을 미치고 있다.

시리아의 외화수입에서 최대 항목은 관광이다. 고용은 물론 국내총생산에서도 거의 10%를 점유하는 중요한 산업인데, 각국 정부는 시리아에 대한 여행 중지를 권고하고 있으며, 여행사는 패키지 투어를 취소하고 있다. 최근 시리아 정부는 관광 사업에 거액을 투자하여 인프라를 정비하고 관광객 유치에 성공했던 만큼 충격이 클 것이다. 참고로 2008년에 600만 명이었던 외국인 방문객이 2010년에는 40% 증가하여 850만 명까지 급증했다. 이와 같은 관광 수입의 대부분을 상실하게 된다.

또 하나의 외화수입 축인 석유 수출도 타격을 받고 있다. 2011년 9월에 들어서 여론의 압력을 받아 유럽 국가들이 시리아산 석유 수입을 금지했다. 시리아 석유의 95%가 유럽연합(EU)으로 수출되고 있었기 때문에, 이것은 커다란 타격이 되었다.

영국의 ≪파이낸셜타임스(Financial Times)≫에 의하면, 2009년 통계로 수출량은 1일 15만 배럴 정도에 불과하다. 그렇지만 석유를 수출하여 얻는 수입은 시리아 수출의 3분의 1을 차지하고 있다. 또한 외자 유입도 금지되고 있다. 2011년 초 자료로 시리아의 외화준비고는 170억 달러였다. 이것은 통상 7개월분의 수입 대금(代金)에 해당한다. 2011년 3월부터의 혼란으로 외화 획득이 어려워졌기 때문에, 준비된 외화는 슬슬 바닥이 나고 있는 상황일 것이다.

이리하여 수입 측면에서의 추락이 격심한 반면, 정부는 국민을 달래기 위해서 공무원 급여를 인상하고, 식료품과 연료대금의 가격 인하를 추진했다. 그 비용은 국내총생산의 2%로 추정되고 있다. 수입은 격감하고 지출은 증가하고 있기 때문에, 시리아의 경제 상황은 말이 아니다. 국민은 예금을 인출하고, 인출된 현금은 외화로의 교환에 나서고 있으며, 시리아 통화인 리라(Lira)의 가치가 하락하고 있다.

경제 상황이 계속 악화된다면, 시리아 국민 전체가 생활수준의 저하를 경험하게 될 것이다. 이제까지 비교적 평온했던 시리아의 2대 도시 다마스쿠스와 알렙포 주민의 아사드 정권에 대한 지지도 동요할 수밖에 없다. 2대에 걸친 아사드 정권하에서 경제적으로 가장 윤택했던 2대 도시의 상인층이 보이게 될 동향이 특히 주목된다. 시리아는 경제적인 위기로 내몰리고 있다.

이러한 위기를 벗어날 수단은 외국으로부터 돈을 빌리는 것인데, 그렇게 쉽게 빌려 줄 곳은 나타나지 않을 것이다. 도움을 줄 수 있는 곳은 이란이다. 그렇다면 시리아 '아사드 정권'의 장래를 좌우하는 것은 이란의 다음 한 수일까?

주변 국가들의 눈

궁지에 몰린 아사드 정권이 믿고 의지할 곳은 이란이다. 이란에게 동맹국 시리아는 레바논의 '이슬람 조직' 헤즈볼라, 그리고 팔레스타인의 하마스라는 두 조직을 연계하는 중요한 존재이다. 시리아가 없으면 이란의 두 조직에 대한 지원은 어려워지게 된다. 이 점은 이미 설명했다. 또한 1980년대 이란 · 이라크 전쟁에서 이란이 고립되었을 때 지원해주었던 시리아에 대해 갚아야 할 의리도 있다. 이란의 이슬람 정권은 시리아와 선대의 고(故) 하페즈 아사드 대통령 시대로부터 2대, 30년 이상에 걸쳐 동맹관계를 유지해왔다. 시리아의 아사드 정권을 버릴 수는 없다. 적어도 이란의 외부에서는 테헤란에서 그러한 논의가 주류라는 추측이 지배적이었다.

사실, “이란이 수십억 달러 단위의 경제 원조를 시리아에 이미 제공하고 있다”, “인터넷 등의 관리 전문가를 파견했다”, “시위대 감시용 카메라 등의 기기를 제공했다”, 나아가 “혁명수비대를 보냈다”라는 등 내용을 확인할 수 없는 정보가 이스라엘과 미국 소식통으로부터 흘러나오고 있다. 확인할 수 있는 정보를 봐도, 2011년 7월 이란의 최고지도자 하메네이가 아사드 정권에 대한 지지를 표명했다는 사실이다.

그러나 아사드 정권에 대해 정치개혁을 요구하는 목소리가 이란에서도 부상하기 시작했다. 예를 들면 2011년 8월 말, 아흐마드 아바이(A. Abai) 의원이 아사드 정권에 대한 절대적인 지지에 의문을 표명했다. 항의 운동은 신앙심이 깊은 사람들에 의한 정통 행위라고 주장하고, 소수파가 다수파를 지배하는 체제인 시리아의 정세를 분석했다. 반복하는 것이지만, 시리아의 정치 체제는 겨우 12%에 불과한 알라위파가 다수파인 수니파를 지배하는 구조이다. 9월에 들어서자 아흐마드네자드 대통령이 “군사적 해결은 바른 해결이 아니다”라고 완곡하게 아사드 정권을 비판했다. 또한 2013년에 들어서 이란의 외무장관이 시리아 반체제파의 리더와 회담을 했다.[2]

이러한 미묘한 변화는 무엇을 의미하는 것일까? 이란이 아사드를 단념했다고 판단하는 것은 아직 시기상조일 것이다. 최대한 위험을 분산시키는 것이 이란 외교의 상도(常道)이다. 아프가니스탄을 보아도 카불

---

2 현재 이란의 외무장관은 모함마드 자리프(M. Zarif)이다. _ 옮긴이 주

의 카르자이 정권을 지원하면서 지방의 군벌과도 밀접한 관계를 유지하고 있다. 이라크에 대해서도 바그다드의 말리키(N. al-Maliki) 정권과의 우호관계를 강조하면서 정권에 비판적인 사드르(M. al-Sadr)에게도 지원을 하고 있으며, 북부의 쿠르드 사람들과도 깊은 관계를 유지하고 있다. 이러한 행동으로부터 판단해보면, 이란은 시리아에 관해서도 위험의 분산을 도모하기 시작했다고 볼 수 있을 것이다. 또는 최고지도자와 대통령 견해의 차이가 표면화했다는 해석도 가능할 지도 모른다. 이란은 하나의 바위덩어리가 아니라 그 나름대로의 '민주국가'이며, 다양한 사람들이 다양하게 발언을 한다.

알라위파의 잔혹한 탄압

시리아가 계속해서 하나의 바위덩어리였다면, 이란의 '위험 분산형' 외교는 가능하지도 필요하지도 않았다. 그렇지만 아사드 정권의 국내 장악도의 저하를 감안하여 이란 외교의 왕도(王道)가 부상하게 되었을까? 시리아의 소란 상황에 대해 어떻게 대응할 것인가는 각국이 직면하고 있는 문제이다. 이란도 이 문제를 진지하게 논의하기 시작한 것으로 보인다.

그렇다면 그 이란과 적대시하며 시리아와 국경을 접하고 있는 이스라엘은 어떻게 대응하고 있을까? 이스라엘의 ≪하아레츠(Haaretz)≫가 2011년 5월 7일 전하는 바에 의하면, 전임 모사드 국장 메이어 다간이 아사드 정권의 몰락은 이스라엘의 국익과도 합치된다고 발표했다고 한다. 이스라엘의 바라크 전임 국방장관도 같은 입장을 표명하고 있다. 이스라엘은 어떻게 움직일까? 유대인 국가는 과거에 팔레스타인해방기구(PLO)의 힘을 제거하기 위해서 점령지에서 무슬림형제단의 성장을 지원했다. 현재 하마스의 모체가 된 조직이다. 마찬가지로 어떤 형태로 시리아의 반정부 세력에 가담할 것인가? 혹은 역효과가 날 것으로 보고 조용히 관찰할 것인가?

이란의 동맹국인 시리아의 혼란은 대립하는 수니파의 사우디아라비아에게도 나쁜 전개는 아니다. 사우디아라비아와 카타르 등 걸프 지역 산유국이 시리아의 반체제파를 지원하고 있다. 2011년 10월, 아랍연맹이 시리아에서 시위 참가자의 살해를 비난하는 성명을 발표했다. 또한 11월에는 시리아의 아랍연맹 회원 자격을 일시적으로 정지시켰다.

주변 국가들의 불안은 '아사드 이후의 시리아'가 보이지 않는다는 점이다. 어떤 세력이 시리아를 지배하게 될 것인가? 이와 관련해서 누구에게도 시나리오는 없다. 시리아의 혼란은 당분간 이란에 대한 타격이 된다. 그렇지만 그 이후가 해독되지 않는 것이다. 주변 국가들의 기대와 우려의 시선이 시리아에서 교차되고 있다.

장기적으로 국제사회가 수행해야 할 역할은 시리아의 정권과 대중이 서로 화해할 수 있는 틀을 만드는 것이다. 소수파인 알라위파 정권이 이 정도로까지 잔학한 탄압을 하고 있는 이유는 무엇인가? 다수의 지식인은 공포심을 거론하고 있다. 1970년대부터 아사드 가문 2대에 걸친 지배 아래에서 비밀경찰에 의한 감시, 체포, 고문 등이 일상적으로 이루어져 왔다. 또한 이미 소개한 바와 같이, 1982년 하마에서의 무슬림형제단 봉기를 진압할 때 시리아군은 1만 명 이상을 학살했다. 시리아 정부는 수많은 사람들의 원한을 사왔다.

만약 권력을 포기하면 다수파인 수니파에 의해 보복을 받을 것이라는 공포심이 정권을 잔학한 탄압으로 내몰아왔다고 이해할 수 있다. 그렇다면 이 사태의 결론은 정권이 무너져도 보복이 일어나지 않도록 하는 시스템이 요구된다는 것이다. 후세인이 몰락한 이후 이라크에서 일어났던 바아스당 관계자의 공직 추방, 군과 비밀경찰 관계자의 연금 지급 중단 등 징벌적 조치를 수반하지 않는 그러한 민주화를 국제사회가 보장한다는 논의이다.

그렇지만 국제사회에서 이러한 틀의 설정을 요구하는 것은 무엇보다 어려운 주문이다. 사실 현재 시리아에서 실권을 장악하고 있는 사람들에게 권력을 내려놓아도 안전할 것이라고 납득시키는 것은 더욱 어려울 것이다. 2011년 8월, 이집트에서는 무바라크 전임 대통령이 병상에서 몸을 옆으로 걸친 채로 법정에 섰다. 그리고 같은 해 10월에는 리비아의 독재자 카다피가 살해되는 영상이 방송되었다. 아마도 아사드 일족은 그 두 가지 영상을 모두 보았을 것이다. 아사드 일족의 결론은 대담한 개혁이 아니라 학살의 계속이었다. 다시 봉기한 하마에 시리아군의 전차부대가 돌입했다.

무장투쟁을 향하여

이러한 국내외 정세에 입각하여 장래를 전망해보면, 보이는 풍경은 피로 칠해져 있다. 결국 대중이 무기를 들고, 평화적인 시위가 무장투쟁으로 전환되었다. 2011년 5월 31일 자 ≪알하야트(Al-Hayat)≫가 전하는 바에 의하면, 중부 지역의 마을에서 시리아의 민간인이 기관총과 로켓탄 등을 사용하여 저항을 시작하여, 치안당국 측에서도 다수의 사상자가 나왔다.

2011년 3월에 시작된 시리아에서의 시위는 비록 총을 맞더라도 비무장 시위를 계속하여, 병사와 경찰관이 시위대 쪽으로 돌아서도록 호소하는 것이었다. 그렇지만 정부의 가차 없는 탄압을 받은 주민 측도 결국 무기를 사용하기 시작했다. 무기는 레바논과 이라크로부터 갖고 들어온 것이라고 ≪알하야트≫는 전하고 있다. 이 신문은 무기의 밀수입이 수년 전에 시작되었다는 것도 해설하고 있다.

주민에 의한 무장 저항의 개시를 방증하는 것처럼, 이 신문의 같은 해 6월 1일 자에 의하면, 바그다드를 방문 중인 시리아의 무알렘(W. al-Muallem) 외교장관은 무장집단이 이라크에서 시리아로 유입되지 않도록 이라크의 협력을 요청했다. 과거에는 시리아를 거점으로 하는 무장세력이 이라크에 침입하여 이라크의 치안을 악화시켰는데, 상황이 '역전'된 것이다. 내전의 풍경은 2006년부터 2007년까지 내전 상태였던 이라크를 방불케 한다. 이 시기 이라크에서는 시리아로부터 침입하는 지하디스트(Jihadist, '성전'을 실행하는 자) 때문에 미군이 애를 먹었다. 그렇지만 이번에는 시리아 정부가 이라크를 거점으로 하는 반정부 게릴라의 침입 때문에 괴로워하고 있다.

시대 종말의 시작

이제까지 논했던 바와 같이, '아랍의 봄' 이후의 전개는 미국과 이란을 양극으로 하는 두 진영 전체를 격렬하게 요동시켰다. 한편으로 미국은 파키스탄과의 대립, 이집트의 방향 전환 등의 문제에 직면하고 있다. 다른 한편으로 이란을 중심으로 하는 그룹도 마찬가지로 중대한 위기에 직면하고 있다. 그것은 우선 하마스와 시리아의 대립이며, 또한 이란과 시리아의 동맹관계가 붕괴될 위기이다. 나아가 하마스와 헤즈볼라에 대한 이란의 영향력이 대폭적으로 저하될 가능성도 있다. 그 어떤 진영이라도 '아랍의 봄'이 유발하여 일으킨 태풍에 의해서 크게 흔들리고 있다. 미국과 이란이 각각 동맹관계를 유지해온 아랍 독재정권의 동요와 붕괴는, 양자의 대립이 중동을 규정해왔던 한 시대의 끝이 시작되고 있음을 시사하는 것일까? 새로운 시대의 방향을 결정하는 것은 최대의 현상변경(現狀變更) 세력으로서 모습을 드러내고 있는 민중일 것이다.

제 3 장

이란과 미국을 둘러싼 중동정세의 구도

핵개발 의혹

이란의 핵개발 능력이 결정적인 단계에 도달하려 하고 있다. 이란은 핵개발이 평화적 이용을 위한 것이라고 주장한다. 그렇지만 핵을 평화적으로 이용할 수 있는 능력을 획득한다면, 특히 우라늄 농축기술을 확립할 경우 그것을 군사용으로 전용하는 것은 쉬워진다. 저농도 우라늄은 원자력 발전의 연료가 되며, 고농도 우라늄은 핵무기의 재료가 된다. 저농도든 고농도든 우라늄의 농축기술은 같은 것이다. 이 상태로 이란의 우라늄 농축이 계속된다면, 가까운 장래에 이란은 핵무기의 제작에 충분한 양의 저농도 우라늄을 획득하게 될 것이다. 그리고 그것을 고농도로 농축한다면 핵무기 재료를 얻을 수 있다. 즉 이란이 핵무기 제작능력을 확보하게 될 것으로 예상되고 있다.

이러한 가까운 장래란 언제일까? 이에 대해서는 여러 가지 논의가 있다. 이 문제에 중대한 관심을 갖고 있는 이스라엘의 시각으로 보면, 그다지 긴 시간이 남아 있지 않다. 이것이 이스라엘의 인식이다.

핵무기 보유는 어쨌든 핵무기를 제작할 수 있을 정도의 기술력을 가진 이란과 공존할 것인가, 아니면 그것을 저지할 것인가? 국제사회는 근본적으로 그중 어떤 것을 선택하도록 내몰리고 있다. 그리고 만약 저지하게 된다면 군사력의 행사, 곧 전쟁인 것인가? 혹은 '핵 국가' 이란과의 공존도 아니고 또한 전쟁도 아닌 외교적 수단에 의한 '제3의 길'이 남아 있는가?

이란의 핵개발을 위협으로 간주하는 미국은 이란에 대한 유엔(UN) 안팎에서의 경제 제재를 주도하고 있다. 최악의 경우, 이란 공격의 가능성도 배제하지 않는다는 발언이 미국 고위 관료의 입에서 계속 반복되어 나오고 있다. 이는 부시 시대부터 오바마 시대까지 변하지 않고 있는 사실이다. 전쟁이라는 시나리오를 말하는 것은 미국뿐만이 아니다. 이란과 적대 관계에 있는 이스라엘에서도 마찬가지 논의가 이루어지고 있다. "이스라엘은 지도에서 지워져야 한다"고 말한 이란의 아흐마디네자드 대통령의 일련의 발언으로 본다면 예상되는 반응이다.

다른 지역 국가들도 다양하게 반응하고 있다. 터키와 이집트가 핵의 평화적 이용을 화제로 삼기 시작하고, 사우디아라비아도 핵개발에 흥미를 보이기 시작했다. 사우디아라비아에는 자력으로 핵을 개발할 힘은 없지만, 그 풍부한 석유 자원으로 뒷받침된 자금력을 지렛대로 핵기술과 핵무기를 입수하는 방책을 찾고 있을지도 모른다. 가능성이 흘러나오고 있는 것은 파키스탄으로부터의 입수이다. 이란의 핵개발은 주변의 이스라엘, 터키 그리고 아랍 국가들로 하여금 안보 정책을 근본적으로 재검토하도록 내몰고 있다.

만약 이란이 핵무기를 보유하게 된다면, 현재의 핵무기 비확산을 위한 체제는 큰 타격을 받게 될 것이다. 핵무기를 보유하고 있는 나라는 유엔 안보리의 상임이사국인 미국, 러시아, 영국, 프랑스, 중국의 5개국과 1998년에 핵실험을 실시한 인도와 파키스탄, 그리고 북한이다. 나아가 보유선언을 하지 않았지만 이스라엘도 핵무기 보유국이다. 핵무기 보유국은 합계 9개국이 된다.

핵무기를 폐기한 4개국

주의해야 할 것은 핵무기가 일방통행으로 확산되어온 것은 아니라는 점이다. 예를 들면 1991년까지 악명 높은 아파르트헤이트(Apartheid) 정책으로 인종 격리를 실시했던 남아프리카공화국은 비밀리에 개발한 핵무기를 보유했지만, 1990년대에 폐기를 발표했다. 남아프리카공화국의 핵무기 개발은 이스라엘과의 밀접한 협력 관계에서 추진되어온 것으로 믿어지고 있다.

'유색 인종의 바다'로 둘러싸여 있는 '백인의 외로운 섬'이었던 아파르트헤이트의 남아프리카공화국과 '아랍인의 바다'에 둘러싸여 있는 '유대인 국가' 이스라엘 간에는 심리적인 공통점이 있으며, 다이아몬드를 통해 경제적으로도 얕지 않은 관계가 있었다. 남아프리카공화국에서 굴착된 원석은 이스라엘 혹은 네덜란드 등으로 운반되어 연마되어 뉴욕 등의 국제시장에서 판매된다. 다이아몬드는 역사적으로 유대인이 깊게 관여해온 산업이다.[1]

핵무기를 폐기한 또 다른 사례로 구(舊)소련을 구성하고 있었던 세

---

1 다이아몬드 산업과 유대인의 관계에 대해서는 다음을 참고하기 바란다. 요코야마 산시로, 『슈퍼리치 패밀리: 로스차일드 250년 부의 비밀』(한국경제신문출판사, 2011). _ 옮긴이 주

나라가 있다. 이 세 나라는 우크라이나, 벨로루시, 카자흐스탄이다. 1991년 소련이 붕괴한 단계에서 이 세 나라에는 핵무기가 배치되어 있었다. 그렇지만 이 3개국은 국제사회의 설득을 수용하여 핵무기를 해체하고 러시아에 이송하거나 포기했다. 핵폐기는 꿈같은 말이 아니다. 남아프리카공화국, 우크라이나, 벨로루시, 카자흐스탄 등, 이를 실행한 국가가 4개국이나 존재한다.

그런데 1970년대에 발효한 「핵비확산조약(NPT)」은 갖고 있는 국가가 보유하는 것은 인정하고, 갖고 있지 못한 국가는 보유하지 못하도록 하는 불평등조약이다. 인도는 '핵의 아파르헤이트'라고 이 조약을 비판했다. 그 「핵비확산조약」은 핵보유국의 점증을 저지하지는 못했지만, 급격하게 증가하는 것은 방지했다. 무엇보다 이스라엘, 파키스탄, 인도는 원래 「핵비확산조약」에 가입하고 있지 않다. 만약 이란이 실제로 핵무기를 보유하게 된다면 핵비확산 체제가 한층 더 형해화되는 것은 면하기 어려울 것이다.

일본도 예외가 아닐 수 없다. 2009년 통계에서 일본이 사용하는 석유의 12.1%는 이란으로부터 수입한 것이었다. 일본에 대한 석유 공급으로 보면, 사우디아라비아와 아랍에미리트(UAE) 다음으로 세 번째 지위를 이란이 차지한다. 그런데 이란 원유에 의존하는 일본은 미국과 이란의 대립 국면에서 미일동맹을 중시하여 이란에 대한 제재에 참가할 수밖에 없게 되었고, 이란으로부터 수입하는 원유량을 삭감했다. 2011년 통계에서는 이란의 비중(share)이 10%로 저하했다. 앞으로 더 저하될 것이다.

'제2의 베트남'

이란과 미국에 주목하는 또 한 가지 이유는 '이라크 정세' 때문이다. 2003년 3월에 개전된 이라크 전쟁은 이듬해 4월 바그다드가 함락됨으로써 미국의 압도적인 승리로 종결된 것처럼 보였다.

그러나 그 후 이라크 각지에서는 저항 조직이 궐기하고 혼란이 시작되었다. 또한 수니파와 시아파의 대립도 격화되었다. 미군의 피해도 계속 증가하여, 2011년 말 이라크에서 철수할 때까지 희생자는 모두 4,400명을 넘어섰다. 2001년 9월 동시다발 테러의 희생자 약 3,000명을 훨씬 상회하는 수이다.

이 시기의 이라크는 미국에게서 '제2의 베트남'이라고 보는 관점마저 있었다. 결국 이라크의 치안이 개선되는 경향을 보이자, 2009년 6월, 미군은 이라크의 도시 지역에서 철수했다. 그리고 2011년 말, 미군은 이라크에서 철수했다.

그렇지만 미군의 철수로 인해 종파 · 민족 문제가 다시 점화되지 않을까? 사실 북부 도시 키르쿠크(Kirkuk)를 둘러싸고 쿠르드인과 중앙정부의 대립이 격렬해지고 있다. 이라크의 장래는 여전히 불투명하다. 이러한 이라크의 장래에 커다란 영향력을 지니고 있는 것이 이란이다. 사담 후세인이 이라크를 지배했던 시대, 이라크 남부의 시아파 대부분이 지도자나 대중 모두 이란에 망명하여 그 보호를 받았다. 북부의 쿠르드인도 상황은 같았다.

특히 1980년대 이란 · 이라크 전쟁에서 미국이 후세인을 지원했던 시기에 이라크의 저항세력에게는 이란 이외에 갈 수 있는 곳이 없었다. 일본의 무협 영화를 보면 '일숙일반(一宿一飯: 하룻밤의 잠자리 · 한 끼의 식사 제공)의 은의(恩義)'라는 용어가 나오는데, 이란이 이라크의 시아파와 쿠르드인에게 제공한 은의는 '몇 억 번의 잠자리 · 몇 억 끼의 식사 제공'을 초월할 것이다. 이란이 이라크에 대해 영향력을 지니고 있는 배경이다.

오바마 대통령이 약속했던 대로 미군은 철수하여 귀국했다. 그렇지만 이란은 이라크의 이웃나라로서 강력한 영향력을 계속 갖게 될 것이다. 이 국가의 존재를 무시하고서 이라크의 안정은 말할 수 없다. 만약 미국과 이란의 관계가 결정적으로 악화될 때에는 이라크가 미국과 이란 사이의 '힘겨루기 장'이 된다. 요컨대 미국 · 이란 관계가 이라크 안정의 관건이다.

아프가니스탄과 팔레스타인

제1기 오바마 정권이 내세웠던 새로운 정책 중 한 가지는 아프가니스탄에 대한 중시였다. 여기에서도 이웃나라 이란의 영향력은 무시할 수 없다. 1979년 말, 소련군이 아프가니스탄을 침공한 직후부터 이란은 아프가니스탄의 반(反)소련 세력에 대한 지원을 개시했다. 이란은 특히 '하자라(Hazara)인'이라고 불리는 소수파를 지지해왔다. 하자라인은 시아파인데, 시아파의 대국 이란과 하자라인 사이에는 특별한 친근감이 존재한다. 1996년에 탈레반(Taleban)이 아프가니스탄의 대부분을 제압한 이후에도 이란은 하자라인, 타지크인, 우즈베크인 등 여러 조직이 연합한 북부동맹을 지원해왔다. 2001년 9 · 11 이후 미국의 탈레반과의 전쟁으로 그 북부동맹이 아프가니스탄 정부 내부에서 커다란 영향력을 갖게 되었다. 이란의 영향력을 아프가니스탄에서 무시할 수 없게 된 것이다. 이란 · 미국 관계가 험악해진다면 그 반동은 아프가니스탄에서도 느껴지게 될 것이다.

동(東)아랍 지역, 즉 레바논과 팔레스타인으로 눈을 돌리면, 레바논에는 이란의 지원을 받아 성장해온 헤즈볼라라는 시아파 조직이 있다. 이미 살펴본 것처럼, 2006년에 이스라엘군의 공격을 받았지만 잘 버티어내면서 그 존재감을 보였다. 팔레스타인에는 가자 지구를 지배하는 하마스가 있다. 여전히 이란의 지원을 받고 있는 조직이다. 이러한 이란의 영향력과 친(親)이란 세력의 존재를 고려해보면, 만약 미국과 이스라엘이 이란과의 전쟁을 선택할 경우 이란과 이란의 지지 세력에 의한 중동 전역에서의 반격이 예상된다.

세계 최대의 에너지 생산지역인 페르시아 만 연해지역에서의 전화(戰火)는 석유와 천연가스의 공급을 위협하고, 일본을 포함한 세계경제 전체에 심각한 영향을 초래할 것이다. 즉 미국과 이란 사이의 관계 전개는 세계의 행방을 좌우할 수밖에 없다.

다음 장에서는 이러한 이란과 미국의 관계를 되돌아보면서 그 장래를 전망한다. 우선 먼저 이란이라는 국가의 역사적 전체상을 조감해보도록 하겠다. 그 역사 자체가 이란인의 행동을 이해하는 관건이기 때문이다.

제 4 장

페르시아의 영광과 고난의 역사

과시와 피해자 의식

이란에는 고대부터 인류의 문명을 짊어지고 왔다는 자기 인식이 있다. 중국 지도자가 좋아하는 '역사인식'이라는 용어를 빌리면, 그 역사 인식은 인류의 문명을 이끌어왔다는 자부심이며, 과시의 배경에 있는 것은 그 휘황찬란한 역사이다.

현재 인구는 7,400만 명 이상인데, 이 정도 인구 규모를 가진 국가는 중동에서는 터키와 이집트밖에 없다. 이란의 면적 또한 광대하다. 총면적은 165만km^2로 일본의 4.5배이며, 프랑스의 3배, 미국과 비교해도 미시시피 강 동쪽의 동부 지역 전체에 필적한다. 북쪽으로는 아제르바이잔, 아르메니아, 투르크메니스탄과 국경을 접하고 있고, 카스피 해를 사이에 두고 러시아에 맞닿아 있다. 남쪽은 페르시아 만과 인도양에 접해 있다. 서쪽으로는 이라크, 터키와 국경을 접하고 있고 동쪽으로는 아프가니스탄과 파키스탄이 이웃나라이다.

페르시아인, 즉 이란인의 조상은 기원전 7세기에 역사에 모습을 드러냈다. 여기에서는 이란인과 페르시아인을 우선 같은 의미의 용어로서 사용한다. 페르시아인은 현재 이란 중남부 파루스 지방을 생활공간으로 한 사람들로 메디아(Media) 왕국에 복속되었다. 그 후 기원전 6세기 지도자 키로스(Cyrus) 아래에서 일어서서 오리엔트 전역을 통합하는 대제국을 건설한다. 이것이 아케메네스(Achaemenid) 왕조 '페르시아 제국'이다. 현재의 이란도 넓지만 역사상의 페르시아 제국은 더욱 광대했다.

페르시아인의 제국 건설 과정에서의 하이라이트는 고대 오리엔트의 최대 도시 중 하나였던 바빌론의 공략이다. 바빌론은 현재의 바그다드 남쪽 100킬로미터 지점에 위치해 있었다. 기원전 539년 페르시아군은 바빌론을 함락시켰다. 이때 도시를 함락할 때에 통상적으로 일어나는 학살도 약탈도 일어나지 않았다. 키로스는 시민의 생명과 재산을 보호하여 사람들을 놀라게 했다. 그리고 이것은 전체 오리엔트에 대한 강력한 메시지가 되었다. 이 정복자에게 복종하면 생명과 재산이 보장된다는 것이다. 그것뿐만 아니라 이듬해인 기원전 538년에는 바빌론에 포로가 되어 있었던 유대인들의 귀향을 허락했다. 수많은 유대인들이 예루살렘에 돌아가 솔로몬 왕의 신전을 재건했다. 성경에 언급되어 있는 제2신전이다. 이 신전은 서기 70년 로마군에 의해 파괴되었는데, 그 일부는 현재에도 '통곡의 벽'으로 남아 있으며 유대교 최대의 성지이다.

도시의 함락이 피정복민의 학살, 약탈, 노예화를 의미했던 당시의 통례로 볼 때, 피정복민의 재산과 생명을 보전하고 신앙의 자유를 보장했던 키로스의 정책은 가히 혁명적이라고 할 수 있다. 페르시아 제국의 성공은 물론 그 강력한 군사력에 힘입은 바가 컸다. 그렇지만 동시에 이러한 관용적인 정책이 수많은 사람들에게 페르시아 제국에 대한 복

속은 저항하는 것보다도 합리적이라는 판단을 하게 만들었을 것이다. 대제국과의 승산이 낮은 싸움에 판돈을 거는 것보다는 그 일부가 된다면 안전이 보장된다. 약소 집단에게 독립이 어렵다면 관용적인 지배자인 키로스를 선택한다는 판단은 어렵지 않았을 것이다.

게다가 대제국의 일부가 된다면, 상업에 종사하고 있는 사람들은 광범위하며 선진적인 상업 네트워크에 참가할 수 있게 되는, 커다란 이점을 얻는다. 예를 들면 현재의 어음 제도와 우편 제도의 원형이 이미 아케메네스 왕조 '페르시아 제국'에서 기능했다. 재빠른 커뮤니케이션을 위한 역전(驛傳) 제도도 있었다. 제국의 거대한 시장이 상업에 열려 있었다. 또한 그 시장에는 안전이 확보되어 있었다. 상인에게는 나쁜 이야기가 아니다. 이것은 현재의 유럽연합이 힘에 의하지 않고 그 매력으로 회원국을 증가시키고 있는 상황을 연상시킨다. 이와 같이 우월한 통치능력을 보였던 대제국의 창시자 키로스가 대왕으로 알려진 것도 당연할 것이다. 고대 페르시아인은 강대한 군사력과 우월한 정치력으로 거대한 제국을 건설했다. 그 영화(榮華)는 현재도 이란 남부의 페르세폴리스(Persepolis)의 유적에서 엿볼 수 있다. 페르세폴리스는 아케메네스 왕조의 수도였다.

로마 제국의 라이벌

이 대제국을 멸망시킨 인물은 마케도니아의 알렉산드로스 대왕(Alexandros the Great, 기원전 356~323년)이다. 그의 부친인 마케도니아 왕 필리포스 2세(Philippos II, 기원전 382~336년)는 그리스의 여러 도시를 격파했다. 그리고 그의 아들 알렉산드로스 대왕은 마케도니아인과 그리스인 장병을 이끌고 페르시아 원정을 개시했다. 알렉산드로스 대왕은 빠른 진격을 계속하여 기원전 330년에는 페르시아 제국의 수도 페르세폴리스에 불을 질러 불바다로 만들었다. 그리고 페르시아 제국을 멸망시킨다. 알렉산드로스는 군사적으로는 페르시아를 정복했지만, 문명적으로는 페르시아의 풍습을 받아들여 동서 문명을 융합시킨 헬레니즘 문명을 탄생시켰다. 그 자신은 물론 장병들도 페르시아인 처를 두었다. 결과적으로 페르시아는 전쟁에서 패배했지만, 그 문명은 그리스인과 마케도니아인을 모두 감싸 안았다.

기원전 3세기에 페르시아인은 다시 일어나서 파르티아(Parthia, 기원전 248~서기 226년)를 수립했다. 그리고 3세기에는 사산(Sassanid) 왕조 '페르시아 제국'(226~651년)이 계속되었다. 사산 왕조는 7세기에 아랍인의 침략을 받을 때까지 영화를 누렸다. 파르티아와 사산 왕조 두 제국은 로마 제국의 라이벌이었으며, 현재의 시리아와 이라크를 서로 지배하기 위해 로마와 싸웠다. 로마 제국의 중심은 의외로 동쪽에 있었다. 그것은 첫째 페르시아에 대항하기 위해서였다. 역대 로마 황제들 가운데에는 현재의 시리아 출신자가 적지 않다. 이곳은 대(對)페르시아 전략의 최전선이며, 사산 왕조 '페르시아 제국'은 로마에 대한 중대한 위협이었다. 사실 로마는 사산 왕조 페르시아군에 패배하여 황제 자신이 포로가 되는 굴욕을 경험했던 적도 있다. 서기 260년의 사건이다. 승리를 거두었던 이는 사산 왕조의 샤푸르 1세(Shāpūr I), 포로가 되었던 로마 제국의 황제는 발레리아누스(Valerianus)였다.

페르시아와 아랍

그 영광의 페르시아 제국을 타파했던 사람들은 아랍인들이었다. 아랍인이란 원래 아라비아 반도에서 생활하던 사람들이다. 그 가운데 한 사람인 무함마드(Muhammad)가 신의 계시를 받아 이슬람이라는 종교를 시작하고 그 종교를 핵심으로 하여 폭발적인 정복 활동을 시작한다. 다음에서 보게 되는 바와 같이, 그 제국의 지배 지역은 동쪽으로는 대당제국(大唐帝國)까지 미치고, 서쪽으로는 스페인과 프랑스에까지 확대되었다. 제국 내부에서는 점진적인 템포로 사람들의 이슬람에 대한 개종이 일어나고, 아랍어가 보급되기 시작한다. 아랍어는 히브리어 등과 같은 셈족어 계열의 언어에 속한다. 수많은 사람들이 이제까지 사용하던 언어를 버리고 아랍어를 사용하게 됨으로써, 아랍어를 일상어로 하는 사람들 사이에서 자신들은 아랍인이라고 생각하는 의식이 확산되었다.

그러나 아랍이라는 정체성에는 농도의 차이가 존재한다. 아라비아 반도 사람들은 자신들 자체가 순수한 '원조 아랍인'이라고 과시하고 있다. 다른 사람들은 혼혈과 정복에 의해 아랍화된 것에 불과하다. 그런데 거꾸로 이집트와 이라크 사람들은 자신들 자체가 고대 이집트와 메소포타미아의 위대한 문명의 계승자라고 생각하며, 아라비아 반도 사막의 사람들을 낮추어보는 경향이 있다. 아랍인 사이에서도 미묘한 감정이 상호 간에 드리워져 있다.

페르시아인 또한 아랍인에게 정복되어 그 종교를 받아들였다. 그렇지만 자신의 언어인 페르시아어를 잃지는 않았다. 페르시아어는 아랍문자로 표기되고, 아랍어 단어를 다수 수용하고 있다. 그러나 언어학적으로 두 언어는 전혀 다른 것이다.

마치 중국어와 일본어의 관계에 해당한다고 할 수 있을까? 일본어는 중국 문자인 한자를 많이 사용하고 있다. 또한 중국어를 많이 채택하여 발달시켜왔다. 그러나 언어학적으로 두 언어는 다른 것이다. 서로 다른 언어는 이질적인 민족의식을 육성한다. 페르시아인은 페르시아인으로서의 정체성(identity)을 지키며, 아랍인이 되지는 않았다. 참고로 페르시아어는 셈족어 계통이 아니다. 언어학적으로는 인도 · 유럽어 계통에 속한다. 이 그룹에 속하는 언어로 우리에게 비교적 익숙한 것은 고대에는 불교 경전 용어인 산스크리트어[범어(梵語)], 현대에는 영어가 있다.

사산 왕조를 멸망시킨 아랍인

그럼 7세기로 돌아가 보도록 하자. 아라비아 반도에서 이슬람교가 일어나자, 그것을 신봉한 아랍인들이 노도와 같은 기세로 세력권을 확대시켰다. 아라비아 반도에서 나와 아프리카로 전진한 한 무리는 이집트를 정복하고, 북아프리카를 질주하며 지브롤터 해협을 넘어 이베리아 반도 또한 지배하게 되었다. 732년 프랑스 '투르 · 푸아티에'에서의 전투에서 패할 때까지 아랍인의 진격은 멈추지 않았다.

아라비아 반도를 나와서 역방향으로 동진한 아랍군은 메소포타미아에 들어가 사산 왕조의 군대와 격돌했다. 사막 폭풍의 가운데에서 벌어진 '카디시야 전투'에서는 모래먼지에도 아랑곳하지 않는 유목 아랍인이 페르시아군을 압도했다. 아랍인은 계속해서 642년 '나하반드 전투'에서 승리를 거두고, 651년 사산 왕조를 멸망시켰다.

아랍인들은 홀린 듯이 동진하여, 751년 탈라스 강가에서 당(唐)나라군과 싸워 승리를 거두었다. 이 시기 중국인 포로 중에는 종이를 만드는 사람이 있어서, 이슬람 세계에 종이 만드는 방법이 전해졌다. 제지(製紙) 기술은 중동을 통해서 유럽에 도달했다. 현재 탈라스는 키르기스스탄공화국의 영토에 포함되어 있다.

긍지 높은 문명의 기수였던 페르시아인이 사막의 야만인으로 깔보았던 아랍인에게 정복되었다. 이 사실은 페르시아인의 마음에 깊은 상처를 남겼다.

그 이후 페르시아인의 이슬람화와 이슬람의 페르시아화가 진행된다. 거대한 이슬람 제국을 건설했지만 지배자인 아랍인들에게는 통치능력이 충분하지 않았다. 필요한 관료집단을 제공했던 것은 페르시아인들이었다. 아랍어 문법서를 저술한 것도, 역사서를 집필한 것도 페르시아인들이었다. 무엇보다 아랍인은 아랍어를 모국어로 하는 화자이기 때문에 문법서 등이 별로 필요하지 않았다. 문법서가 필요했던 이들은 아랍어를 외국어로서 습득할 필요가 있었던 페르시아인이었기 때문이다. 페르시아인을 채용함으로써 아랍인들은 페르시아 문명에 침식되었다. 그리고 사막의 민족이 문명의 민족으로 전환되던 순간, 이슬람 문명이 탄생했다.

페르시아 문명은 헬레니즘 이래로 문명 융합의 전통을 이슬람 문명에 넘겨주었다. 이슬람 문명은 고대로부터 연면히 이어져온 인류 생활의 연장선상에 위치하고 있다. 즉 이슬람 문명은 페르시아 문명을 함께 포함하는, 많은 문명의 융합에 의해 출현한 장대한 모자이크화였다.

러브 스토리의 결말

우리에게도 잘 알려져 있는 『아라비안나이트(千一夜話)』는 페르시아인의 시각으로 보면 무력을 지닌 아랍인과 문명을 자랑하는 페르시아인의 관계를 잘 반영하고 있다. 매일 밤, 새로운 처를 맞이하고는 아침에 살해하는 왕과 셰에라자드(Scheherazade)라는 뛰어난 지혜를 가진 여성의 이야기이다. 아침에 살해되지 않기 위해서 셰에라자드는 매우 흥미로운 이야기를 했다. 이야기는 아침까지 계속되었고, 이야기가 재미있게 전개되려고 할 때 날이 밝아졌다. 왕은 이야기를 계속 듣고 싶었기 때문에 셰에라자드를 살려주었다. 셰에라자드의 이야기는 1,001일 밤 동안 계속되었고 이야기가 끝났을 때, 왕은 셰에라자드에게 마음을 빼앗겼다는 스토리이다.

왕이 대표했던 것은 아랍의 무력이었고, 셰에라자드가 상징하고 있는 것은 페르시아인의 문명이다. 이야기꾼의 이름인 셰에라자드 자체가 페르시아어 단어이다. 더욱 정확하게는 샤흐르자드(Shahrzād)이다. 페르시아어로 읽으면 샤흐르(Shahr)는 '도시'를, 자드(zād)는 '삶'을 의미한다. 이것은 어쨌든 상징적이지 않은가? 아랍 사막의 '야(野)'에 대한 페르시아 도시의 '화(華)'의 대비가 스토리에 감춰져 있다.

어쨌든 사막을 지배하는 야비한 아랍의 무력에 지혜만으로 대처하는 여성이 상징하고 있었던 것은 도시의 페르시아 문명 그것이었다. 러브 스토리의 결말은 문명의 야만에 대한 승리를 의미한다. 아랍과 페르시아 양자가 합체되어 웅장하고 아름다운 이슬람 문명을 만들어냈다. 사실 『아라비안나이트』는 셰에라자드를 통해 수많은 페르시아 기원과 인도 기원에 대한 이야기를 말해주고 있다.

아랍인에 의해 멸망한 사산 왕조의 황제들 중에는 문예와 학술의 보호자로 알려져 있는 제4대 호스로 1세(Khusraw I)와 같은 인물도 있었다. 호스로는 사산 왕조 '페르시아 제국'의 현왕(賢王: 현명한 왕)으로서 명망이 높다. 그는 동로마 제국으로부터 많은 학자를 수용하여 고대 인도의 언어인 산크리스트어, 즉 예전부터 범어로 알려져 있는 언어로 해석하는 것을 장려했던 것으로 전해지고 있다.

다른 문명과 다른 문화로부터 배우려는 호스로의 자세 덕분에, 그리스와 인도 문명의 빛이 더해져 페르시아 문명은 더욱 밝게 빛났다. 그 빛은 『아라비안나이트』 세계에까지 닿아 있다. 호스로의 노력이 『아라비안나이트』의 수많은 설화를 통해서 결실을 맺었기 때문이다. 호스로의 별명 아누시르반(Anushirvan)은 '불사(不死)의 영혼을 가진 자'를 의미한다. 사산 왕조라는 '육체'는 사라졌어도 그 정책의 성과는 '불사의 혼'이 되어 이슬람 문명에 머물며 후세의 인류를 이끌고 있다. 이슬람교도가 된 페르시아인은 페르시아 문명과 이슬람 문명의 교량 역할을 수행했다.

이란인은 알렉산드로스의 침략에 대해서는 페르시아 문명의 포용성에 부응하여 그리스와 마케도니아의 문화를 포함한 헬레니즘 문명의 중요한 담당자가 되었다. 또한 아랍 정복을 이슬람 문명의 창조라고 하는 한 단계 높은 형태로 승화시켰다.

그렇지만 페르시아인 역사의 앞길에는 더욱 험난한 운명이 기다리고 있었다. 13세기 몽골의 습격이었다. 이 세기는 이란에게, 그리고 이슬람 세계 전체에게 비극의 시대가 되었다(96쪽 미니 칼럼 참조).

수니파와 시아파

이란인을 이란인답게 하는 요소 중 한 가지는 이미 강조했던 역사의식이다. 자신들이 위대한 제국의 계승자라는 인식이 그것이다. 그리고 또 한 가지 감정은 이민족의 침략을 계속 받아왔다는 피해자 의식이다. 이 두 가지 의식이 표리일체가 되어 이란인 정체성의 핵심을 이루고 있다.

이슬람교 시아파의 신앙이 이러한 역사인식과 피해자 의식을, 그리고 주변 이슬람 국가들과는 다르다는 이란인의 독자 의식을 더욱 강화시키고 있다.

이슬람교는 크게 구분하면 수니파와 시아파로 나누어진다. 신도의 총 수에서 차지하는 각각의 인구 비율은 수니파가 90%이고 시아파는

10%이다. 이슬람교도 전체에서 본다면 압도적으로 수니파가 많다. 그렇지만 이란은 예외이다. 국민의 대다수가 시아파를 신봉하고 있다.

이슬람교도는 이슬람교를 창시한 예언자 무함마드의 사후, 그 후계자를 둘러싸고 수니파와 시아파로 분열했다. 후계자를 아랍어로는 할리파(Khalifa)라고 부른다. 국내에서는 보통 칼리프(Caliph)라고 표기하기도 한다. 초대 칼리프가 되었던 사람은 아부 바크르(Abu Bakr)였다. 2대는 오마르(Omar), 3대는 오스만(Osman), 그리고 4대는 알리(Ali)가 후계 순이었다. 이 순번을 좋다고 하는 사람들은 다수파인 수니파이다.

그런데 시아파는 지도자의 계보가 무함마드로부터 알리로 직접 연결되어야 한다고 생각하고 있었다. 시아파의 해석에 의하면 예언자 무함마드는 사위인 알리를 후계자로 결정했다. 알리에 앞서서 칼리프가 되었던 아부 바크르, 오마르, 오스만은 정통 지도자가 아니라고 해석한 것이다. 따라서 초대부터 3대까지의 칼리프는 정통 지도자의 지위를 강탈한 사악한 인간으로 간주한다. 알리는 칼리프가 되었지만 시리아 총독의 지위에 있었던 무아위야(Muawiya)와 대립한다. 이때 알리를 지지했던 사람들은 알리의 시아[당파(黨派)]로 불렸다. 시아파의 어원이다. 알리가 암살되자 무아위야는 스스로를 칼리프로 칭하고 현재 시리아의 수도인 다마스쿠스에 우마이아(Umayyad) 왕조를 세웠다.

이에 반대하는 시아파는 알리가 사망한 이후에도 이슬람교도의 정통 지도자의 지위는 알리의 혈통을 계승하고 있다고 생각한다. 참고로 정통 지도자를 시아파는 이맘이라고 부른다. 우마이아 왕조와 시아파의 대결은 680년 이슬람력의 무하람월 10일째에 이라크의 카르발라(Karbala)에서 절정에 이른다. 아랍어로 10은 '아슈라'라고 한다. 그 때문에 이 날은 아슈라로 알려져 있다.

알리의 아들 후세인이 이끄는 소수 세력은 우마이야 왕조의 대군에 포위되어 전멸한다. 알리는 예언자 무함마드의 사위이기 때문에 아들 후세인은 무함마드의 손자에 해당한다. 무함마드의 그리고 알리의 혈통인 이맘을 우마이야군은 처참하게 살해했다. 시아파가 잊을 수 없는 사건이다. 이란인 다수가 신봉하는 12인 이맘파의 교의에 따르면, 알리로부터 세어 후세인은 3대째 이맘에 해당한다. 그리고 12대째에 해당하는 이맘은 874년에 모습을 감추었다. 따라서 현재는 이맘이 부재해 있는 시대이다. 결국 이 12대째 이맘이 구세주(마흐디)로서 모습을 드러내어 정의로운 세계를 실현한다. 마흐디는 기독교에서 말하는 메사이아 혹은 메시아에 해당한다.

현재 이란에서는 압도적인 다수가 시아파이다. 또한 이 12인 이맘파이다. 왜 이란인은 수니파가 아니라 시아파를 선택했을까? 페르시아인에게 시아파를 선택하게 한 것은 아랍인 다수가 믿고 있는 수니파와 다른 종파를 선택하고자 하는 감정, 즉 민족주의가 배경에 있었다. 이것은『역사 연구』로 잘 알려져 있는 영국의 아놀드 토인비(A. Toynbee)가 세운 학설이다. 이 학설은 국내 일부에서도 지지자를 얻었다. 그렇지만 역사적인 현실은 이러한 해석을 지지하지 않는다. 뒤에서 이 점에 대해 해설해보도록 하겠다.

'세계의 중심'과 조로아스터교

고대 페르시아인은 군사 방면과 정치 영역뿐만 아니라 문명이라는 측면에서도 인류사에 찬란한 족적을 남겼다. 고대 페르시아에서 일어나 아케메네스 왕조 시기에 확산된 종교로 조로아스터교가 있다. 이 종교는 사산 왕조 시기에 페르시아의 국교가 되어 최고 전성기를 맞이한다. 아랍인의 침공을 받은 이후, 결국 주민 대다수가 이슬람으로 개종했지만 그럼에도 이란에는 현재도 수만 명의 조로아스터교도가 생활하고 있다.

또한 아랍인의 지배에서 벗어나기 위해 일군의 조로아스터교도들은 인도로 도주했고 그 자손이 뭄바이(봄베이)를 중심으로 역시 수만 명 규모로 생활하고 있다. 조로아스터교도는 인도에서는 파르시라고 불리고 있다. 바로 그 파르시가 타타(Tata)와 고드레지(Godrej) 등의 기업집단을 지배하고 있다. 타타와 고드레지는 이를테면 제2차 세계대전 이전의 미쓰비시(三菱) 재벌과 미쓰이(三井) 재벌을 상기시키는 존재이다. 파르시의 인구는 소수이지만, 경제 영역에서는 커다란 존재감을 보이고 있다.[1]

조로아스터교는 유대교와 기독교에 큰 영향을 미쳤다. 바빌론에서 포로가 되었던 유대인들이 키로스 대왕에게 귀향을 허락받았다는 얘기는 앞에서 했다. 물론 수많은 유대인들은 예루살렘으로 돌아갔다. 그렇지만 당시 오리엔트 세계의 최대 도시 바빌론에 남았던 사람들도 적지 않았다. 1948년 이스라엘이 성립하여 수많은 유대인이 팔레스타인에 이주할 때까지 이라크는 유대인의 중요한 생활공간이었고, 바빌론 그리고 그 이후에는 바그다드가 유대교 신학의 일대 중심지였다.

페르시아인이 지배하는 도시인 바빌론에 남았던 탓에 유대교와 조로아스터교 사이에는 긴밀한 접촉이 존재했으며, 유대교는 지배자의

---

1 인도 재벌에 대해서는 다음을 참고하기 바란다. 스가이 신이치, 『글로벌 시대의 인도 재벌: 약진하는 인도 경제의 원동력』(한울아카데미, 2013). _ 옮긴이 주

종교 조로아스터교로부터 많은 영향을 받았다. 기독교는 유대교로부터 파생되었고, 유대교 중의 조로아스터교적 요소를 계승하고 있다. 신약성서 가운데 「마태복음」에 의하면, 별에 인도된 동방의 세 박사가 예수가 태어난 마구간을 방문하여 젖먹이 아이를 경배하고 황금과 몰약(沒藥)과 유향(乳香)을 선물로 바쳤다. 몰약과 유향은 향의 종류이다. 현재도 성탄절 미사에 교회에서 향을 피우는 관습이 전해지고 있다.

과거에는 동방의 세 박사가 3명의 현인으로 간주되어왔지만, 새로운 공동번역 성서에서는 '점성술 학자'라는 용어가 사용되고 있다. 이 3명은 누구였을까?

영어로는 3명의 'magi'라고 표현되어 있다. 이 경우에는 g를 부드럽게 읽어 메이자이[meɪdʒaɪ]로 발음한다. 원래 이것은 그리스어의 마고스(μάγος)로 조로아스터교의 신관(神官)을 의미하는 용어이다. 그리스어는 페르시아어에서 나왔다. 페르시아어로는 마그(maguš)이다. 그리스인은 조로아스터교 신관들이 특별한 능력을 갖고 있다고 생각했다. 특히 조로아스터는 점성술에 능통한 것으로 알려져 있다. 이 magi는 영어의 magic이나 magician 등과 같은 단어의 어원이 되었다. 새로운 공동번역 성서에서 '점성술 학자'라는 번역어를 선택한 것은 고대 그리스인의 조로아스터 인식에 대한 경의였을까?

성서에 등장하는 조로아스터교 신관은 무엇을 의미하는 것일까? 아마도 성서의 '저자'는 기독교에 대한 조로아스터교의 영향력을 시사하고 있는 것으로 보인다. 기독교는 유대교의 흐름에서 발생했다. 그 유대교를 통해서 기독교에도 조로아스터교의 사상이 면면히 흐르고 있다. 그리고 유대교와 기독교를 통해서 이슬람교에서마저 조로아스터교의 흐름이 도달하고 있다.

그것은 크게 말해서 유대교, 기독교, 이슬람교를 관통하는 다음과 같은 세 가지 생각이다. ① 역사란 선과 악의 싸움이라는 이원론이다. 그렇다면 사람은 선의 편에 서야만 한다. ② 결국 역사의 끝이 도래한다는 종말론이다. 그리고 ③ 인생에서 선행을 다한 사람은 구제받는다는 구제론이다. 이 세 가지 생각이 3개 종교의 근간이라는 인식에 도달한다면, 베들레헴의 마구간에서 젖먹이 아이를 경배했던 'magi'의 수는 2명으로는 충분하지 않고 4명은 너무 많다. 3명이 되어야만 했던 것이다.

조로아스터교의 영향을 보여주는 방증의 또 한 가지는 영어에서 천국을 의미하는 말인 파라다이스(paradise)가 고대 페르시아어를 어원으로 하고 있다는 사실일 것이다. 고대 페르시아어로는 벽에 둘러싸인 정원을 의미하는 파이리다에자(pairidaeza)가 파라다이스의 어원이다. 신약성서의 저자는 천국을 표현하기 위해 이 단어를 선택했다. 신약성서는 그리스어로 기록되었다. 성서의 그리스어에 페르시아어의 천국이 들어가 파라데이소스(paradeisos)가 되고 영어로 파라다이스(paradise)가 되었다. 조로아스터교는 다른 종교에 파라다이스를 제공했다. 즉 고대 페르시아인은 인류에게 천국을 선사했다.

조로아스터교는 서방뿐만 아니라 동방에도 큰 그림자를 드리웠다. 이 종교는 중국에 들어가 천교(祆敎)라고 알려졌다. 조로아스터교도가 불을 신성시하는 것으로부터 한자로 배화교(拜火敎)라고도 한다. 그런데 이것은 fire worship(불을 숭배한다)이라는 영어를, 메이지(明治) 시기에 니시아마네(西周)가 옮긴 하츠(P. R. Hartz)의 『조로아스터교』(青土社, 2004)의 해설에서, 번역가인 오쿠니시 슌스케(奧西俊介)가 설명한 것이다. 오쿠니시는 고대 페르시아어 등에도 정통한 언어학자이다.

조로아스터교가 영향을 미친 흔적을 불교에서 찾는 전문가도 있다.

불교는 인도에서부터 중앙아시아를 경유하여 중국으로 들어갔다. 중앙아시아에서는 불교 이전에 조로아스터교가 퍼졌다. 조로아스터교도가 불교로 개종하면서, 이제까지 불을 숭배했던 사람들이 이번에는 불상을 숭배하게 되었다.

그렇지만 그 이행에는 어려움이 수반되었을 것이다. 새로운 신앙의 수용도 어렵지만, 오래된 신앙을 버리는 것은 더더욱 어렵다. 이러한 이행 과정에서 일어났던 것이 불[火]과 불(佛)을 동시에 숭배하는 관습이다. 실제로 불 속에 불상을 놔두면 불타버린다. 거기에서 불(佛)과 불[炎]을 함께 표현하게 되었다. 처음에는 어깨에서 불꽃이 나오는 불상이, 나중에는 등에 불꽃이 나타나는 부조(浮彫) 불상이 제작되기에 이르렀다. 이른바 화염불(火焰佛)의 탄생이다. 불상의 등 뒤에 타고 있는 불꽃은 불교에 영향을 준 조로아스터교의 흔적이다. 페르시아 문명의 불꽃은 지금도 동서(東西) 종교를 비추고 있는 것이다.

수니파 시대

조로아스터교도인 페르시아인이 이슬람교로 개종한 초기 단계에서는 페르시아인의 대부분은 수니파였다. 증거를 들어보도록 하자. 예를 들면 세계적으로 알려져 있는 페르시아어 시집(詩集) 『르바이야트』(4행 시집)를 쓴 작자의 성(姓)은 하이얌(Khayyám)인데, 이름은 오마르(Omar)라는 수니파의 칼리프 이름이다. 오마르 하이얌은 11~12세기의 인물로 이란에서는 위대한 수학자로도 알려져 있다. 당시 이란에는 수니파가 많았다는 사실을 오마르 하이얌의 이름이 알려주고 있다.

토인비는 민족주의 시대인 20세기 역사관으로 과거를 해석해냈다. 강력한 페르시아인 의식이 같은 이슬람에서도 아랍인이 신앙하는 수니파와 다른 시아파를 선택하게 만들었다는 해석이다. 이 사례는 역사를 현대의 시각으로부터 거꾸로 읽고자 하는 강한 소망을 가르쳐준다. 어쨌든 오마르 하이얌이라는 이름을 가진 시인의 존재가 수니파가 다수파였던 시대의 페르시아를 생각나게 한다.

참고로 앞에서 언급했던 역사적 이유 때문에 시아파에게 칼리프의 지위 강탈자인 아부 바크르, 오마르, 오스만 등 3명의 이름은 저주의 대상이다. 따라서 시아파는 수니파 칼리프의 이름을 아이들에게 결코 붙이지 않는다. 아부 바크르, 오마르, 오스만 등의 이름을 붙이면 거의 자동적으로 수니파라고 판단할 수 있다.

그렇다면 수니파인 페르시아인은 언제 시아파로 '다시 개종'했을까? 또한 왜 수니파를 버리고 시아파를 선택했을까? 대답은 16세기 이란에 성립했던 사파비 왕조(1501~1736년)에 있다.

이란 북서부의 아제르바이잔 지방을 근거지로 삼았던 터키계 시아파 유목민 집단이 수립한 사파비 왕조는 지배하고 있던 신민(臣民)을 시아파로 개종시켰다. 갑작스러운 개종으로 시아파 법학자가 부족해지자, 전통적으로 시아파의 거점이었던 레바논에서 수많은 종교지도자가 초대되었다. 현재까지 계속되는 레바논과 이란의 시아파 지도자층 간 혈연관계의 시작이다.

페르시아인의 역사인식

사파비 왕조의 시아파화(化) 정책이 이란을 중동에서 독자적인 국가로 바뀌게 만들었다. 그리고 장기간 동안 이란은 시아파가 다수를 점하며 정권을 장악한 유일한 국가였다. 2003년 후세인의 독재가 무너진 이라크에서도 그 이후 민주화에 의해 다수파인 시아파가 권력을 장악했다. 물론 아랍 세계의 대다수는 16세기 중반까지 이스탄불에 수도를 세웠던 오스만 제국에 의해 정복되었다. 유럽, 아시아, 아프리카에 걸친 세계제국은 오스만이라는 이름대로 수니파의 제국이었다. 이 수니파 제국과의 장기간 투쟁을 통해 페르시아에는 시아파의 색채가 스며들어 갔다. 사파비 왕조의 지배하에서 수니파로 남았던 것은 장악력이 약했던 주변 부족 지역이었다. 예를 들면 서북부 산악지대의 쿠르드인, 동북부 사막지대의 투르크만인, 그리고 동남부 사막지대의 바로치인 등이다.

시아파의 세계관은 이란인의 역사인식과 일치하고 있다. 즉 시아파의 세계관과 페르시아의 역사관이 이란인의 심리 속에 융합되어 있는 것이다. 정의를 내세우고 대의를 구가하면서도 우마이아 왕조의 대군에 의해 포위되어 순교했던 후세인에게 이란인의 대다수는 자국의 모습을 중첩시킨다. 수니파 국가들에게 둘러싸여 있으며 수차례에 걸쳐 침략의 대상이 되었던 이란의 역사는 카르발라에서 우마이아 왕조의 대군에 둘러싸여 전멸했던 후세인의 순교 그 자체이다. 결국 마흐디(구세주)가 나타나 정의의 세계를 실현한다고 가르치는 시아파 사상처럼, 페르시아는 침략되어도 정복되어도 결국 문명의 힘으로 일어서서 이란인으로서의 정체성을 계속 지켜왔다.

페르시아의 영광과 고난의 역사는 이 나라 사람들의 심리를 짙게 물들이고 있다. 또 한 가지 강조하고 싶은 것이 있다. 그 심리 중 한 가지 특징은 자신들이 우주라고까지는 말하지 않지만, 세계의 중심이라는 의식이다. 이와 같은 페르시아인의 역사인식을 '세계의 중심' 사관이라고도 부른다. "세계의 중심에서 이슬람 혁명을 외친다"고 하는 현재의 이란 외교의 심정적인 배경이다.

그리고 또 한 가지가 강한 피해자 의식이며, 외국에 대한 깊은 시의심(猜疑心)이다. 알렉산드로스, 아랍인, 몽골인 등 외국의 침략자에 의해 국토를 유린당했던 경험이 거듭되었으며, 그 후에도 주변 유목민으로부터 침략을 당해왔다. 이러한 역사가 주변에 대한 시의심을 그리고 자신이 피해자라고 생각하는 의식을 이란인의 심리에 새겨왔다. 수차례에 걸쳐서 침략을 경험해왔던 사람들에게는 당연한 심리일지도 모른다. 그리고 근대 이후의 역사가 이 두 가지 감정을 이란인의 심리에 더욱 심각하게 각인시키게 된다.

[칼럼] 몽골은 중동에서 기피되는 대상인가?

하카타(博多) 만에 불었던 태풍과 가마쿠라(鎌倉) 무사의 분전 덕분에 몽골에 정복되는 비참한 경험을 면했기 때문일까? 이 유목민들에 대해서 일본인은 어쩐지 호감을 갖고 있다. 이것은 세계적으로 보아도 진귀한 것이다.

지식인들은 칭기즈칸의 대제국 건설자로서 업적을 평가하고 있으며, 서민은 몽골 출신인 스모(大相撲) 역사(力士)의 활약에 박수를 보내고 있다. 칭기즈칸이라는 음식까지 있으며, 이 인물에 관한 소설과 영화도 적지 않다. 일본사에서 비극적인 영웅인 미나모토 요시쓰네(源義經)는 고로모가와(衣川)에서 실제로 죽지 않고 유라시아 대륙으로 도망가서 칭기즈칸이 되었다는 등 마치 대지를 달리는 듯한 장대한 속설까지 존재한다. 이 정도로 몽골을 편애하는 나라를 본 적이 없다. 무엇보다 몽골이 규슈(九州)를 기습했을 때 우선 침략의 희생물이 되었던 이키(壹岐)와 쓰시마(對馬)에서는 그 잔학 행위가 전해지고 있다고 한다.

그렇지만 침략의 희생이 되었던 중동의 몽골에 대한 인식은 다르다. 동방의 사막에서 기습한 몽골은 악마 집단처럼 중동지역을 유린했다. 특히 1258년 훌라구칸(Hulagu Khan)에 의한 바그다드 공략 후의 잔학 행위는 역사에 계속 남아 있다.

몽골군은 학살을 다했고, 약탈을 다했고, 파괴를 다했다는 인상과 인식이 현재에 이르기까지 남아 있다. 파티에서 테이블 위의 음식이 순식간에 없어졌을 때, '메스레 호쥬메 몽골(몽골의 습격과 같다)'이라는 표현이 페르시아어로 사용되는 것을 귀로 들었던 경험이 있다.

중동에서 '몽골'이라는 어감은 부정적이다. 예를 들면, 빈라덴은 미국의 중동에서의 존재를 몽골의 정복에 비교하며 이슬람교도에 저항을 호소했다. 몽골과의 비교가 미국을 악한 국가로 인식시키는 데 가장 알기 쉽다는 판단이 빈라덴에게는 있었던 것이다.

그러나 미국인은 중동의 역사를 알지 못한다. 미국이 세계에 이라크에 대한 파병을 호소하여 그것에 응하는 형태로 일본의 자위대를 포함하여 각국의 부대가 이라크로 보내졌다. 몽골도 소수이지만 병력을 파견했다. 이라크에 몽골군이·들어간 것은 13세기 이후 처음일 것이다.

제 5 장

국제정치의 한 가운데에서

비극의 연속과 피로 얼룩진 백색혁명

나폴레옹의 러시아 원정

페르시아를 시아파로 만들었던 사파비 왕조도 18세기에 아프간인의 공격을 받아 멸망한다. 그 후 몇 차례 왕조의 흥망을 거쳐서 1796년에 카자르 왕조(1796~1925년)가 성립한다. 이 카자르 왕조 시대에 유럽의 국제정치가 페르시아에도 강력한 영향을 미치게 된다.

근대적 의미에서 국제정치의 무대로 페르시아를 끌어낸 인물은 나폴레옹(Napoléon Bonaparte)이었다. 나폴레옹은 러시아를 경유하여 페르시아와 아프가니스탄에 도착한 다음 그곳에서 영국의 보고(寶庫)라고 불렸던 인도를 공격하는 구상을 갖고 있었다. 그 준비 작업을 위해 19세기 초 프랑스의 사절단이 페르시아를 방문했다. 이에 대항하기 위해 영국도 페르시아에 관심을 보였다.

그러나 나폴레옹은 러시아와 사이가 틀어져 러시아 원정을 결의한다. 1812년 6월 22일, 프랑스는 러시아에 대해 선전포고를 했다. 노도와 같이 수도 모스크바를 점령했지만, 전체를 파괴하고 불태우면서 철수하는 러시아의 초토화 전술에 프랑스군은 고전을 면치 못했다. 그리고 결국 보급이 끊어지고 러시아의 강렬한 겨울 추위, 이른바 동장군(冬將軍) 앞에서 패배했다. 나폴레옹 몰락의 시작이었다.

패배한 나폴레옹은 지중해의 엘바(Elba) 섬에 유폐되었다. 후에 이 섬을 탈출한 나폴레옹은 프랑스로 돌아가 재기했지만, 벨기에 브뤼셀 남쪽 근교 워털루(Waterloo)에서의 전투에서 영국과 프러시아의 연합군에 의해 괴멸적인 패배를 당했다. 이 1815년 패배가 나폴레옹의 최종적인 몰락을 결정지었다. 나폴레옹은 이번에는 대서양의 고도(孤島) 세인트헬레나(Saint Helena) 섬에 유폐되어 그곳에서 세상을 떠났다.

나폴레옹이 몰락한 이후의 세계는 제2차 세계대전 이후 미소 양극 구조와 유사하다. 국토의 광대한 부분을 독일군에게 점령당했던 소련은, 그러나 반격을 시도하여 많은 희생에도 불구하고 승자가 되었다. 그리고 생산력을 비약적으로 증대시킨 미국과의 대립이 제2차 세계대전 이후의 세계를 규정했다.

'그레이트 게임'

마찬가지로 나폴레옹 전쟁 이후의 세계를 규정했던 것은 러시아와 영국이었다. 수도 모스크바까지 점령되었지만 승자가 된 러시아와 해군력으로 영국 본토의 안전을 확보하고 그 사이에 작은 피해도 입지 않은 채, 세계의 공장으로서 지위를 확립한 영국이 유라시아 각지에서 힘겨루기를 펼쳤다. 유라시아 대륙을 체스 판으로 한 영국과 러시아 양국의 투쟁은 '그레이트 게임'으로 알려져 있다.

지중해로, 인도양으로, 그리고 태평양으로 확대하는 러시아의 세력에 대항하기 위해 영국은 오스만 제국을 지원하고, 터키 해협을 강제로 열려고 한 러시아의 야심을 분쇄했다. 러시아 해군은 흑해에 갇혔다. 또한 확대하는 러시아에 대항하기 위해서 영국은 중앙아시아를 병합하여 인도에서부터 북쪽으로 지배 지역을 확대했다. 두 나라의 힘이 충돌한 곳은 아프가니스탄이었다. 아프가니스탄은 완충국으로서 독립을 유지했다.

태평양을 향해 동방으로 확대하는 러시아를 억지하기 위해 영국은 1902년 일본과 동맹을 체결한다. 이것이 영일동맹이다. 나폴레옹을 무너뜨린 이후 영국은 세계에서 동맹국이 필요하지 않았다. 그 정도로 영국의 힘은 독보적이었다. 그 '영광스러운 고립'을 자랑했던 대영제국이 근대화를 겨우 시작했을 뿐이라고 할 수 있는 시기의 아시아 신흥국과 동맹을 맺었다. 러시아가 동태평양 방면으로 진출하는 것에 대한 압력은 그 정도로 강했다.

영국과 러시아의 또 다른 '힘 대결'의 장소는 카자르 왕조의 페르시아였다. 18세기 말에 성립된 카자르 왕조는 19세기에는 일찍이 쇠퇴기에 들어가 러시아와의 두 차례 전쟁에서 참패하고 광대한 영토를 할양했다. 또한 영국과 러시아 두 나라는 약체인 카자르 왕조 아래의 페르시아에서 다양한 이권을 점차 강탈했다. 특히 영국은 남부에서의 석유개발 이권을 획득했다. 이것이 후에 '황금의 알'을 낳는 거위가 된다. 즉 막대한 석유 수입을 영국에 가져오게 된다. 페르시아는 독립국이라고 해도 영국과 러시아의 희생물이 되어 반(半)식민지 상태가 되었다. 두 나라는 테헤란에 거대한 대사관을 세우고 절대적인 영향력을 미쳤다.

영국 대사관은 수도 테헤란의 바자르 부근에 있다. 그 부지는 남북으로 약 260미터, 동서로 180미터 규모이다. 축구장도 세로 68미터, 가로 150미터밖에 되지 않는다. 즉 축구장 2개가 들어가도 남을 넓이인 것이다. 20세기 초, 이란 국민이 헌법을 요구하며 일어났을 때 샤(국왕)의 탄압을 피하기 위해서 다수의 시민이 영국 대사관으로 피난하는 사건이 일어났다. 그때 대사관 부지에 들어간 시민의 총 수가 1만 4,000명에 달했다는 기록이 남아 있다. 이를 통해서 대사관의 넓이를 상상할 수 있을 것이다(124쪽 미니 칼럼 참조).

영국과 러시아 양국 대사관의 면적도 넓었지만 두 나라 대사의 영향력도 강했다. 양자의 의향을 무시하고 페르시아는 그 무엇도 할 수 없는 상황이었다. 궁정 내외의 유력자 대다수가 영국이나 러시아의 어느 쪽, 혹은 두 나라 대사관 모두에 의해 매수되었다. 테헤란에서 말라비틀어진 낙엽이 떨어져도 영국 대사관의 음모라는 말이 나올 정도였다. 이러한 역사를 경험했기 때문에 '대사관'이나 '외교관'이라는 말은 대다수 이란인의 귀에는 부정적으로 들린다. 그것은 음모와 부패의 근원이며, 그곳에 거주하는 사람은 스파이들이었다.

제3국 정책

페르시아는 영국과 러시아의 압력이 균형을 이룬 위에 겨우 독립을 유지했다. 근대화를 위한 원조가 필요했지만, 이 양국으로부터 지원을 받는 것에는 부정적이었다. 지금 이상으로 양국의 영향력이 강해지는 것을 기피했기 때문이다. 강국이기는 하지만, 지리적으로 멀리 있는 페르시아를 위협할 가능성이 낮은 국가와의 관계 강화가 바람직했다. 영국 본토는 지리적으로 페르시아에서 멀리 떨어져 있었지만, 당시에는 인도 아(亞)대륙과 주변이 영국의 식민지였다. 또한 페르시아의 남부, 페르시아 만 연안에는 넓은 영국의 보호령이 있었고 대영제국은 이웃나라였다. 러시아는 물론 북쪽의 이웃이었다.

영국과 러시아 이외의 나라에 대한 접근이 페르시아의 국시(國是)였다. 이것을 외교사가(外交史家)는 '제3국 정책'이라고 불렀는데, 그 제3국이 미국이었다. 미국인이 이 나라에 모습을 나타내었던 것은 19세기 무렵이며, 그 대다수는 기독교 선교사들이었다. 페르시아는 미국으로부터 재정 개혁을 위한 전문가를 불러들였지만 영국과 러시아의 강력한 반대와 방해로 인해 미국에서 온 고문들은 충분히 일을 할 수 없는 실정이었다. 1917년 혁명으로 러시아가 소련으로 변했어도 상황은 바뀌지 않았고, 국가 체제가 어떻게 변하더라도 북방의 이웃은 페르시아에 계속 위협을 주었다. 페르시아를 향해 분노하든지 웃든지 곰은 곰이었다. 왕정에 적대적인 소련의 공산주의라는 이데올로기를 내세운 것만으로 페르시아의 카자르 왕조에게는 상황이 좋지 않았다.

1925년 약체인 카자르 왕조를 대신하여 팔라비(팔레비) 왕조가 성립했다. 창시자는 일개 병졸로부터 출발한 레자 칸(R. Khan)이라는 인물이었다. 어디서 굴러먹던 개뼈다귀인지도 알지 못하는 인물이 군의 실권을 장악하고, 그 군을 사용하여 국가 권력을 장악했다. 이 레자 칸이 1925년에 즉위하여 샤(국왕)가 되었다. 레자 샤의 탄생이었다. 1979년 이란혁명까지 2대에 걸쳐서 계속된 왕조의 창시였다. 레자 샤의 시대가 되어서도 페르시아의 영국과 소련 이외에 나라에 대한 접근이라는 정책은 변하지 않았고, 영국과 소련의 영향력에 샌드위치 상태였던 페르시아에 제3국이 진출하는 것은 어렵다는 상황도 변하지 않았다.

페르시아에서 이란으로

레자 샤가 접근 대상으로 선택했던 국가도 미국이었다. 페르시아는 제3국 정책의 일환으로 미국의 석유회사에 북부의 석유개발 이권을 공여하는 것을 검토했다. 남부에서 영국 자본이 석유개발에 성공했기 때문에, 이란의 다른 지역에도 석유 자원이 잠자고 있을 것이라고 예상했기 때문이다. 미국 자본은 의욕적이었지만, 결국 영국의 반대로 이 구상은 무너졌다. 개발된 석유를 수출하기 위해서는 남부 항만에 파이프라인으로 석유를 수송할 필요가 있었다. 그런데 남부에 영향력을 미치고 있던 영국이 파이프라인의 부설을 거절했기 때문이다.

페르시아가 석유 이권을 사용하여 미국에게 접근하려고 한 정책은 결실을 맺지 못했다. 카자르 왕조 시기 재정고문의 초빙에 이어 연속으로 좌절했다고 할 수 있다. 석유 이권을 사용하여 미국에게 접근하려고 한 정책이 채택되었던 것은, 이 예가 마지막이 아니었고, 실패한 것도 마지막이 아니었다. 뒤의 장에서 다음 실패 장면을 소개하도록 하겠다.

이를 대신하여 페르시아와 관계를 심화시켰던 나라는 독일이었다. 독일에 수많은 유학생을 보냈는데, 유학생을 보내면서 레자 샤는 "젊은이가 왕정을 좋아하게 되면 귀국하지 않을 것이라고 생각하지만, 나라를 위해 공부만큼은 확실히 해주길 바란다"라는 취지의 말로 격려했다고 한다.

수많은 전문가가 독일에서 초대되었다. 현재까지도 계속되고 있는 독일과의 깊은 관계가 시작된 것이다. 이 무렵 독일이 미친 영향이 남아 있는 곳은 테헤란 역이다. 테헤란의 남쪽에 있는 이 역에는 거대한 4각 기둥이 늘어서 있다. 갈고리 십자가 있는 큰 깃발이라도 늘어뜨리면, 나치 시대 영화의 세트장으로도 사용할 수 있는 분위기이다.

1935년 베를린 주재 공사관의 권유로 국명도 페르시아에서 이란으로 변경되었다. 나치의 '인종 이론' 영향이라고 할 수 있을까? 1933년 히틀러(A. Hitler)가 권력을 탈취 때로부터 2년 후의 일이다. '이란'은

'아리아인의'를 의미하는 근세 페르시아어이다. 고대의 영광과 아리아 인종의 고향을 환기시킨다. 이란은 인종적으로는 유럽과 같다는 주장이 국명 변경에 들어가 있다. 이란 판 탈아입구(脫亞入歐)였다.[1] 하지만 이로써 유럽에 들어가는 것이 아니라, 유럽과 이란은 원래 같은 기원이었다는 새로운 인식이었다.

비교언어학 연구에 의하면, 과거에 현재의 코카서스 지방에서 생활했던 인도 · 유럽어족이라고 불리는 사람들이 이동을 시작하여 유럽에 들어간 사람들은 유럽인, 동남쪽으로 이동한 사람들은 인도인, 남쪽으로 전진한 사람들은 페르시아인의 조상이 되었다. 그 때문에 인도계, 이란계, 그리고 유럽계 언어의 대다수에서 강한 상호관계를 살펴볼 수 있다. 페르시아어는 인도의 산스크리트어 및 유럽의 많은 언어와 친척관계에 있다. 즉 이 학설에 의하면, 이란인과 유럽인은 조상을 공유하고 있다.

배신당한 스탈린

독일에 대한 접근은 이란에만 그치지 않고 중동 전역에서 일어난 현상이었다. 영국과 프랑스의 식민지주의에 희생되었던 사람들이 영국과 프랑스에 도전하는 입장인 독일에 마음을 두었던 것은 자연스러운 현상이기도 했다. 베를린으로부터의 선전에서도 독일을 이슬람교도의 해방자로 묘사했다.

그러나 제2차 세계대전은 이란과 독일의 관계를 동요시켰다. 1939

1 후쿠자와 유키치(福澤諭吉)가 제시한 것으로 '아시아를 벗어나 서구 사회를 지향한다'는 뜻이다. _ 옮긴이 주

년 9월, 독일군의 폴란드 침공으로 제2차 세계대전이 시작되고, 같은 달 중순 독일군의 맹공으로 폴란드가 궁지에 몰리자 소련은 배후에서 공격해 들어갔다. 이로써 독일과 소련에 의한 폴란드 분할이 완료된다. 독일은 소련을 경유하여 이란과 무역을 계속했다. 소련이 독일과 동맹 관계에 있는 기간 동안 영국은 이란에 손을 대지 못했다.

그렇지만 1941년 독일은 소련을 공격했다. 히틀러는 소련을 불시에 타격하는 날짜로 6월 22일을 선택했다. 나폴레옹이 러시아 원정에 나섰던 날이다. 독소 전쟁이 개전되면서 초기에는 나이프로 버터를 자르는 것과 같다고 표현되는, 독일군의 진격이 계속되었다. 소련군은 전체적으로 붕괴 상태에 있는 것처럼 보였다.

독일과 소련이 전쟁을 시작하자 미국과 영국은 즉각 소련에 대한 원조를 결정했다. 실제로 영국은 독일이 대소(對蘇) 전쟁을 시작할 것이라는 의도를 파악하고 있었다. 영국의 처칠(W. Churchill) 총리는 소련의 독재자 스탈린(I. Stalin)에게 경고를 하고, 개전일은 나폴레옹이 1812년에 러시아에 침공한 날짜와 같은 6월 22일이 될 것이라고까지 알려주었다. 처칠의 깊은 역사 지식이 독일군의 움직임을 하루 단위로 특정시킨 것이라는, 그렇게 잘 만들어진 이야기였다. 그렇지만 실제로는 영국이 독일의 암호를 해독했으며, 독일군의 움직임을 하나하나 내다보고 있었던 것이다. 1990년대 영국의 공문서가 공개됨으로써 밝혀지게 된 사실이다.

어쨌든 스탈린은 처칠을 믿지 않았다. 소련의 스파이망 또한 독일군 참모본부에 침투하여 독일의 공격 의도가 스탈린에게 전해졌다. 그러나 스탈린은 처칠도 아니고 자신의 스파이망도 아닌 히틀러를 믿었고, 그로 인해 배신당했다. 스탈린이 인생에서 믿었던 이는 히틀러뿐이었지만, 그 히틀러에게 배신당한 것이다. 2008년에 세상을 떠난 러시아의 문호(文豪) 솔제니친(A. Solzhenitsyn)이 『수용소 군도』에서 썼던 것과 같다.

배신당한 스탈린을 돕기 위해서 미국의 물자를 대량으로 긴급하게 소련에 수송할 필요가 생겼다. 이는 소련이 승리를 거둘 것이라고 미국과 영국이 믿었기 때문이 아니었다. 양국은 결국 독일이 소련을 정복할 것으로 예상했지만, 그때까지 최대한 소련이 저항하여 독일에 대해 가능한 한 많은 희생을 치르도록 하자고 생각했다.

문제는 수송 루트였다. 미국과 소련을 겨우 가로막은 태평양의 베링 해를 경유하는 루트가 있었다. 그렇지만 미국 본토로부터 알래스카까지 물자를 운반하고 다시 시베리아까지 공수하는 것은 운반하는 양에 한계가 있었다. 베링 해를 경유하여 수송가능한 양도, 그리고 소련 측 항만의 화물 처리 능력도 제한되어 있었다. 게다가 독일의 동맹국인 일본 해군이 제해권을 장악하고 있었다. 독일이 요청하고 있는 것처럼 일본이 제2차 세계대전에 참전한다면, 베링 해는 이용할 수 없게 된다. 또한 만약 블라디보스토크 등 소련의 태평양 연안 항만에 물자를 운반한다고 해도, 그곳으로부터 전투가 벌어지고 있는 유럽 및 러시아 전장까지의 육상 수송도 상당히 어려운 것이었다. 유라시아 대륙을 횡단할 필요가 있었기 때문이다.

영국에서 북해(北海)를 경유하여 북극해(北極海)에 면한 소련의 무르만스크 항으로의 수송로도 사용되었지만, 여기도 파도가 거세고 겨울이 되면 항만이 얼어붙어 버린다. 또한 독일 해군 잠수함의 공격도 격렬했다. 수많은 선박과 선원이 어뢰에 희생되어, 얼음이 언 바다 속으로 사라졌다.

미국에의 접근

이리하여 안전하면서 전장에 가까운 제3의 루트가 필요해졌다. 그것이 이란이었다. 영국과 소련은 1941년 8월 남북으로부터 이란에 침공하여 이란을 남북으로 분할하여 점령했다. 이란이 친(親)독일적이었다는 것이 침략의 구실이 되어, 레자 샤는 퇴위와 망명으로 내몰렸다. 후계자는 당시 아직 10대였던 황태자 모하마드 레자(M. Reza)였다. 샤(국왕)가 아닌 레자 샤는 망명지인 남아프리카에서 제2차 세계대전 중인 1944년 객사했다.

점령하에 있던 이란에는 물자수송을 위해 영국, 소련의 군인과 함께 다수의 미국 병사들이 들어오게 되었고, 이란에서 소련으로 대량의 물자가 흘러가게 되었다. 이란은 승리를 위한 가교였던 것이다. 이란은 독일을 대신하여 미국에 대한 접근 정책을 채택하여, 다수의 고문이 미국으로부터 초대되었다. 이번에는 영국과 러시아의 방해도 없었기 때문에 마음껏 업무를 보고, 이란의 군과 경찰의 근대화에 온 힘을 다했다. 그 가운데에는 치안 경찰의 조직화에 공헌한 노먼 슈워츠코프(N. Schwarzkopf)라는 인물도 있었다. 걸프 전쟁 때 다국적군의 총사령관으로 근무했던 동명인 인물의 부친이었다. 부친은 군인이면서 한때 뉴저지 주의 경찰장관을 맡아 유명한 린드버그 사건의 수사를 담당했다. 대서양 횡단 비행으로 영웅이 된 찰스 린드버그(C. Lindbergh)의 아들이 유괴·살해된 사건이었다.

미국에 접근한 성과가 제2차 세계대전 직후에 나타났다. 남부의 영국군은 전쟁 종결 후에 이란에서 철수한 반면, 북부의 소련군은 철수하지 않았기 때문이다. 게다가 소련군이 점령하고 있는 이란 북부에서는 아제르바이잔인과 쿠르드인이 자치공화국의 수립을 선언했다. 아제르바이잔 자치공화국과 쿠르디스탄 자치공화국이다. 소련은 이란의 소수 민족을 지렛대로 삼아 이란을 분할하고자 하는 것처럼 보였다. 이란 정부는 이들 민족의 독립운동을 진압하기 위해 군을 파견하고자 했지만, 북부를 계속 점령하고 있던 소련군에 의해 저지당했다.

1946년 이 문제가 유엔(UN)의 안전보장이사회(안보리) 최초의 의제가 되었다. 제1차 세계대전 후에 만들어졌지만, 세계대전의 재발을 방지하지 못했던 국제연맹을 대신하여 제2차 세계대전 말기에 성립된 유엔에서 최초의 의제였던 것이다. 그렇지만 소련 대표는 안보리에서 거부권을 갖고 있기 때문에, 소련이 시비를 걸면 안보리는 아무것도 할 수 없었다. 냉전 시에 수없이 반복되었던 풍경의 원형이었다. 문제를 해결한 것은 이란 정부와 미국이었다.

석유개발의 이권 문제

영국이 이란 남부의 유전 개발을 독점하고 있기도 해서, 장기간에 걸쳐 러시아가, 그리고 소련이 이란 북부에서의 석유개발 이권에 흥미를 보였다. 카스피 해 동안(東岸)의 소련과 이란의 국경 지대에는 아제르바이잔이 있다. 여기는 소련의 남부이자 이란의 북부지역으로, 대략적으로 말해서, 소련의 지배 지역은 아제르바이잔공화국이며, 이란의 일부는 아제르바이잔 주이다. 아제르바이잔공화국은 석유 생산국으로 알려져 있다. 수도 바쿠(Baku)는 석유 도시이며, 러시아 그리고 소련의 경제를 지탱해왔다. 그렇다면 육지와 연결된 이란의 아제르바이잔 주에도 석유가 매장되어 있는 것은 아닌가 하는 추측이 성립된다.

이란 정부는 북부에서의 석유개발 이권을 소련에게 제공하는 조약에 서명했다. 이 조약의 체결을 수용하여 소련군은 이란 북부에서 철수했다. 조약이 발표되기 위해서는 의회의 승인이 필요하며, 그 의회 선거를 행하기 위해서 이란군은 북부로 진격했다. 이번에는 앞길을 막는 소련군이 없었다. 아제르바이잔과 쿠르디스탄 두 자치공화국은 어이없이 붕괴했다. 그리고 이란 전역에서 선거가 실시되었다. 제2차 세계대전이 종식된 이후 그리고 점령군이 철수한 이후 치러진 최초의 총선거였다. 그렇지만 이 선거를 통해 소집된 의회는 소련에 석유개발 이권을 제공하는 조약에 대한 비준을 거부했다. 소련은 이란 북부에서의 석유개발이라는 꿈을 단념했다. 석유 이권을 얻기 위해 철수했던 소련은 감쪽같이 교활한 이란에게 속은 꼴이 되었다.

트루먼(H. Truman)의 이란 지원

그렇지만 소련을 움직였던 것이 이란의 외교는 아니었다. 즉 석유 이권에 낚여 소련군이 철수했던 것은 아니었다. 소련군을 내쫓은 것은 미국의 강력한 대응이었다. 당시 트루먼 정권은 강력하게 이란을 지원했다. 당시에는 미국이 핵무기를 독점하고 있었던 시기이며, 이 핵무기를 독점한 미국의 강경한 자세로 인해 1946년 스탈린은 어쩔 수 없이 이란에서 소련군을 철수시켰다. 석유 이권의 획득은 스탈린의 체면을 지키기 위한 것일 뿐이었으며, 소련의 계산에서는 부차적인 의미밖에 지니지 못했다고 하는 것이 외교사가들 사이의 결론으로 보인다.

이유가 무엇이든지 간에 소련군의 철수로, 그리고 석유 이권 조약의 거부로 이란의 민족의식은 고양되었다. 타오른 이란의 민족주의는 다음으로 이란 국내의 외국이라고 말할 수 있는 남부의 '석유 자원' 해방을 향하게 되었다. 이미 논했던 바와 같이, 이란 남부에서는 영국의 영향력이 강했다.

거기에서는 20세기 초인 1908년부터 영국 자본이 석유 생산을 독점하고 있었다. 그해 이란 남부의 마스제드 솔레이만(Masjed Soleyman)에서 석유가 발굴되었다. 마스제드 솔레이만이란 '솔로몬의 궁'이라는 의미로, 이곳은 애초에 조로아스터교의 신전이 있던 곳이다. 원래는 마스제드 키로스(Masjed Cyrus), 즉 '키로스의 궁'이라고 불렸지만 이슬람교도가 이란을 정복한 이후에 '솔로몬의 궁'으로 개명되었다. 솔로몬은 고대 이스라엘 왕의 이름으로 이슬람교에서도 숭배되고 있다. 개명을 통해 조로아스터교도는 신전을 지키고자 했을 것이다.

조로아스터교도는 앞에서 언급한 것처럼 불을 신성시한다. 목재가 귀중한 서아시아와 같은 건조 지대에서 불을 계속 피우는 것은 엄청난 부담이다. 그래서 조로아스터교도는 천연가스가 스스로 분출하는 장소에 신전을 건설했다. 천연가스와 석유는 종종 동시에 발견된다. 그것은 조로아스터교 신전의 유적지를 추적하면 유전을 발견할 가능성이 높다는 의미이다. 필자는 마스제드 솔레이만을 방문한 적이 있는데, 이란 최초의 유정(油井)에서 가까운 곳에서 솟아나오는 물에서 미량의 원유가 섞여서 분출되는 것을 목격했다.

조로아스터교 신전의 유적지 부근에서 유전이 발견된 장소로 현재 아제르바이잔공화국의 수도 바쿠가 있다. 참고로 세계에서 최초로 건설된 유조선은 '조로아스터호'라고 이름 지어졌으며, 선주(船主)는 노벨 형제였다. 노벨상 창설자의 일족이다. 이 형제가 철학과 종교에 흥미를 갖고 있었는지는 몰라도, 소유하는 유조선에 '부처', '무함마드', '소크라테스', '스피노자', '다윈' 등으로 이름을 지었다.

100 : 8의 분배

이란인들은 영국이 이란의 석유에서 막대한 수익을 올리고 있는 것에 비해서, 이란에 대한 보상이 부족하다고 인식하여 석유 협정의 개정을 요구했다. 페르시아 만 연안 반대편에 있는 아라비아 반도 국가들에서는 미국 석유회사가 석유를 개발하고 있었는데, 거기에서 나온 이익은 산유국과 석유회사 간에 절반씩이었다. 즉 50대 50(fifty-fifty), 각각 50%의 이익을 얻는 내용이었다.

그런데 영국이 이란에 강요하고 있던 조건은 그것 이하이며, 이란 측에서 보면 부당하다고 비추어졌다. 1950년 영국의 이익이 2억 영국 파운드였던 것에 반해서 이란이 취득한 이익은 1,600만 파운드에 불과했고 영국과 이란이 취득한 이익의 비율은 100대 8, 즉 미국과 아랍 산유국과의 비율로 환산하면 50대 50에 훨씬 미치지 못하는 50대 4였다.

영국의 투자와 기술이 없었다면 이란의 원유는 지하에서 잠자고 있는 상태일 것이며, 리스크를 짊어지고 막대한 투자를 한 기업이 이익의 대다수를 얻는 것은 당연하다는 것이 석유회사의 논리였다. 그렇지만 눈앞에서 아랍 국가들이 훨씬 좋은 조건을 누리고 있었기 때문에 이란이 납득할 수는 없었다. 교섭은 난항을 거듭했다. 마지막으로 석유회사가 양보하고 나섰지만, 그때는 이미 늦었다. 불타오른 이란의 민족주의는 석유산업의 국유화를 요구했다.

곤경에 빠진 모사데크 정권

1951년에 들어서 무함마드 모사데크 정권은 이란 석유의 국유화를 단행했다. 이리하여 이란에서의 석유생산을 독점했던 영국 자본의 앵글로이란석유회사(AIOC)가 이란에서 보유했던 자산이 국유화되었다.

AIOC는 British Petroleum(영국 석유회사)으로 이름을 바꾸었다. 그리고 또 한 차례 현재의 BP로 이름을 바꾸었다. 이란의 석유산업은 새롭게 설립된 이란국영석유회사(NIOC)의 지배하에 들어갔다. 모사데크는 초대 총재로 프랑스에서 귀국한 기술자인 메흐디 바자르간(M. Bazargan)을 임명했다. 경건한 이슬람 신앙심을 가진 것으로 알려진 인물이었다.

당사자인 영국의 '앵글로이란석유회사'를 시작으로 국제 석유자본은 국유화의 움직임이 다른 산유국에 파급되는 것을 두려워하여, 이란 원유를 보이콧하는 것으로 대응했다. 당시에는 '세븐 시스터즈(Seven Sisters)'라고 불렸던 미국과 유럽의 7개 대규모 석유회사가 세계의 석유시장을 주도했다.

곤경에 빠진 모사데크 정권은 미국에 도움을 요청했다. 그렇지만 미국은 냉담했다. 모사데크가 정권을 잡고 있는 이란에서 공산당의 힘이 신장되고 있는 것을 우려했기 때문이다. 그리고 미국도 이란 원유에 관심을 갖고 있었다.

모사데크를 무너뜨리려는 쿠데타가 획책되어 반(反)모사데크파 장군과 종교지도자 등이 동원되고, 테헤란 주재 미국과 영국의 대사관이 반(反)모사데크의 작전본부와 같은 역할을 수행했다. 샤(국왕)는 주저했지만 오히려 반(反)모사데크의 쿠데타에 가담했고, 1953년 8월 쿠데타가 일어났다. 당초 계획이 실패한 것으로 생각했던 샤가 국외로 도망갔음에도 불구하고 음모는 성공했다. 이탈리아까지 도망갔던 샤는 '로마의 휴일'을 일찍 끝내고 테헤란으로 '개선'했다.

이 쿠데타에서 군과 종교계의 일부가 큰 역할을 수행했다. 미국 CIA가 제공한 자금으로 군중을 동원하고 반(反)모사데크파의 시위대로 가두를 제압한 것은 일부 종교지도자였다. 모사데크가 공산주의자의 지지를 받았던 사실 등이 종교계가 반발한 배경 가운데 하나였다. 공산주의는 무신론이었기 때문이다.

이란 국내에 반(反)모사데크파가 없었다면 물론 쿠데타는 성공하지 못했을 것이다. 그런데 반(反)정부 세력은 어느 나라에나 존재한다. 미국의 대통령선거에서도 대부분의 경우는 과반수를 겨우 웃도는 득표율로 당선자가 결정된다. 대다수의 반대파가 있는 것은 민주주의에서는 자연스러운 일이다. 따라서 이란에 반(反)모사데크파가 존재했다는 것을 이유로 내정간섭을 정당화할 수는 없는 것이다.

민주주의 국가인 미국과 영국이 공모하여 자국의 대사관을 거점으로 타국의 내정에 간섭했고, 합법적이면서 민주적으로 선출된 정통성 있는 정권을 무너뜨렸다. 그러한 무거운 사실이 이란인의 집단적인 기억 가운데 남아 있다. 이것이 바로 1979년 11월에 발생한 미국 대사관 '인질 사건'의 복선(伏線)이다.

미국의 괴뢰정권

쿠데타에 의해 이란의 모사데크 정권이 무너지고 샤가 이란으로 돌아왔다. 그리고 영국의 자본이 이란의 산유 지대에 돌아감으로써 석유의 외국 지배가 재개되었다. 그 지배에 미국의 석유회사도 가담했다.

미국은 샤를 괴뢰로 이용하고 이를 강화시키기 위해 노력했다. 미국은 경제적인 곤경에 빠져 있던 모사데크에게는 주지 않았던 군사 · 경제 원조를 쏟아 부었다. 동시에 반(反)정부 세력을 진압하기 위해 미국의 지원으로 비밀경찰이 조직되었다. 페르시아어로 사바크(SAVAK)라고 알려진 비밀경찰은 이란의 모든 방면에 침투하여 샤에 반대하는 자를 침묵시켰다. 모사데크의 민주정권을 전복시킨 미국이 독재정권을 이란 국민에게 강요했다.

영국의 음모는 이란인의 시각으로 보면 당연하고 자연스러운 것이었다. 이란은 영국의 이른바 '신사다움'이란 것과 장기간 동안 마주했기 때문이다. 그런데 중개를 기대했던 미국의 배신은 용납할 수 없었다. 이란인은 분개했다. 그리고 그 분개를 표출하면 사바크에 의해 체포되어 고문을 당하는 상황이 1953년 쿠데타에서부터 1979년 이란혁명까지 계속되었다. 이란인이 미국에 대해서 품고 있는 피해자 의식의 배경이다.

무너졌다고는 해도 모사데크는 산유국들의 경제적인 독립투쟁의 상징이 되었다. 모사데크의 석유 국유화는 산유국들에게 큰 영향을 미쳤다. 1970년대 석유수출 국가들이 외국 자본을 국유화를 진행했던 것의 선구라고 할 수 있다.

현재 이란에서는 모사데크를 흠모하는 목소리가 높아지고 있다. 모사데크는 외국 자본과 대결한 민족주의자일 뿐만 아니라 비종교적인 민주주의자였기 때문이다. 현재의 종교체제에 권태감과 혐오감을 보이고 있는 많은 이란인들이 지향해야 할 목표는, 민주적이면서도 민족주의적이고 동시에 종교적이지 않은 체제이다. 모사데크의 정치적인 자세 자체가 그 목표를 제시해주고 있다. 모사데크를 뒤에서 찌른 한 자루의 칼은 외국 세력과 결탁한 일부 종교지도층에 의한 것이다. 이 점은 종교세력의 지배에 반발하는 사람들이 결코 잊지 못할 사실이다. 이 반(反)모사데크의 쿠데타에 관해서는 이 책에서 몇 차례에 걸쳐 반복하며 언급하게 될 것이다.

'모사데크파'의 일본

모사데크 일족은 카자르 왕조와 연계되어 있는 명문가이다. 카자르 왕조를 무너뜨린 팔라비 왕조는 무명의 군인 레자 칸이 일으킨 신흥 왕조이며, 모사데크에 비하면 레자 칸은 단순히 갑자기 출세한 자였다.

일본은 모사데크 주도하의 이란과 외교 관계를 연 직후부터 우연하게도 접촉을 시작했다. 일본이 이란과 국교를 맺었던 것은 1929년의 일이다. 동시에 일본은 테헤란에 공사관을 개설했으며, 이때 공사관으로 빌렸던 가옥이 모사데크 가문의 소유였다. 모사데크 일족은 대지주였으며, 테헤란 안팎에 광대한 토지를 소유하고 있었다.

당시 모사데크 가문에는 스위스에서 치료 중인 가족이 있어서, 모사데크의 골머리를 썩였다. 당시 외화 규제가 엄격해서, 풍요로운 모사데크 가문도 스위스에서의 치료비용 등을 외화로 염출하는 데에 고생했기 때문이다. 일본 공사관은 모사데크 본인의 의뢰를 받아 임대료를 외화로 스위스의 은행구좌를 통해 지불하고자 했다. 큰 시각에서 말하자면, 일본의 납세자가 지불한 임대료가 당시 모사데크 가문의 일원이 스위스에서 생활을 유지할 수 있도록 했다. 일본은 이란인이 모사데크의 지지자가 되기 이전부터 모사데크파였다.

일본이 이란에 대해 흥미를 갖게 된 배경에는 이란의 이웃나라인 러시아의 존재가 있었다. 러시아를 잠재적인 적으로 간주했던 일본에게, 러시아 주변 국가들의 정보는 대단히 중요했다. 러일전쟁 이전에 이미 일본은 이란에 조사대를 보냈고, 그 가운데에는 군인도 포함되어 있었다. 일본과 중동의 교류사에 정통한 도쿄대학의 스기타 히데아키(杉田英明) 교수의 연구에 의하면, 일찍이 1880년(메이지 13년)에 외무성(外務省)의 요시다 마사하루(吉田正春)와 육군 참모본부의 후루가와 노부요시

(古川宣譽)가 경제계 인물을 따라 인도인 통역 및 페르시아인 요리사 등과 함께 총 18명의 규모로 국교 수립의 전제가 되는 국가 정세 및 경제 상황에 대한 조사를 위해 파견되었다.[2]

같은 해 7월, 사절단은 페르시아 만 연안의 남부에 있는 도시 부셰르(Bushehr)를 출발하여 당나귀 등에 올라타서 이란 고원(高原)을 북상하여 도중에 쉬라즈(Shiraz)와 이스파한(Esfahan), 그리고 페르세폴리스(Persepolis) 유적 등을 방문한 이후 42일 만에 주도(主都) 테헤란에 도착했다. 거기에서 당시의 샤(국왕)를 배알하고 소기의 목적을 달성한 이후에 카스피 해를 건너 이스탄불로 향했다. 1880년이라면 1904년 러일 전쟁이 개전되기 24년 전의 일이다.

러일전쟁에서의 일본의 승리는, 이란을 포함하여 러시아가 확대되는 과정에서 희생양이 되었던 여러 국가들과 여러 민족들에게 일본에 대한 흥미를 불러일으켰다. 핀란드, 터키, 이란 등에서 일본의 승리에 갈채를 보내고, 일본을 배우기 위한 조사단을 보낸 사례도 있었다. 이란에서도 왕족과 연결되는 유력자가 일본을 방문했다.

경제 측면에서 보면, 일본에게 이란은 면제품의 수출 대상국으로 중요했다. 일본의 면제품은 영국 제품과 경쟁했다. 일본 외교 사절의 역할은 '수출 진흥' 지원과 러시아(러시아혁명 이후에는 소련)의 국정(國情)에 대한 조사였다. 러시아(소련)에 관한 정보 수집은 러시아와 국경을 접하는 국가들에게 파견된 일본 외교 사절의 공통된 임무였다. 아프가

2 일본과 중동의 역사적 관계에 대해서는 다음을 참고하기 바란다. 스기타 히데아키(杉田英明), 『일본인의 중동 발견: 역원근법 중의 비교문화사(日本人の中東發見: 逆遠近法のなかの比較文化史)』(東京大學出版會, 1995). _ 옮긴이 주

니스탄, 이란, 터키, 발트 해에 접했던 라트비아 등의 대사관에 주재 무관이 파견되는 사례가 많았다.

추축국(樞軸國)과의 전쟁 상태

1941년, 이란이 영국과 소련에 의해 분할 점령되자 독일의 동맹국이었던 일본에 대한 테헤란의 정책도 변하지 않을 수 없었다. 1942년 이란은 일본과 단교하고, 일본의 외교사절단을 추방했다. 그리고 1945년에 이란은 일본에 선전포고를 했다. 일본 외교관들은 제2차 세계대전에서 최후까지 중립을 지켰던 아프가니스탄으로 이동했다.

1945년 이란을 포함한 각국은 패색이 짙은 일본에 선전포고를 했다. 일본에 대한 증오가 그해에 급격하게 높아졌기 때문은 아니었다. 그것은 유엔이 결성되었기 때문이다. 유엔 창설 멤버가 되려면 추축국 국가들과 전쟁상태여야 한다는 조건이 있었다. 그 때문에 각국이 점차 일본에 선전포고하고 법적으로 전쟁상태에 들어갔다. 실질적으로는 의미가 없는, 실로 종이 위의 선전포고였다. 원래 추축국 국가들에 대한 군사동맹으로 유엔이 출범되었다는 역사의 반영이었다.

그런데 아프가니스탄은 일본에 선전을 포고하지 않았다. 긍지 높은 파슈툰인이 패색이 짙은 국가에 선전포고를 할 수 없었던 것인가? 즉 파슈툰인 무사의 정(情)이었을까? 혹은 단순히 국제정세에 둔감했던 탓일까? 어쨌든 아프가니스탄은 일본과 과거에 전쟁상태였던 적이 없다.

그런데 제2차 세계대전 이후 일본의 외교 사절보다 먼저 이란에 들어갔던 것은 일본의 석유회사였다. 모사데크의 국유화로 인해 국제석유자본이 이란 원유를 보이콧했던 사실에 대해서는 앞에서 언급했다. 이란이 석유를 수출할 수 없게 된 이 시기에, 국제석유자본 계열에 들어가지 않으며 '독립계'라고 불리는 이탈리아와 일본의 석유회사가 이란 원유를 수입한 것이다.

일본의 경우 이데미쓰고산(出光興産)이 그 선구가 되었다. 1953년 5월, 이데미쓰(出光)의 유조선 닛쇼마루(日章丸)가 영국의 반대를 물리치고 이란의 아바단(Abadan) 항에서 석유를 싣고 일본으로 돌아왔다. 그 전년인 1952년에 점령군으로부터 주권을 회복한 신생 일본의 작은 석유회사가 영국의 거대한 석유회사를 놀라게 했다. 이 사건은 그와 같이 보도되어 이란의 민족주의뿐만 아니라, 패전으로 인해 망연자실해 있던 일본의 민족주의도 고무시켰다. 당시 잘나가던 인기작가 이시하라 신타로(石原愼太郎)는 이 사건을 다룬 『도전(挑戰)』이라는 소설을 발표했다.

비극의 연속

일본 외무성(外務省)도 이란으로 돌아가고자 하는 노력을 시작했다. 이란과 일본의 외교 관계를 재개하는 움직임이 시작되었을 때, 모사데크 총리는 일본인에 대해서 모사데크 가문의 부동산 임차인으로의 복귀를 환영한다는 농담을 하기도 했다. 정식으로 양국 국교가 재개된 것은 모사데크가 몰락한 지 3개월이 경과한 1953년 11월의 일이다. 모사데크가 몰락하자 이데미쓰(出光) 등에 제공되었던 할인 등도 결국 중단되었다. 이란의 석유산업이 국제석유자본의 지배 아래로 돌아갔기 때문이다.

이미 논한 바와 같이, 이란은 고대부터 문명의 교차점에 위치해왔다. 그 지정학적인 위치를 살려 힘이 강할 때에는 세계에서 으뜸가는 제국을 세웠다. 고대 오리엔트 세계의 통일자인 아케메네스 왕조 '페르시아 제국'과, 그리고 로마 제국과 현재의 시리아와 이라크를 놓고 패권을 다투었던 사산 왕조 '페르시아 제국' 등이 그러하다.

그렇지만 동시에 오리엔트 세계의 중심에 위치하고 있기 때문에 주변으로부터 침략을 받아 희생이 되기도 했다. 쇠퇴기의 이란은 서쪽으로부터 마케도니아의 알렉산드로스 대왕에 의한 정복과 아랍인의 침략을 경험했다. 또한 동쪽으로부터 몽골과 터키계의 유목민도 이란을 유린했다. 또한 19세기에는 북쪽으로부터 러시아의 압박에 의해 광대한 영토를 빼앗겼다. 또한 남쪽으로부터 영국의 침략에 의해 석유 이권을 약탈당했다. 이러한 침략과 제국주의의 희생이 된 비극의 연속이 이란의 역사이며, 20세기 후반에 들어서 부가되었던 새로운 사슬의 고리가 미국 CIA의 음모에 의한 쿠데타였다. 쿠데타의 결과는 민족주의를 대표했던 모사데크의 몰락이었으며, 민주화 흐름의 저지였다. 이란인의 마음속에는 그 사슬에 묻어 있는 애국자들의 피가 아직도 마르지 않고 샘솟고 있다.

샤의 눈과 귀

이란 왕정은 모사데크를 실각시키고 난 이후 한숨을 돌렸다. 그렇지만 미국과 영국의 첩보기관으로부터 쿠데타 과정에서 도움을 받은 탓에, 그 후 샤가 정통 지도자로서 국민에게 간주되지는 못했다. 정통성의 결여를 메웠던 것은 이미 소개한 비밀경찰 사바크(SAVAK)였다.

사바크는 통보자의 네트워크를 확장하여 국민을 감시했다. 샤 시대의 이란에서는 일본어로도 샤에 대해서 나쁜 말을 하면 통보된다는 소문이 일본인 주재원 사이에 있었을 정도였다. 사바크는 샤의 눈이며, 귀였다. 체제의 생명줄이라고도 불렸다. 샤는 후에 사바크의 장관으로 유년기부터 친구였던 파르두스트(H. Fardoust) 장군을 임명했다. 샤는 유년 시기를 스위스의 기숙사학교인 로제학교(Le Rosey)에서 보냈으며, 프랑스어로 교육을 받았다. 부왕 레자 샤는 황태자의 친구로서 파르두스트를 이 기숙사학교에 보냈다. 두 사람은 그렇게 장기간의 관계로 맺어졌다. 이를테면 파르두스트는 샤의 '학우(學友)'였다. 파르두스트는 이란에서는 샤와 가장 친한 남자로 알려져 있었다.

이란에 쿠데타를 일으킨 미국의 아이젠하워 정권(1953~1961년)은 이미 언급한 바와 같이 모사데크 시대에는 동결되었던 군사 · 경제 원조를 제공하여 샤 체제의 버팀목이 되어 주었다. 그다음의 케네디 정권(1961~1963년)은 샤에게 농지개혁을 요구했다. 수많은 개발도상국의 예에서 벗어나지 않은 채 이란에서는 소수의 부유층이 광대한 토지를 소유했다. 3,000가족이, 좀 더 극단적으로는 겨우 200가족이 이란을 지배하고 있다고 표현될 정도였다. 통계적으로 보아도 1962년에는 인구의 1%가 56%의 토지를 소유했다. 이러한 체제가 계속된다면 농촌이 체제에 대한 불만의 온상이 되며, 공산주의자에게 빌붙을 수 있는 틈새를 제공하게 된다. 케네디 정권은 그것을 우려했다. 제2차 세계대전 이후의 일본에서 농지개혁이 농촌을 보수의 아성(牙城)으로 변하게 만든 것을 미국은 잘 알고 있었다.

부유한 자바르 상인과 수주(水主)

샤는 1960년대 초, '백색혁명'이라는 슬로건 아래 농지개혁을 시작했다. 백색이란 피를 흘리지 않는다는 의미에서 '위로부터의 개혁'이었다. 지주의 토지를 농민에게 나누어 주었다. 이란의 지식층은 이 개혁은 속임수이며 진정한 개혁은 아니었다고 비난하는 경향이 강하다. 이 개혁이 지식인에게 인기가 없었던 것은 아마도 '샤'의 개혁이었기 때문일 것이다. 샤 시대 이란의 지식인 대다수는 농촌을 알지 못하고 농민을 깔보는 태도를 숨기지도 않았다. 적어도 필자는 그러한 사례를 알고 있다.

당사자인 농민의 반응은 어떠했을까? 장기간에 걸쳐 이란의 농촌을 조사했던 일본의 연구자들, 예를 들면 도쿄대학의 고(故) 오노 모리오(大野盛雄) 명예교수는 실제로 자신이 조사했던 촌에서는 농민들은 이 개혁에 대해 감사하고 있었으며, 또한 개혁에 의해 확실히 농민의 생활 수준이 향상되었다고 보고하고 있다.

대토지 소유자의 대다수는 바자르 상인이었다. 상업 매매로부터 얻은 이익을 토지 매수에 투자하는 사례는 많다. 또한 역사적으로는 바자르 상인이 농촌을 '개발하는' 사례도 많았고, 여기에는 이란의 독자적인 수리(水利) 방법이 밀접하게 관련되어 있다. 건조지인 이란에서는 자연적으로 내리는 비에만 의지하는 농업은 일부 지역을 제외하고는 대단히 곤란하다. 이란인은 카나트(qanat)라고 불리는 지하 '관개(灌漑) 시설'을 건설하여 건조지의 농업을 가능하게 해왔다. 카나트란 웅장하고 정밀한 설비이다. 산기슭에 우물을 파서 그 우물로부터 수로에 의해 물을 저지대 경작지까지 유도한다. 물은 산기슭에서 경작지까지의 경사에 따라 흐른다. 그렇지만 햇볕이 뜨거운 건조지에서는 수로가 지상에 있으면 물이 증발해버린다. 그런 곳에서는 수 킬로미터에 이르는 지하 수로를 파게 된다.

이렇게 해서 국토 대부분이 건조지인 이란에서 농업이 가능하게 된다. 헤로도토스(Herodotos)는 이집트는 '나일 강의 선물'이라고 표현했는데, 카나트를 연구해온 세계적인 권위자인 오사카외국어대학의 오카자키 쇼코(岡崎正孝) 명예교수는 페르시아가 '카나트의 선물'이라고 지적하고 있다. 이러한 카나트의 건설과 유지에는 막대한 투자와 고도의 기술이 필요하다. 부유한 바자르 상인은 이 카나트 건설에 투자해왔다.

그 때문에 농촌의 대다수는 자연스럽게 발생한 존재가 아니라 바자르 상인의 투자에 의해 만들어진 것이다. 농민은 존재했던 것이 아니라 소작인으로 이끌려 왔으며 고용된 것이다. 다시 오노(大野) 명예교수의 말을 인용하자면, 농촌은 '반장집락(飯場集落)'이었다. 거기에서는 아무것도 갖고 있지 않는 소작인의 입장은 극단적으로 약하고, 물과 토지를 소유하는 지주의 입장은 극단적으로 강하다. 지주는 지주일 뿐만 아니라 수주(水主: 물의 주인)이기도 했다. 이러한 힘 관계가 토지 소유자에 의한 소작인의 철저한 착취를 가능케 해왔다. 대토지 소유자 가운데에는 이러한 농촌을 수백 개나 가지고 막대한 수익을 올리는 사례도 있는 것으로 알려져 있다.

수탈 대상이었던 농민이 샤의 농지개혁을 환영하지 않을 리는 없었다. 그렇지만 대토지 소유자 측에서 두 팔을 들고 환영했던 것만은 아니다. 대토지 소유자의 상인들과 동맹관계에 있는 종교계의 반발이 일어났다.

바자르 상인들은 종교지도층의 재정적인 후원자이며, 양자는 전통적으로 밀접한 관계를 유지해왔다. 이란 종교계가 정부로부터 독립했던 것은 정부 자금에 의지하지 않고 독자적으로 자금을 조달하는 제도를 유지해왔기 때문이다. 그 제도의 핵심에 있었던 것은 바자르와 종교계의 동맹이었다. 바자르 상인에 대한 공격은 종교계에 대한 공격이기도 했다.

종교계 자신도 거대한 토지의 소유자였다. 이슬람 세계에서는 와크프(waqf)라고 불리는 제도가 있다. 원래 아랍어로 '멈춘다'를 의미하는 단어지만, 여기에서는 자손에 대한 상속을 의미한다. 실제로 와크프는 공적인 시설을 유지하기 위해서 기증된 토지 등을 지칭한다. 이슬람 신학교 시설의 유지비와 신학생 장학금 등을 목적으로 부유한 신자가 토지와 시설을 와크프 방식으로 기증하는 사례가 많다. 그 토지로부터 얻은 수익이 시설 유지에 사용되고, 그 수익의 일정액이 관리자 수입이 된다. 그 관리자로 자손을 지정한다면 자손의 생활도 보장되는 틀이다.

정치 정세가 불안정한 지역에서는 재산에 고액의 세금이 부과되거나 몰수되는 사례도 적지 않다. 거기에서 와크프로 지정된다면 정치 권력자도 손을 댈 수 없게 된다. 이러한 실리적인 이유와 종교적 동기가 합쳐져 종교계에 광대한 토지가 기증되어왔다. 이란에서도 종교계는 지주이며, 농지개혁의 피해자였다.

[칼럼] **대사관과 '강국'**

과거에 테헤란을 방문했을 때 영국 대사의 초대를 받아 대사관 안으로 들어갔다. 나무들이 울창하게 자라 있어 도심에 있다고 생각되지는 않을 정도였다. 실제로 이 대사관은 일본과도 관계가 없지 않다. 제2차 세계대전 말기인 1943년 11월부터 12월에 걸쳐서 미국·영국·소련의 정상회의가 테헤란에서 개최되었다. 여기에서 소련이 대독(對獨) 전승 후 대일(對日) 참전을 약속했다고 한다. 이 약속이 다음 정상회담에서 연합국 측의 공식적인 정책이 되었다. 즉 테헤란은 스탈린이 '일소 중립조약'을 파기하고 일본을 배신하는 것을 약속한 장소이다.

영국 대사관 안에는 3명의 정상이 회식(會食)을 했던 고색창연한 만찬실(dining room)도 보존되어 있다. "이곳이 영국 처칠 총리의 자리였다"는 등, 영국 대사의 설명을 들으면서 일본인인 필자가 식사를 했던 것도 기묘한 느낌이었다. 그때 영국 대사의 아들이 늦게 들어왔다. 러시아 대사관과의 대항 축구 시합에 나갔다가 늦었다는 설명이었다. 결과는 영국의 승리였던 것처럼 보였는데, 그 러시아 대사관은 도로를 사이에 두고 영국 대사관 북쪽에 있다.

러시아 대사관은 영국 대사관보다 넓고, 남북으로 좁은 곳은 800미터, 넓은 곳은 300미터, 동서로는 400미터나 된다. 영국 대사의 아들이 러시아 대사관에서 돌아왔다고 하는데 러시아 대사관 부지 내에 실제로 축구장이 있는 것일까? 참고로 미국 대사관은 좀 더 정확하게 말하자면, 원래 대사관은 영국과 러시아 대사관에서 조금 떨어져 있다. 면적은 더 넓다.

황거(皇居: 일왕이 거주하는 왕궁)와 해자를 사이에 두고 마주보는 도쿄 주재 영국 대사관도 넓다. 남북으로 300미터를 넘으며 동서로도 넓은 곳은 150미터에 가깝다. 가까이 가서 벽을 자세히 보면 이어서 늘린 부분이 있다. 1900년 의화단(義和團) 사건 때에 베이징의 영국 대사관이 '폭도'에 의해 공격을 받았던 교훈에 입각하여 벽이 증설된 흔적이라고 한다. 일본의 '토민(土民)' 습격에 대비했던 것일까? 도쿄 주재 영국 대사관은 면적으로는 러시아 대사관을 압도하고 있으며 미국 대사관보다도 넓다. 어떤 영국인에게 이 점을 지적하자, "19세기에는 영국이 미국보다 강국이었다"는 대답을 해주었다.

제 6 장 ● ● ●

노도의 1970년대

이란혁명부터 미국 대사관 인질사건까지

군중의 마음을 사로잡은 호메이니

1963년, 당시까지 무명이었던 아야톨라 호메이니(Ayatollah Khomeini)라는 이슬람 지도자가 항의의 목소리를 높였다. 직접적인 계기는 수도 테헤란의 남쪽 120킬로미터 지점에 있는 성도(聖都) 쿰(Qom)의 신학교에 치안당국이 진입하여 신학생을 살해한 사건이었다.

아야톨라란 '신의 징표'를 의미하는 아랍어로 시아파 이슬람 신학을 수련한 인물에게 부여되는 칭호이다. 이란에서 이슬람 신학연구의 중심인 쿰에서 호메니이는 샤(국왕)를 격렬하게 비난했다. 샤는 호메이니를 체포하고 쿰에서 테헤란으로 이송했다.

테헤란 등의 주요 도시에서는 대중이 일어나서 대규모 시위가 발생했다. 샤는 군대에 발포를 명령했고, 시위대에서는 다수의 사상자가 나왔다. 이튿날 다시 대규모 시위가 발생하자, 샤는 군이 발포하는 것을 거부할 가능성을 우려했다. 그렇게 되면 정권은 붕괴된다. 밤 동안 시내에 있던 부대를 시외로 이동시키고 시외로부터 새로운 부대가 동원

되었다. 이튿날 시위에서는 이 새로운 부대가 발포했다. 다수의 사상자가 나왔고 시위가 끝났다. 평온을 되찾았다. 9개월 후 호메이니는 석방되었다.

당시 이란에서는 농지개혁 이외에 외교 방면에서도 큰 문제가 있었다. 미국인의 이란에서의 지위에 관한 논쟁이었다. 샤는 군대의 현대화를 위해 다수의 미국인 고문을 초청했다. 그 미국인 고문의 이란에서의 법적 지위가 문제가 되었다. 미국은 미국 시민의 제1차 재판권, 즉 만약 미국 시민이 이란 국내에서 법률에 저촉되는 경우 그 개인을 최초로 재판할 권한은 미국에 속하며, 미국이 그 권리를 포기하지 않는 한 이란은 미국인을 재판할 권리가 없다는 내용의 협정을 요구했다.

이것은 과거에 구미(歐美) 국가들이 일본을 포함한 아시아 · 아프리카 국가들에게 강제했던 치외법권을 연상시키는 내용으로, 많은 이란인의 눈에는 이란의 주권을 미국에 팔아넘기는 행위로 비쳤다. 샤의 독재하에서 왕정을 지원하는 역할만 하고 있던 의회에서도 강한 반대가 일어났다. 그렇지만 결국 1964년에 의회는 찬성 74표, 반대 61표로 이 지위협정을 비준했다. 정수가 200명인 의회에서 반수에도 못 미치는 찬성표였다. 이리하여 미군과의 지위협정이 발효되었다. 혁명 이전에 이란의 재판권이 미치지 않는 미군 관계자와 그 가족이 가장 많을 때는 6만 5,000명 정도가 이란에서 생활했다.

호메이니는 격렬하게 협정을 비난했다. 호메이니의 목소리는 이란 국민의 마음을 울렸다. 위험을 알아차린 샤는 호메이니를 터키로 추방했다. 그 후 이라크의 나자프(Najaf)로 망명한 호메이니는 이러한 일련의 사건을 통해서 가장 영향력이 막강한 종교지도자가 되었다.

이 1963년 봉기 혹은 폭동과 관련하여 종교계 인물인 호메이니가 농지개혁에 찬성했는지 아니면 반대했는지 여부에 대해서는, 역사가들 사이에서 의견이 분분하다. 도쿄외국어대학 하치오시 마코토(八尾師誠) 교수에 의하면, 1963년 호메이니의 항의 성명과 연설 속에는 농지개혁에 반대한다는 말이 발견되지 않는다고 한다. 이 사실을 기초로 하여 호메이니는 농지개혁에 찬성했거나, 적어도 적극적으로 반대하지 않았다는 해석이 가능하다.

그러나 1963년 당시 이란 국민의 최대 관심사는 미군 고문단에 관한 지위협정보다도 농지개혁이었다. 그런데 왜 호메이니는 이 문제를 언급하지 않았을까? 이란의 농업 문제에 정통한 오카자키 쇼코(岡崎正孝) 명예교수의 해석은 호메이니가 본심으로는 농지개혁에 대해서 반대했지만, 이러한 정책이 농민들 사이에서 평판이 좋다는 것을 의식했기 때문에 농지개혁으로 샤를 공격하는 것을 피하고 지위 협정을 내세웠다는 것이다. 이를 통해서 '보수 반동'이라는 꼬리표가 붙는 것을 막고 과거 민족주의자로서의 지위를 굳혔다는 해석을 보면, 부각되는 점은 정치적으로 예리한 후각을 지닌 인물이라는 것이다. 이 인물의 정치 감각에 대해서는 뒤에서 다시 논할 것이다.

서아시아의 우등생

유혈 탄압으로 시작한 1960년대는 이란에게 경제 발전의 10년이었다. 이란 경제는 매년 10% 가까운 성장률을 달성했는데, 아시아에서는 일본 다음가는 성장률이었다. '서아시아의 기적'으로까지는 발전하지 않았지만, 이란은 우등생이었다. 그리고 돌이켜 살펴보면, 1960년대는 전체적으로 안정과 성장의 시대라고 불렸다. 이러한 안정과 성장의 실적을 배경으로 하여, 샤는 1968년에 대관식을 거행했다. 제2차 세계대전 중 점령당한 상태에서 즉위하고, 1953년에는 미국과 영국이 주도한 쿠데타에 의해 모사데크가 실각한 이후 괴뢰로서 국왕의 지위를 지켰던 남자가 점차 통치에 자신감을 갖게 되었다.

1971년 10월에는 고대 아케메네스 왕조 '페르시아 제국'의 수도였던 페르세폴리스 유적에서 건국 2,500주년 제사를 거행했다. 역사적으로 존재했던 여러 왕조의 의복을 입은 이란 병사들이 행진하여, 고대와 현대를 아울렀다. 과거 위대한 제왕들의 후계자처럼 보이는 환상에 적어도 샤 자신은 도취되었다. 세계 각국에서 초대된 국왕과 대통령들이 이를 목도했다. 그 접대를 위해서 궁전 앞에 넓게 펼쳐진 평원에 거대한 텐트촌이 설치되어 호화로운 연회가 개최되었다. 파리의 고급 레스토랑 '맥심(maxim)'의 셰프(chef)를 전원 데리고 왔다는 소문이 항간에 울려 퍼졌다. 필자가 만났던 페르세폴리스의 안내인에 의하면, 전 세계가 샤의 손님이 되었다고 한다.

과대망상과 고대 환상이라고 비추어질 수도 있는 일대 촌극이었다. 그렇지만 샤도 또한 고대부터 자신들이 세계의 중심에 위치한다는 인식을 갖고 있는 이란인의 한 사람이며, '세계의 중심' 사관(史觀)을 가진 신자였다. 그리고 샤 자신이 역사의 주역인 셈이었다.

마침 당시 페르세폴리스가 있는 파르스(Fars) 지방은 가뭄으로 농민들이 고통에 처해 있음에도 불구하고, 샤는 농민을 구제하는 것이 아니라 자신의 에고(ego)를 위해 거액을 낭비했다고 호메이니가 이라크에서 비판의 목소리를 높였다.

석유 위기와 비(非)아랍

그렇지만 국제정세는 샤에게 미소를 짓고 있는 듯했다. 1971년 9월,

리비아가 석유 가격의 인상을 미국 석유회사와 합의하고, 그 이후에는 변동 없이 석유 가격이 계속 올라갔다. 석유 가격의 급등은 1973년에 절정에 달했다. 그해 10월에 제4차 중동전쟁이 일어났다.

이 전쟁 중에 아랍 산유국은 석유 수출 금지령을 발령했다. 그것은 이스라엘을 지지하는 미국과 네덜란드에 대한 석유의 전면 수출 금지, 비(非)우호국에 대한 단계적인 수출량의 삭감 등을 포함하고 있었기 때문에 아랍 원유에 대한 의존도를 심화시키고 있던 세계는 크게 놀랐다. 당시 이것을 석유 위기(오일 쇼크)라고 불렀고, 후에 두 번째 석유 위기가 일어나자, 나중에는 제1차 석유 위기로 알려지게 되었다. 전쟁이 끝나고 금수가 해제되었을 때에 석유 가격은 4배가 되었다.

'비(非)아랍'인 이란은 석유와 정치를 연관시키지 않는다고 주장하며 전쟁 동안에도 수출을 계속하여, 산유국 이란의 국고는 석유 수입으로 넘쳐났다. 1971년에는 11억 달러였던 석유 수입이 1972년에는 2배가 증가하여 24억 달러로, 1974년에는 174억 달러에 달했다. 제1차 석유 위기가 이란의 석유 수입을 16배로 늘렸다. 다음으로 절정에 이른 것은 제2차 석유 위기로 알려져 있으며 샤의 자국에서의 혁명 상황에 의해 일어났다.

1970년대, 샤는 증대된 석유 수입을 투자하는 장대한 경제 계획을 발표하여 이란에서 버블이 발생했다. 도시 지역은 건설 붐에 들끓었고 항만은 수입 물자를 운반하는 선박들로 혼잡했다. 외국인을 위한 고급 호텔은 만원을 이루어, 방이 없는 손님은 로비에서 숙박해야 하는 상황이 되었다.

샤는 경제 개발과 동시에 군사력의 대폭적인 증강도 추진했다. 아낌없이 돈을 써서 해외에서 최신 무기를 수입했으며, 미국은 핵무기를 제외한 모든 무기를 이란에 수출할 수 있도록 허가했다. 이런 점에서 이란은 북대서양조약기구(NATO) 국가들과 마찬가지의 대접을 받았다. 앞에서 언급했던 비밀경찰 사바크에 의한 고문 등 인권 유린에 대한 보도는 있었지만, 미국은 무기 수출을 계속했다. 가격이 올라 부담이 증가한 석유의 수입 대금을 미국과 유럽의 선진공업국은 무기 수출로 상당한 부분까지 회수할 수 있었다. 무기 수출은 중단되지 않았고 이란의 광란은 계속되었다.

무기 수출에 따라오는 거액의 커미션이라는 이름의 뇌물이 샤의 주변을 윤택하게 만들었다. 이란의 독재체제는 숨이 막힐 정도로 부패한 냄새가 나고 있었다. 샤는 부패를 일부러 눈감아줬다. 부패한 자야말로 안심하고 중용할 수 있다, 그것을 이유로 언제라도 머리를 자를 수도 있다고 여겼기 때문이다. 샤가 혐오했던 이는 청렴결백한 인물이었다. 그러한 인간에게는 인심이 모이고 샤를 위협하게 된다. 호메이니가 그러했다. 그런데 같은 냄새가 나는 인간이 미국의 정계에도 모습을 드러냈다.

지미 후(Who)?

1974년에 공화당의 닉슨 대통령이 워터게이트 사건으로 사임하자 후임으로 포드 부통령이 대통령직을 승계했다. 그렇지만 1976년 대통령선거에서 포드가 민주당의 지미 카터에게 패한다. 카터는 남부 조지아 주의 주지사였는데 지명도가 낮았다. 1976년 대통령선거에 입후보를 표명할 때에 당초 미국 여론의 반응은 "지미 후(Who)?"(지미가 누구지?)라는 것이었다.

그러나 베트남 전쟁에 패하고 닉슨 스캔들에 휩싸인 미국은 워싱턴의 정치색을 띠지 않는 새로운 정치가를 요구했다. 카터의 청렴결백한 이미지 자체는 이 시기 미국이 요구했던 정치가상(像)이었으며, 그 때문에 카터는 낮은 지명도를 극복할 수 있었다. 지명도가 높은 정치가들은 워싱턴 권력의 더러움에 너무 짙게 물들어져 있었다.

이 카터가 국가안전보장문제 보좌관으로 임명한 인물이 컬럼비아대학 교수인 브레진스키(Z. Brzezinski)였다. 당시 컬럼비아대학에 유학중이었던 필자는 백악관에 들어가기 전 브레진스키의 강의를 청강했다. 말이 너무 빨라서 노트 필기를 할 수 없는 것이 문제일 정도로 박력 있고 열정적인 말투의 강의였다. 천천히 말해달라고 요청하는 것 등은 당시 도저히 입에서 나오지 않을 정도의 분위기였다. 그러나 결국 몇 번째인가의 강의에서 아름다움으로 사람들의 눈길을 끌었던 여학생이 반(class)을 대표하여 브레진스키 교수에게 "말이 너무 빠르다"라고 말했다. 이것은 하나의 '사건'이었다. 교수의 대답은 "말이 너무 빠른 것이 아니라, 노트에 적는 것이 너무 느린 것이다"였다.

브레진스키 교수는 질문 시간에 다음 대통령은 누가 될 것인가 하는 질문을 받고 남부에서 나올지도 모른다고 대답했다. 교실에서는 일순간 "오(Oh), 노(No)!"라는 목소리가 들려왔다. 학생들은 1968년 대통령 선거에 출마한 남부 앨라배마 주 전임 주지사 조지 월리스(G. Wallace)를 머릿속에 떠올렸기 때문이다. 월리스는 인종 차별의 옹호자로 앨라배마대학에 흑인 입학을 저지하기 위해 학교 문 앞에 서 있었던 '용감한 모습'으로 기억되고 있다. 또한 그는 "인종 격리를 오늘도 내일도 영원히!"라는 '명연설'로도 알려져 있다. 1968년에 민주당 · 공화당 2대 정당 이외에서의 독립 후보로 출마하여 그해 대통령선거에서 닉슨에게 흘러가야 했던 보수표를 상당히 획득했다. 이것이 이 선거에서 닉슨이 엄중한 싸움으로 내몰리게 된 배경이 되었다. 윌리스에게 표를 잠식당하는 재난으로 인해, 공화당의 닉슨은 신승(辛勝)을 거두었다.

남부 정치가로서는 이 윌리스가 잘 알려져 있었다. 그렇지만 돌이켜보면 브레진스키 교수는 당시 아직 무명인 남부 정치가 지미 카터를 언급했던 것이라고 생각된다. 카터는 후보자로서 일찍이 외교문제의 고문 역할을 브레진스키에게 의뢰했었고, 대통령에 당선되자 이 교수를 국가안전보장문제 보좌관에 임명했다. 브레진스키는 외교문제에서 대통령에게 가장 가까운 존재가 되었다.

인권 외교는 양날의 칼

카터가 강도 높게 제시한 정책은 인권외교였다. 이는 인권을 계속 억압하는 소련을 공격하는 데에는 절호의 무기가 되었다. 인권외교라는 미국인의 이상주의에 호소하는 정책은 국내적으로도 나쁘지 않았다. 그렇지만 문제도 있었다. 미국의 동맹국에는 필리핀 마르코스 대통령과 이란의 샤 등 독재정권이 많았기 때문이다. 소련의 인권 억압만 문제로 삼고, 이란과 필리핀에 대해서 눈감을 수 없는 것이었다. 인권외교는 동맹국의 체제 또한 동요시킬 수 있는 양날의 칼이었다.

이라크의 반체제파는 미국의 인권외교에 용기를 얻었다. 혁명정권의 초대 총리가 되는 바자르간(M. Bazargan)은 카터가 나와서 이란에서 잠시 숨을 쉴 수 있게 되었다고 나중에 회고했다. 이 인물은 모사데크가 석유산업을 국유화할 때, 이란 국영석유회사의 초대 총재를 역임했던 바로 그 바자르간이다. 불안해진 샤는 1977년 11월 워싱턴을 방문했다. 워싱턴 주재 이란 대사관은 이 방문을 '성공'시키기 위한 준비에 기를 쓰며 미국에서 유학하고 있는 이란인을 워싱턴에 모아 샤를 환영하는 시위를 조직했다. 당시 미국 각지의 대학에서 공부하고 있던 이란인 유학생은 수만 명이 넘었다. 워싱턴까지의 교통비 등을 지급하며 동원했다.

동시에 샤에 반대하는 학생들도 워싱턴에 집결했다. 이들에게는 그 누구도 교통비를 제공하지 않았다. 샤를 환영하는 시위에 참가하는 것으로 대사관에서 교통비를 수취하고 반대 시위에 참가한 학생도 많았다. 이러한 환영하는 시위대, 반대하는 시위대가 워싱턴의 백악관 앞 광장에서 충돌했을 때, 혼란을 수습하기 위해 경찰은 최루 가스를 사용했다. 그런데 풍향 때문에 이 가스는 백악관 쪽으로 흘러갔다.

백악관 정원에서는 샤의 환영식이 이루어졌다. 이러한 소란을 앞에 두고 카터 대통령은 "역시 이란의 왕은 사람 모으는 걸 잘해"라고 하며 농담으로 그 자리를 얼버무려 넘기려고 했다. 그렇지만 웃음소리는 일어나지 않았고 참석자들은 눈에 손수건을 대고 눈물을 억누르는 것이 전부였다. 카터 대통령의 연설에 감격했기 때문이 아니라 날아온 최루 가스 때문이었다. 방문하는 모습이 실황 중계되었기 때문에 이 영상은 이란에서도 방송되었다. 이란 당국은 이러한 해프닝을 예견하지 못한 탓에 검열할 여유를 갖지도 못했다.

적어도 이란의 일부 사람들은 "이 사건은 일부러 미국이 일으킨 것이다. 미국이라는 대국이 이렇게 허술할 리가 없다. 미국은 세계에 대해서 이란의 샤를 버릴 것이라는 메시지를 보여주려고 했던 것이다. 그 미국이 얄미운 샤를 버리려 하고 있다. 지금이 바로 좋은 기회이다. 지금 바로 일어나야 할 것이다"라고 받아들였다.

테헤란에서 나뭇잎이 떨어져도 영국 대사관의 음모라고 생각하는 이란인의 심리 구조에 대해서는 이미 소개했다. TV 영상을 보고 미국이 샤를 버린다는 메시지를 보냈다고 이란인이 마음껏 상상하며 해석했다고 해도 놀랄 만한 것은 아닐지도 모른다. 샤에게는 불길한 최루가스의 백색 연기였다.

경제성장률은 연 40%

미국에서 올라온 것은 연기였지만, 결국 이란 국내에서는 불길로 타오르게 된다. 그 배경에 있었던 것은 경제 과열과 버블, 그리고 그 파열이었다. 제1차 석유 위기 이후에 이란은 갑자기 무엇이든 수입하고자 했다. 마치 '현대화' 그 자체를 수입하고자 하는 것과 같은 기세였다. 혁명 이후 밝혀진 바와 같이, 샤는 암을 앓고 있었다. 자신에게 남겨진 시간이 얼마 남지 않았다는 것을 인식했기 때문에 '조급'했던 것일까?

그러나 샤가 얼마나 조급했는지의 여부와 상관없이, 이란이라는 국가에는 바로 전적으로 동시에 흡수되지 못했다. 항만 등의 인플레에 대응하지 못했고, 항구에는 하역 순번을 대기하는 선박으로 넘쳐났다. 그리고 엄청난 기세로 인플레가 진행되어 국민생활을 직격했다. 그것도 그럴 만한 것이었다. 이 무렵 경제성장률은 연 40%라는 터무니없는 수치였기 때문이다.

1977년 8월, 샤는 10년 이상 총리를 맡았던 호베이다(A. Hoveyda)를 해임시키고 아무제가르(J. Amouzegar)를 임명했다. 호베이다는 샤의 손가락에 키스를 하는 듯한 단순한 아첨꾼이었지만, 아무제가르는 경제학자인 아첨꾼이었다. 아무제가르는 금융을 긴축시키고 과열된 경제의 진정화를 노렸다. 경제학자로서 당연한 행동을 취했던 것이다.

이리하여 경제는 급속하게 하락되었다. 그런데 그 충격은 컸다. 자전거를 전속력으로 달리다가 급브레이크를 밟으면 뒤집어지기 쉽다.

이란 경제도 마찬가지였다. 갑작스런 금융 긴축으로 건설 거품이 꺼지고 건설 노동자들은 순식간에 실업자 처지가 되었다. 이듬해에 시작된 반(反)국왕 시위에 참가할 사람들을 정부가 사전에 준비하는 것과 같은 것이었다.

혁명은 40일 주기로

샤 주변의 부패, 인플레, 건설 거품의 갑작스런 종언과 실업자의 증대, 국민 사이에 충만한 불만, 무장 조직에 의한 게릴라 활동의 개시, 비밀경찰에 의한 인권 억압, 미국으로부터의 인권외교 메시지, 그 어느 것도 샤의 독재체제에서 나타나기 시작한 작은 틈새였다. 처음에는 작았지만 갈수록 간격이 커져갔고 균열 부위가 이어지면서 더 큰 균열이 만들어졌다. 이란에서 어떤 일이 일어날 것 같았다. 미국 · 이란 관계도 새로운 국면에 들어서려고 하고 있었다. 그리고 국민의 불만에 불이 붙었고, 불은 샤의 체제를 소진시키려는 것처럼 불타올랐으며, 불은 확산되었다.

그 최초의 불씨가 되었던 것은 1978년 1월 ≪에텔라아트(Ettelaat)≫지의 호메이니를 중상 모략하는 기사였다. 이 기사에 항의하는 신학생의 시위가 쿰에서 발생했고 치안당국은 이를 진압했다. 당시 이란에서 신문사는 모두 당국의 검열을 받았다. 신학생들은 호메이니를 중상 모략하는 기사는 당국이 일부러 발표시킨 것이라고 이해했다.

시위를 진압하는 과정에서 신학생 측의 사망자가 나왔다. 이란의 수도 테헤란에서부터 남쪽으로 120킬로미터 떨어진 곳에 위치해 있는 성지 쿰은 이란에서 시아파 이슬람연구의 중심이다. 그로부터 40일 후에 희생자의 추도 행사 아르바인(Arbaeen)이 집행되었다. 아르바인이란

아랍어로 40일을 의미하며, 굳이 말하자면 40일 기일(忌日)이라고 할 수 있을 것이다. 요컨대 탈상일이다.

이 행사의 참가자와 치안당국이 충돌하여 또 희생자가 나왔다. 이 40일 기일의 40일 후에, 즉 아르바인의 아르바인에 다시 한 번 충돌이 일어나 더욱 많은 희생자가 나왔다. 이리하여 이란 정세는 40일을 주기로 전환되기 시작했다.

아르바인을 거듭하면서 시위는 이란의 다른 도시로 확대되었다. 수도 테헤란에서, 중부의 고도(古都) 이스파한(Isfahan)에서, 북서부 아제르바이잔의 주도 타브리즈(Tabriz)에서, 아프가니스탄 국경에 가까운 북동부의 성도 마슈하드(Mashhad)에서, 남서부 석유의 도시 아바단에서 폭동이 발생했다. 이란 전역이 반(反)샤 운동의 물결에 휩싸인 것처럼 보였다. 이리하여 이란에는 혁명 상황이 벌어졌고, 여름이 찾아왔다.

'석유의 거리' 아바단의 화염

그해 여름, 이란 남부의 도시 아바단의 영화관 렉스(Rex) 극장에서 화재가 발생했다. 극장 문에 열쇠가 채워져 미처 몸을 피하지 못한 관객 다수가 불에 타서 숨졌다. 화재 원인과 문에 열쇠가 잠겨 있었던 이유는 명백하지 않았다. 그렇지만 이란 국민 대다수는 이것을 샤의 비밀경찰 사바크가 한 일로 단정했다. 이 설에 의하면, 참사에 대한 책임을 호메이니 지지파에 전가시키고 그것을 이유로 고조된 반(反)샤 운동을 탄압한다, 이것이 사바크의 시나리오였다.

이 설의 진위가 어쨌든 간에 아바단은 세계 최대 규모를 가진 제유소를 갖추고 있는 석유 마을이다. 반(反)샤 운동의 불에 기름을 끼얹는 것과 같은 잔혹한 사건이 이 석유의 거리에서 일어난 것이다. 운동은 더욱 불타올랐다. 이란 전체가 현대사에서 불타는 극장이 되었다.

그런데 반(反)샤 운동에 결집했던 사람들은 무엇을 바랐던 것이었을까? 20세기 초, 이란에는 벨기에 헌법을 모델로 한 민주적인 헌법이 있었다. 그렇지만 샤는 이 헌법을 무시하고 독재적인 권력을 휘둘렀다. 반(反)샤 운동의 요구는 이 헌법을 준수하고 독재를 제한하는 것이었다. 입헌군주제의 틀로 샤의 권력을 되돌리려고 했던 것이다. 그 주장의 선두에 서 있었던 인물이 쿰에 주재하고 있던 대(大)아야톨라(Grand Ayatollah), 샤리아트마다리(S. K. Shariatmadari)였다. 샤리아트마다리에 대해서는 조금 뒤에 언급하겠지만, 1963년에 호메이니의 목숨을 지키기 위해서 힘썼던 인물이다.

아야톨라란 이미 언급한 바와 같이 아랍어로 '신의 징표'를 의미하며 시아파 이슬람 법학자에게 붙여지는 존칭이다. 최고위가 대(大)아야톨라, 그다음이 아야톨라이다. 대(大)아야톨라도 단순히 아야톨라라는 존칭으로 불리는 경우도 있다. 아야톨라 호메이니의 예와 같다. 그 아래로 '후자트 알 이슬람(Hujjat al-Islam)' 등의 서열이 있다.

호메이니의 혁명사상

샤리아트마다리의 헌법을 준수하라는 요구는 머지않아 혁명 상황이 진전됨에 따라 점차 묻히게 된다. 이는 반(反)샤 운동이 고조되고 폭넓게 행해짐에 따라, 그리고 운동의 희생자가 증가함에 따라 요구가 급진화되었기 때문이다. 왕권 제한이 아니라 왕정 그 자체의 폐지를 요구하는 목소리가 높아지게 되었다. 이 요구를 대표하는 인물이 이라크 시아파의 성지 나자프에 머물고 있던 호메이니였다. 1963년 샤에 항의하여 이란에서 추방된 호메이니는 이미 언급한 바와 같이 이웃나라인 이라크로 거주지를 옮겼다. 이란의 현대사라는 불타는 극장에 주역이 모습을 드러낸 것이다.

왕정의 폐지를 요구하는 호메이니의 설교를 녹음한 카세트테이프가 이란에 돌아다녔다. 왕정 그 자체를 폐지하지 않는 한, 샤에 의한 권력의 남용이 언제 재개될지 모른다. 왕이라는 맹수를 헌법이라는 우리 속에 집어넣는 것만으로는 그 맹수가 언제 우리(cage)를 파괴하고 흉포해질지 모른다. 그러한 우려를 뿌리까지 뽑기 위해서는 맹수의 숨통을 끊을 수밖에 없다. 즉 왕정을 폐지할 수밖에 없다. 이러한 호메이니의 주장은 상황이 격화되면 될수록, 반(反)샤 운동에서의 희생자가 증가하면 할수록 더욱 많은 지지자를 모았다. 흘린 피의 양에 비례해서 호메이니의 명성도 올라갔다. 시위할 때 나타나는 호메이니의 초상화는 다른 지도자보다 그 수에서 압도적이었다.

혁명 운동의 피바다 위에 선 호메이니는 어떤 인물인가? 이란에서의 혁명 상황의 진전을 살펴보기 전에 여기에서 잠시 멈추어서 호메이니라는 인물에 대해서, 그의 혁명사상에 대해서, 또한 호메이니가 세상에 알려지게 된 계기가 된 1963년 폭동의 의의에 대해서 논해보겠다.

어려서 부친을 잃다

호메이니의 생년월일에 대해서는 여러 설이 있다. 호메이니는 1902년경 테헤란에서 남서쪽 250킬로미터 떨어진 호메인 촌 법학자의 가정에서 태어나 루홀라(Ruhollah)라는 이름이 지어졌다. 루홀라란 '신의 혼(魂)'이라는 의미이다. 이슬람 법학자인 조부는 인도의 카슈미르에 머물렀던 경험이 있는 인물이며, 법학자인 부친은 호메이니가 태어난 지 얼마 안 되어 살해되었다. 그 이유는 지주에 의한 소작농의 잔인한 착취를 비판했기 때문이라는 설이 있는가 하면, 토지 및 '물 이권'을 둘러싼 분쟁에 휘말렸기 때문이라는 설도 있다.

지주였던 백부에게 맡겨진 호메이니는 이슬람 공부에 힘썼으며, 1922년에 쿰으로 이주했다. 쿰에서 이슬람의 여러 학문을 배웠을 뿐만 아니라 철학 등에도 조예가 깊었고 결국 교편을 잡는다. 이 호메이니가 세상에 알려지게 된 것은 앞에서 언급한 바와 같이 1963년의 일이었다.

그해, 샤는 백색혁명이라고 불리는 일련의 개혁을 발표했다. 그 중심은 농지개혁이었고, 또 한 가지 중요한 것은 부인 참정권이었다. 이 시기에 호메이니는 샤를 비판하는 목소리를 높이고, 도시 지역에서 반(反)샤 시위를 했다. 백색혁명은 선혈로 가득해졌고, 당국은 호메이니를 체포했다. 이제까지의 흐름에 대해서는 앞에서 다루었던 대로이다. 종교계는 호메이니의 처형을 우려하여 구명운동을 시작했고 그 일환으로 호메이니를 아야톨라에서 대(大)아야톨라로 승격시켰다. 대(大)아야톨라가 처형되었던 전례가 없다는 점 때문에 이를 통해 샤를 견제했던 것이다. 이 승격에 열심이었던 이가 샤리아트마다리였다.

샤는 어쩔 수 없이 1964년에 호메이니를 국외로 추방하고, 호메이니는 터키 등을 경유하여 이라크의 나자프에 정착하게 된다. 나자프에는 이란 출신의 이슬람 법학자들이 많이 주재하고 있었다. 호메이니의 이웃 중 한 명은 시스타니(A. al-Sistani)라는 이름의 법학자이며, 또한 이란 출신으로 현재 이라크에서 시아파의 최고 권위자이다.

이슬람 법학자의 통치론

당초 왕권의 억제를 호소했던 호메이니는 1978년까지 계속된 장기간의 망명 생활 속에서 왕정 그 자체의 폐지를 요구하는 사상을 굳혀갔다. 왕이 이슬람의 길에서 벗어나지 않도록 조언하고 벗어났을 때에는 그것을 간언하는 것이 전통적인 이슬람 법학자의 역할로 간주되어왔다. 그렇지만 시위대에게 총탄을 쏟아 붓고자 하는 왕에게 조언을 하는 것은 무익하다. 들을 귀를 갖고 있지 않는 위정자에 대한 충고는 쓸모가 없다. 대응책은 왕정의 폐지 이외에는 있을 수 없다고 호메이니는 논의를 급진화시켰다.

그렇다면 왕을 대신하여 누가 통치해야 할 것인가? 시아파의 신학에 의하면 '숨은 이맘'이 다시 올 때까지는 진정으로 정통한 지배자는 존재하지 않는다. 그렇지만 그 재래까지의 기간에도 현실 '인간 생활'의 영위는 계속된다. 그 사이에는 어떻게 하면 좋을까?

호메이니에 의하면, 신(神)의 의사를 가장 잘 아는 지위에 있는 자가 통치 임무를 맡아야 한다고 한다. 신의 의사는 코란과 예언자 무함마드의 언행을 전승시킨 순나에 의해 인류에게 전해졌다. 그 코란과 순나를 주된 법원(法源)으로 하여 발전되어온 이슬람법을 따르는 것이 인류가 신의 의사에 가장 충실하게 사는 길이다.

이슬람법은 아랍어로는 샤리아(Sharia)라고 불린다. 본래는 수장(水場)에 이르는 길, 즉 바른 길을 의미한다. 그렇다면 샤리아 해석의 훈련을 받은 울레마, 즉 이슬람 법학자가 신의 의사를 가장 잘 해석하는 입장에 있는 것이다. 호메이니는 그 가운데에서도 특별하게 훌륭한 파기흐라고 불리는 인물이 정치를 주재해야 한다고 논의를 전개했다. 호메이니가 나자프에서 완성시킨 '베라야테 파기흐(Velayat-e Faqih, 이슬람 법학자 통치론)'이다.

이제까지 종교계의 합의사항으로 이슬람 법학자가 해야 할 일은 위정자가 이슬람법에서 벗어나지 않도록 조언하는 것이었다. 즉 이슬람 법학자는 후견인이라고도 할 수 있는 입장이었다. 이 전통으로 보면, 이슬람 법학자의 통치라는 주장은 혁명적인 논의이다. 호메이니는 이란에 혁명을 일으키기 전에 이슬람 해석에서의 혁명을 유발시켰다.

시아파를 소개할 때 논했지만, '숨은 이맘'이란 이란의 다수파 종교인 시아파 12인 이맘파의 역사관에서 핵심을 차지하는 신앙이다. 시아파에서는 정통의 지도 이맘은 12대까지 이어지고 12명 째인 최후의 이맘은 873년에 모습을 감춘 것으로 간주되고 있다. 결국 이 세계에 12명째의 이맘이 마흐디(구세주)로 재림하여 정의로운 세계를 세울 것으로 여기고 있었다. 따라서 현재는 정통 이맘이 숨겨져 있는 시대이다. 참고로 마흐디가 재림할 때에는 이라크의 사마라 동굴에서 나타날 것이라고 여겨지고 있었다. 그 때문에 그 동굴은 시아파 신앙의 대상이 되었으며 아스카리야 모스크로 알려진 웅장한 모스크가 건설되었다.

이란혁명을 준비한 1963년

돌이켜보면, 호메이니가 샤에 대해 항의하는 목소리를 높이고, 시위대가 총탄을 뒤집어쓰던 1963년은 이란혁명을 준비했던 해라고 할 수 있다. 이 사건은 호메이니를 반(反)샤 운동의 상징으로 변화시켰다. 호메이니는 그 후 종교인과 권력자 사이의 관계를 규정하는 새로운 해석, 즉 이미 소개한 이슬람 법학자의 통치론을 발전시킨다. 게다가 다감한 청년기에 그해의 샤에 의한 반대파의 진압을 경험한 사람들이 그 후 이란의 혁명운동을 담당하고, 혁명을 성취한 이후 새로운 체제에서 요직을 차지하게 된다.

호메이니의 후계자로서 최고지도자가 된 하메네이(A. Khamenei)는 1939년에 출생했으며, 1963년에는 24세였다. 전임 대통령인 라프산자니(A. Rafsanjani)는 1934년에 출생했으며, 1963년에는 29세였다. 또한 2009년 대통령선거에서 개혁파 후보자였던 전임 총리 무사비(Mir-Hossein Mousavi)는 1941년 출생으로 1963년 당시에는 22세였다. 하타미 전임 대통령은 1943년 출생이다. 1963년에는 정확히 20세였다. 대통령선거에서 하타미에게 패배한 국회의장 나테크누리(Nateq-Nouri)도 같은 1943년 출생이다. 이와 같이 1943년경에 출생한 층이 '피의 혁명 세대'를 형성했다. 1963년 샤의 군대가 시위대에 대해 발포한 것은 이 혁명 세대가 '샤 체제' 타도의 결의를 굳히게 만들었다. 혁명 세대를 혁명 세대로 만든 사건이었다. 1963년을 이란혁명을 준비한 해로 부르는 이유이다.

이 사건의 중요성은 이란의 지도층에서도 잘 이해되고 있는 모양인데, 2005년 대통령에 당선된 아흐마드네자드마저 이 사건 당시에 호메이니의 연설을 듣고 감격했다고 회고했다. 아흐마디네자드는 1956년 출생으로 당시 겨우 7세였다. 아무리 정치적으로 성숙했다고 하더라도 겨우 철이 들기 시작한 무렵의 아이가 호메이니의 연설에 감격했겠는가는 의심스럽다. 그렇지만 1963년 사건과의 관계성을 강조하는 것이 자신의 혁명성을 증명하는 것이라는 점을 다음 세대의 정치가마저 인식하고 있다는 반영일 것이다. 현대 이란의 정치문화에서 1963년의 중요성을 뒷받침하는 사실이라고 할 수 있다.

이슬람과 마르크스의 융합

1963년의 경험으로부터 '샤를 타도하는 것 외에 이란을 억압에서 해방시킬 수 있는 길은 없지 않은가'라는 결론에 도달했던 이들은 호메이니와 그 지지자뿐만이 아니었다. 군의 발포에 강한 충격을 받고, 무장

봉기 이외에는 잔학한 체제에 맞설 수 있는 방법이 없다고 생각한 그룹이 생겨났다. 그중 하나가 '페다이네 할크(인민의 희생자)'라고 불리는 좌익 조직이었다. 또 하나는 '무자헤디네 할크[인민의 성(聖)전사]'였다. 이 조직의 최근 동향에 대해서는 이미 이 책의 앞부분에서 소개했다.

후자는 사회정의를 요구한다는 점에서 사회주의와 이슬람은 공통의 목적을 지향하고 있다고 주장하며, 마르크스가 말하는 사회주의는 이슬람의 본질과 모순되지 않는다고 한다. 이 조직의 주장에 따라 해석하면, 사회주의의 본질은 이슬람이라는 종교에 이미 포함되어 있는 것을 알 수 있다. 이슬람을 바꿔 읽어 '이슬람과 마르크스 사상의 융합'이라는 특이한 이데올로기를 내세운 조직이었다. 한편으로는 예수의 가르침에서 사회주의의 이념을 읽어낼 수도 있다는 기독교 사회주의를 연상시키는 사상이다.

이러한 조직에 참가한 젊은이들 대다수는 지방 출신 대학생들이었으며 또한 이공계가 많은 것이 특징이었다. 지방에서 우수한 성적으로 대도시의 대학에 진학했지만, 도시 생활의 모순을 느끼기 쉬운 청년들이었다. 두 조직은 미국의 군사고문을 암살하는 등 도시 게릴라 활동으로 샤의 체제에 과감하게 도전했다. 대다수는 치안당국과의 총격전으로 짧은 인생을 마쳤고, 체포되어 고문 끝에 처형된 사람도 그 수를 셀 수가 없다.

혁명 상황의 도래

압도적인 군사력을 보유한 샤의 체제가 소규모 전투 정도로 붕괴하리라고는 게릴라 조직도 생각하지 않았다. 그렇지만 죽음을 각오한 게릴라전의 불꽃이 결국에는 민중들의 분노에 불을 지펴, 그것이 들불처럼 이란 전역에 퍼지고 혁명의 불꽃이 되어 샤의 체제를 모두 불태우게 되는 날이 왔다. 젊은이들은 그렇게 믿고 사라져 갔다. 그러한 신념 때문에 수많은 동지를 잃으면서도 두 조직은 승산이 별로 없는 전투를 계속했다.

그 신념이 수많은 젊은이들에게 공유되었기 때문에 아무리 희생자가 많더라도 새로운 멤버가 조직에 참가했다. 게릴라에 투신하는 것을 주저하면서도 두 조직에 대한 존경심을 가진 젊은이들도 많았다. 페다이네 할크와 무자헤디네 할크는 1978년 혁명 상황이 올 때까지 많은 젊은이의 목숨을 바쳐서 반(反)샤 운동의 등(燈)에 계속 불을 켰다. 이와 같이 1963년 탄압으로부터 수많은 이란인이 각각의 교훈과 결론을 도출하며 혁명을 향해 각각의 길을 걷기 시작했다.

그리고 혁명 상황이 도래했을 때, 이러한 게릴라 조직은 표면에 나서서 반(反)샤 운동의 물결에 참가했다. 이 운동을 구성하고 있었던 것은 호메이니 지지 세력과 게릴라뿐만이 아니었다. 혁명 상황의 진전으로 샤의 치안당국의 힘이 완화되자 게릴라 조직과 같은 형태로 철저한 탄압을 받아왔던 투데당(Tudeh Party, 공산당)도 조직을 부활시켜, 반(反)샤 운동의 일익을 담당했다. 또한 자유주의 경향을 가진 지식층의 역할도 중요했다. 호메이니와는 사상 신조를 달리하지만 종교계의 대다수도 참가했다. 다양한 세력이 반(反)샤라는 한 곳에 결집하여, 광범위한 대중이 혁명운동에 참가했다.

호메이니는 이러한 여러 세력의 에너지가 모이는 초점이 되었다. 그 역할도 중요했지만, 혁명은 호메이니 한 사람의 공적도 아니었고 호메이니 문하의 노력만으로 귀결되어야 하는 것도 아니다. 혁명에 참가한 여러 세력과 호메이니 간의 차이점은 후자만이 혁명 이후에 어떤 체제를 수립할 것인가에 대해 명확한 프로그램을 갖고 있었으며, 또한 다른 조직을 압도하는 대중 동원력을 갖고 있었던 점이다.

망설임의 가을

여름이 지나고 가을에 들어설 무렵에는 이미 수백만 명 단위의 시위대 파도가 테헤란을 위시하여 이란 여러 도시의 가두를 메웠다. 이란의 반(反)샤 운동은 20세기에서, 아니 인류사에서 최대 규모의 대중운동이 되었다. 그리고 그 요구는 샤의 퇴진이라는 하나의 점으로 모아졌다. 이러한 광범위하게 불타오르는 대중운동에 직면한 샤는 어떻게 대응했을까?

1963년 호메이니의 호소로 거리로 나왔던 시위가 발생했을 때 샤의 대응을 재현하자면, 샤는 군에 발포를 명했다. 그 이튿날 다시 시위가 일어날 것을 예상한 샤는 연일 발포 명령에 병사가 따르지 않게 될 것을 두려워했다. 무장하지 않은 시위대를 사격의 표적으로 삼는 것의 위험성은 샤도 충분히 알고 있었다. 시위대도 같은 이란인이며 대다수가 같은 시아파 이슬람교도였다. 그래서 밤 동안 테헤란에 주둔했던 부대와 교체되어, 시외로부터 새로운 부대가 투입되었다. 이 부대가 이튿날의 시위에서 발포하고 이로써 폭동이 진압되었다. 1963년은 무자비하면서도 강경한 샤의 대응이었다. 그렇다면 1978년은 어떠했을까?

1978년 샤의 대응에는 망설임이 보였다. 초기 단계에서 시위대에 총격을 퍼부었다면 반(反)샤 운동이 그 정도로 광범위하게 번지기 전에 봉쇄할 수 있었을지도 모른다. 그렇지만 샤는 대학살을 명하지는 않았다. 혁명의 상황 가운데 반(反)샤 운동에서 희생이 나오지 않았다는 것은 아니다. 치안당국과 시위대의 충돌로 인해 유혈사태는 불가피하게 일어났다. 산발적인 발포도 일어났다. 그렇지만 샤는 철저한 탄압을 명하지 않았던 것이다. 그 이유는 추측할 수밖에 없다.

1963년과는 달리 국제여론이 주시하고 있는 가운데에서 혁명 상황이 진전되자, 샤도 세상에 대한 체면을 신경 썼던 것일까? 즉 국제여론에 유의한 대응을 할 수밖에 없었던 것일까? TV 카메라 앞에서 시위대에 발포를 명하는 것을 겁냈던 것일까? 혁명 이후에 밝혀진 것처럼, 당시 샤는 항암 치료를 받고 있어서 그 치료약의 영향으로 중요한 결단을 신속하게 내릴 수 있는 상황이 아니었다고 생각하는 것이 자연스러운 추측일 것이다.

그해 9월에 이란을 공식 방문했던 후쿠다 다케오(福田赳夫) 총리의 수행원은 샤가 회담에서 멍한 표정으로 있었다고 말했다. 가까운 장래에 황태자에게 왕위 계승을 고려하고 있었다면, 국민을 대량 학살한 이후에 피로 얼룩진 왕좌를 양도하는 것은 피하려는 기분이 있었을지도 모른다. 또한 샤는 국민에게 존경과 사랑을 받고 있다는 자기선전을 실제로 믿고 있었으며, 갑작스런 국민의 반란에 충격을 받았을 것으로도 여겨진다. 어쨌든 결과는 같은 것이다. 샤의 주저가 치안당국의 망설임이 되었고, 그것이 반(反)샤 운동에 점점 용기를 북돋웠다.

샤는 전임 총리인 호베이다를 독직(瀆職) 혐의로 체포하는 등 민심을 회유하고자 했지만, 반(反)샤 운동은 그러한 도마뱀 꼬리를 자르는 것과 같은 대응으로는 수습되지 않았다. 독직과 부패의 근원인 샤의 머리를 요구하고, 동시에 이것이 샤의 체제에서 윤택해진 사람들의 이반을 유도했다. 장기간 샤의 체제에서 총리로 충실하게 일했던 호베이다가 군중에게 먹잇감으로 던져지는 상황에서, 자신도 위험하다고 느꼈던 층은 많았다.

프랑스에서의 원격 조종

부유층은 이란으로부터 탈출하기 시작했다. '질병 치료'를 위해, '일시 휴가'를 위해 등 다양한 이유로 국외로 탈출했다. 여름휴가를 구미(歐美)에서 보내고 그 상태로 귀국하지 않은 사람들이 많았다. 샤의 체제에서 윤택해진 사람들에게 국외 탈출은 당연한 결단이었다. 혁명파와 일전을 벌이기에는 너무 풍족해져 있었던 것이다. 구미에서 일생을 놀면서 먹을 수 있을 정도의 재산을 이동시킨 사람들의 태도는 실로 '부자 몸조심'이었다. 하물며 자신의 태도가 우유부단하게 되면서 샤를 위해 위험을 감수하는 의리 등은 조금도 없었다.

또 한 가지 샤가 취한 수단으로 역효과가 되었던 것은 호메이니를 이라크에서 프랑스로 추방한 것이었다. 당시 우호관계에 있던 이라크에 대해서 샤는 호메이니를 나자프에서 추방할 것을 요청했다. 호메이니를 이웃나라인 이라크로부터 멀리하려는 것이 반(反)샤 운동을 진정시키는 데 도움이 될 것이라는 판단이었다. 당시 사담 후세인이 권력의 정점에 가까웠던 이라크에서는 샤의 요청을 받아들여 호메이니를 나자프에서 추방했다. 호메이니를 받아주었던 곳은 프랑스였다. 호메이니는 파리 교외의 노플 르 샤토(Neauphle-le-Château)라는 이름의 베르사유 궁전(Château de Versailles)에서 그리 멀지 않은 마을에 거주지를 잡았다.

필자는 이 마을을 방문한 적이 있다. 작고 풍요로운 마을이었다. 교회 뒤쪽으로 돌아가면 마을이 풍요로운 이유를 알 수 있다. 그것은 그랑 마르니에(Grand Marnier)다. 이것은 구르메(gourmet)로 알려져 있는 오렌지 계통의 고급 리큐어(liqueur)다. 그 진열창이 있었다. 이 마을은 그랑 마르니에의 산지였다. 음주를 금지하고 있는 이슬람 지도자가 리큐어의 양주장(釀酒場)과 같은 곳으로 본거지를 옮겼던 것이다. 이로써 호메이니는 지리적으로는 확실히 이란에서 멀어졌다.

그러나 국제통신의 측면에서는 이라크보다 훨씬 편리한 프랑스로 옮기게 됨으로써 호메이니는 실질적으로 이란에 가까워졌다. 호메이니의 격렬한 '샤 비판'은 국제전화를 통해서 이란에 보내졌다. 그리고 카세트테이프에 녹음되어 복제된 후 이란 전역으로 배포되었다. 노플 르 샤토에는 속속 반(反)샤파 사람들이 방문했고 이란인의 순례지와 같이 되었다. 호메이니는 그곳에서 혁명파에 격문을 띄우고 이란 국민의 혁명투쟁을 원격지에서 조종했던 것이다.

겨울에 들어설 무렵 공무원까지도 반(反)샤 운동에 참가하고 동맹파업에 들어가게 되었다. 지방에서는 이제까지 억압되어왔던 소수민족의 자치 요구가 고조를 보였다. 이란의 총인구 가운데 공용어인 페르시아어를 모국어로 사용하는 인구는 대략 절반에 불과하다. 그 외에는 소수민족의 언어를 모국어로 사용하는데, 가정에서는 그러한 언어를 사용하면서도 학교와 직장 등 공적인 장소에서는 페르시아어를 사용하는 바이링구얼(bi-lingual, 두 가지 언어 생활자)이다. 이란의 동북부에서 차례로 시계진행 방향으로 중요한 소수민족을 둘러보면 아프가니스탄 국경에 가까운 동북 지방에는 투르크만인이, 동남부 파키스탄 국경에는 바로치인, 서남부에는 아랍인이 있고, 그리고 서북부에는 쿠르드인과 아제르바이잔인이 있다.

이러한 소수민족 가운데에서 쿠르드인은 이란 중앙정부의 혼란을 틈타 자치에 대한 요구를 강화했다. "이란에 민주주의를, 쿠르디스탄에 자치를"이 그 슬로건이었다. 쿠르디스탄이란 쿠르드인의 거주 지역을 말한다. 도시 지역에서도 주변 지역에서도 샤의 체제는 지배력이 약화되고 있었다.

이란발, 제2차 석유 위기

국민의 대규모 시위 앞에서 동요했던 샤의 체제에 결정타를 날린 것은 석유 노동자의 파업이었다. 이란 서남부 후제스탄(Khuzestan) 주에 집중되어 있는 석유산업 시설에서 일하고 있는 석유 노동자에게 호메이니는 "1일이라도 1시간이라도 1분이라도 석유 생산을 멈출 수 있다면, 그것만으로도 적에게 타격을 줄 수 있다"라고 호소했다. 이 호소에 응하여 노동자가 파업에 돌입했고, 이란 경제의 심장부가 멈추어 섰다.

파업에 의해 세계는 이란발 제2차 석유 위기에 돌입했다. 억압적인 지배에도 불구하고 세계가 샤를 지지해왔던 이유는 석유였다. 이란의 원유 수출을 멈추게 해서는 안 된다. 만약에 독재자면서 석유를 지배하는 자와는 서로 마주할 수밖에 없다. 그러한 논의가 샤와의 관계를 정당화하기 위해 사용되었다. 당시 미국 대통령 지미 카터가 인권의 옹호를 외교 목표로 높게 내세웠음에도 불구하고 인권은 석유에 졌다.

그러나 샤가 석유를 수출할 수 없게 된 이상, 이 인권 억압자와 마주할 이유는 없어졌다. 진지하게 샤의 퇴위가 논의되었다. 미국은 이란군 간부들과 쿠데타를 일으킬 것인지의 여부를 타진하기 위해 접촉을 시작했다. 이란 군인들은 부정적이었다. 샤가 쿠데타에 대한 예방책으로 장군들이 자유롭게 회합을 갖는 것마저 금지해왔기 때문에 군은 단결하지 못했고, 하나의 바위덩이처럼 움직이지 못했다. 군은 샤라는 한 점에서만 통일되는 조직이기 때문에 샤에 대해서 반기를 든다는 발상은 없었다.

그렇지만 군의 의향과 동향에 관계없이 샤의 퇴위에 의해서만 정세를 안정시킬 수가 있다는 인식이 이란 안팎으로 확산되었다. 그렇게 되자, 이번에는 샤가 망명하는 차례였다. 샤의 '휴가 중'에 정세를 안정시킬 수 있는 인물을 모색하기 시작했다. 그렇지만 접촉을 받은 반체제파 인물은 모두 총리 취임을 거부했다. 샤에 의해 임명되면 그것만으로 정통성을 상실하게 된다. 그것뿐만 아니라 혁명파의 노여움을 사게 된다는 것이 거절한 이유였다.

결국 샤푸르 바흐티야르(S. Bakhtiar)가 총리 자리를 이어받았다. 장기간에 걸쳐 샤의 지배에 반대해온 인물로 1950년대에는 모사데크 정권의 각료를 역임했다. 새해인 1979년 1월 바흐티야르를 총리로 임명하고선 샤는 돌아오지 않는 휴가를 떠났다.

중동 굴지의 군대

달이 바뀌어 2월, 호메이니가 하늘에서 내려오는 것처럼 에어 프랑스 특별기로 귀국했다. 이 특별기에는 수많은 저널리스트가 동승했다. 샤파에 의해 특별기가 격추되는 것을 우려한 혁명파는 수많은 저널리스트를 이른바 '인간 방패'로 동승시켰다. 다수의 저널리스트가 동승한다면 격추시키지 못할 것이라는 계산에서였다.

또한 암살 우려 때문에 호메이니는 검은색 승복(僧服) 아래에 방탄조끼를 착용했다. 영상 기록으로 보면, 확실히 호메이니의 체격이 좋게 보이는 것은 그 탓일 것이다. 테헤란 공항에 내려선 호메이니는 바로 테헤란 남부의 혁명 투쟁으로 순교한 사람들이 매장되어 있는 베헤쉬테 자흐라(Behesht-e Zahra) 묘지에 갔다. 호메이니는 여기에서 샤의 체제를 격렬하게 규탄하고, 정의로운 지배의 확립을 국민에게 약속했다. 참고로 그 이듬해에 일어난 이라크와의 전쟁 희생자 중의 다수가 이 장소를 메우게 된다. 그리고 귀국한 지 10년 후인 1989년에 세상을 떠나게 되는 호메이니도 베헤쉬테 자흐라에 인접한 지역에 매장되었다.

호메이니는 샤에 임명된 바흐티야르 정권에 정통성이 없다고 선언하고 메흐디 바자르간을 혁명정권의 총리로 임명했다. 바자르간도 1950년대 모사데크 내각에서 요직을 차지한 자유주의파를 대표하는 인물이었다. 모사데크가 바자르간을 NIOC(이란 국영석유회사)의 초대 총재로 임명했던 사실은 이미 소개했다. 모사데크 내각의 동료인 바흐티야르와 바자르간 두 사람이 서로 이란의 총리라고 주장하며 대립했다.

2012년 3월에 방송된 영국 BBC의 페르시아어 방송으로 제작된 이란과 이스라엘 관계에 대한 다큐멘터리에 의하면, 이 시기 바흐티야르가 이스라엘의 첩보기관 모사드 관계자에게 호메이니 암살을 타진했다고 한다. 모사드 측은 "이스라엘은 세계 경찰이 아니다"라고 말하면서 이를 거절했다. "만약 정권을 취하기 전 히틀러를 암살할 수 있었다면 세계 경찰이 아니라는 말은 할 수 없었을 것이다"라고 바흐티야르가 반론했다. 모사드의 담당자는 그렇게 회상하고 있다. 하지만 바흐티야르의 주변에서는 암살을 타진했다는 것을 부정하고 있다. 그 바흐티야르는 1991년 8월 망명지인 파리에서 암살된다.

이 두 정권 중 어느 쪽이 살아남을 것인가? 그 해답을 가지고 있었던 쪽은 군이었다. 샤는 거액의 석유 수입을 투자해서 근대 무기로 무장된 중동 굴지의 군대를 육성했다. 그 총병력은 40만 명에 달하며, 군이 이란 역사의 방향을 결정할 수 있는 입장에 있었다. 그렇지만 군은 이 시기에 중립을 선언하고 병사(兵舍)로 돌아가 버렸다. 결국 군 내부의 혁명파가 봉기하고 또한 페다이네 할크와 무자헤디네 할크 같은 게릴라 조직도 여기에 가세하여, 바흐티야르 정권이 확실히 와해되도록 만들었다. 바흐티야르는 국외로 도망갔고, 이에 따라 혁명 세력에 의한 권력 탈취가 성취되었다. 반(反)체제파는 구(舊)체제파를 추방하고 신(新)체제파가 되었다.

이 시기에 군은 왜 중립을 선언했을까? 이란군은 어떠한 논의를 거쳐서 중립을 결정했는지를 상세하게 밝히지 않고 있다. 상황 증거로 추측할 뿐이지만, 혁명 상황이 진전됨과 함께 군의 규율도 느슨해진 것이 원인이었을까? 혁명파의 호소에 답하고 시위대에 대한 발포 명령을 병사가 거부하는 사례도 증가했다.

앞에서 언급한 바와 같이, 군의 쿠데타를 우려했던 샤는 그 중요 인사를 비롯하여 주요한 결정을 모두 자신이 행했다. 또한 장군들이 허가 없이 모이는 것도 금지했다. 샤라는 한 점에만 의사결정 권한이 집중되는 시스템이 되었는데, 그 샤가 기능 부전이 되고 또한 망명함으로써 군 내부에서의 의사결정이 불가능해져, 결국 중립을 지킨다는 결단에 도달했던 것이 아닐까? 즉 어떤 쪽을 지지할 것인가를 결단하지 못한다는 결단으로 기울어졌다는 것이 한 가지 추측이다.

이란사 최대의 배신

마지막으로 이란군과 치안당국의 정상에 있는 샤가 '나의 눈, 나의 귀'라고 신뢰했던 파르두스트 장군의 동향을 살펴보자 . 고대 오리엔트를 통일시킨 아케메네스 왕조 페르시아 제국의 샤는 광대한 영토의 각지에 검찰관을 파견하여 반란의 예방책으로 삼았다. 이 검찰관을 '샤의 눈, 샤의 귀'라고 불렀다. 샤가 파르두스트를 '나의 눈, 나의 귀'라고 불렀던 것은 이 고사(古事)에 따른 것이었다.

이미 얘기한 바와 같이, 파르두스트는 샤의 어린 시절 친구이다. 샤의 독재체제에서 군과 치안당국의 중추를 차지하고 샤의 신뢰를 가장 두텁게 받은 인물이었지만, 혁명 후에도 파르두스트는 이란에 남았다. 그뿐만 아니라 샤의 비밀경찰 사바크를 대신하여 혁명정권이 설립한 첩보기관 사바마(SAVAMA)의 초대 장관에 취임했다. 샤 시대의 장군들 가운데 이란에 남았던 자는 모두 체포되어 처형되었다. 단 한 명의 예외가 파르두스트다. 이란에 남았지만 체포되지도 않았고, 게다가 첩보기관의 장관이라는 혁명체제의 핵심 자리를 부여받았다. 이것은 상당히 일찍부터 호메이니 지지 세력과 내통했다는 것을 추측케 한다.

왜 샤의 체제에서 권력의 정점에 가까운 지위를 차지하고 있었던 인물이 샤를 배신했을까는 수수께끼로 남아 있다. 그렇지만 파르두스트가 군과 치안당국을 포함하는 샤 주변의 움직임을 하나하나 혁명파에 누설하고, 결정적인 순간에 군이 중립적인 입장을 취하도록 움직였던 것은 상상하기 어렵지 않다. 이란의 역사에서 최대의 배신이었다. 망명 이후 해외 TV와의 인터뷰에서 파르두스트가 혁명정권의 요직에 취임한 점에 대해 질문을 받은 샤는 불쾌한 표정으로 "알지 못한다"라고 논평했을 뿐이었다.

'스파이 소굴'

혁명 세력이 권력을 탈취했다고 해서 물론 권력투쟁의 종결을 의미하지는 않았다. 그것은 반(反)샤라는 한 점에서만 단결했던 여러 세력 간에 일어난 싸움의 시작을 의미했다. 반(反)샤 운동을 구성했던 여러 세력을 살펴보도록 하자.

우선 종교 세력이 있다. 이 종교 세력은 크게 양분된다. 호메이니가 지도하며 이슬람 법학자의 지배가 수립되는 것을 지향하는 세력, 그리고 샤의 독재에는 반대했지만 종교지도자가 정치에 대해 직접적으로 관여하는 것에는 비판적인 세력이다. 종교계의 다수파는 후자의 정치적 소극주의의 사고방식을 지지했던 것으로 추측된다. 그렇지만 그 목소리는 권력투쟁에서는 의미가 없는 잡음에 불과했다. 왜냐하면 무엇보다 정치에 대한 관여를 거부하는 사람들이기 때문에, 권력과는 애초부터 인연이 없기 때문이다. 따라서 권력투쟁 과정에서 종교계에서 정치적으로 중요한 위치에 있던 것은 호메이니 학벌(學閥)의 세력뿐이었다.

비(非)종교 세력의 대표는 임시 혁명정부의 총리에 취임한 바자르간이 이끄는 자유운동이다. 그 구성 멤버 대다수가 대학교육을 받았고 유학 경험자도 적지 않았다. 바자르간 자신도 프랑스에서 돌아왔으며, 바자르간이 외교장관에 임명한 야즈디(E. Yazdi)도 미국 유학을 경험한 사람이었다. 이 자유운동은 샤의 독재하에서 인권 옹호를 요구하는 등 장기간 고난의 활동을 지속해왔다.

자유운동에 소속되어 있지는 않지만, 나중에 초대 대통령이 된 프랑스 유학파인 아볼하산 바니사드르(A. Banisadr)와 야즈디가 사임한 후에 외교장관에 취임한 미국 유학파인 고트브자데(S. Ghotbzadeh) 등은 서구형 민주주의를 지향한다는 점에서 자유운동과 같은 경향에 있었다. 이러한 사람들과 자유운동을 합쳐서 여기에서는 자유주의파라고 부르도록 하겠다.

또한 이미 언급한 무자헤디네 할크와 페다이네 할크는 자체적인 비용으로 부담한 무력을 갖고 있는 점에서 중요했다. 또한 장기간에 걸쳐 용감한 무장투쟁으로 시민들 사이에서 높은 존경을 받았다. 이슬람을 좌익사상과 섞었기 때문에 종교 감정이 고양되었던 혁명 시기에 무자헤디네 할크의 이데올로기는 끝없이 매력적이었다. 호메이니의 학설에 대항하기 위해서는 종교에 기초한 세계관과 모순되지 않는 정치론이 불가결했던 것이다. 전통에 의거한 혁신을 주장하는 사상은 대다수 젊은이의 마음에 공감을 불러일으키는 현상을 만들어냈다.

또한 좌익계 조직에는 혁명 이후 공공연하게 활동을 개시한 친(親)소련 성향의 '이란 공산당' 투데가 있었다. 투데가 트로이의 목마가 되어 결국 소련이 이란을 자신의 세력 아래에 두어버리지 않을까? 많은 이란인이 그러한 위기감을 가졌다. 그 위기감은 워싱턴에서도 공유되었다. 이란 정세의 격변이라는 그림자에 가려져 별로 주목받지 못했지만, 소련에서 돌아온 '마르크스 보이들'의 쿠데타에 의해 이웃나라 아프가니스탄은 1978년에 이미 공산화되었다. 게다가 미국은 이란이 공산화되는 것만은 절대로 피해야 했다. 따라서 투데당의 활동은 꺼림칙했다.

쿠르드와 이란

지방에서 자치를 요구하는 소수자(minority)의 존재도 간과해서는 안 된다. 혁명 상황에서 중앙정부의 지배가 느슨해졌기 때문에 각지에서 소수파의 움직임이 활발해졌다. 이 점은 이미 다루었다. 이러한 움직임 가운데에서도 매우 중요한 것은 쿠르드인의 움직임이었다. 쿠르드인을 지도하고 있던 것은 1940년대에 결성된 쿠르드인 조직인 '쿠르디스탄 민주당(KDP)'이다. 참고로 이웃나라 이라크에서도 이란의 KDP에 촉발되어 같은 이름의 조직, 즉 KDP가 설립되었다. 2003년 이라크 전쟁에서 후세인 체제가 무너진 이후에 이라크 지배층의 일각을 이라크의 KDP가 차지하고 있다.

제2차 세계대전 이후인 1946년 말, 쿠르디스탄 자치공화국이 붕괴된 이래 줄곧 비합법 조직으로 지하에 숨어 있던 KDP가 혁명 상황의 가운데에서 활동을 공개화하고, 쿠르드인이 자치를 요구하는 선두에 섰다. 쿠르드인의 자치 요구가 후에 논하게 되는 것처럼, 테헤란에서 권력투쟁의 방아쇠를 당기는 결과가 된다.

쿠르드인의 자치 요구에 테헤란의 혁명정부는 곤혹스러웠다. 만약 쿠르드인의 요구를 인정한다면, 아랍인과 바로치인과 같은 다른 소수파에게도 자치를 주어야 한다. 그렇게 되면 다민족 국가인 이란의 분열을 초래할 수밖에 없다. 그러한 우려 때문에 혁명정부는 자치 부여에 소극적이었다. 그렇지만 1978년 이래 쿠르드 지역은 실질적으로 자치를 향유했다. 혁명의 혼란으로 샤의 지배가 지방에 미치지 못하게 되자 KDP 등 쿠르드인 세력이 이 지역을 실효지배하기 시작했기 때문이다. 혁명 상황 가운데 군의 무기고로부터 다량의 무기가 쿠르드인의 손으로 흘러들어갔다. 쿠르드인과 혁명정부의 교섭이 교착 상태에 빠지자 후자는 쿠르드인의 무력 진압에 나섰다. 혁명 후 설립된 혁명수비대(Revolutionary Guard)[1]가 이 임무를 담당했다.

1 현재 이란 혁명수비대의 사령관은 모함마드 자파리(M. Jafari)이다. 이란 혁명수비대에 대해서는 다음을 참고하기 바란다. 미야다 오사무(宮田律), 『이란 혁명수비대(イラン革命防衛隊)』(武田ランダムハウスジャパン, 2011); Steven O'Hern, *Iran's Revolutionary Guard: The Threat That Grows While America Sleeps* (Potomac Books Inc., 2012); Ali Alfoneh, *Iran Unveiled: How the Revolutionary Guards Is Transforming Iran from Theocracy into Military Dictatorship* (AEI Press, 2013). _ 옮긴이 주

두 개의 군대

혁명수비대는 그 이름대로 혁명을 군의 쿠데타로부터 지키는 것을 임무로 하여 창설된 이른바 호메이니의 군대였다. 1953년 선거로 선출된 이란의 모사데크 내각을 전복시킨 것은 미국 CIA의 지원을 받은 이란군 등의 쿠데타였으며 그 10년 후인 1963년 시위대에 발포한 것도 군이었다. 그러한 고통스러운 경험 때문에 혁명 세력은 군을 신뢰하지 않았다. 군을 육성했던 자가 망명한 샤라는 점을 고려한다면 더욱 그랬다. 그렇지만 혁명수비대가 설립됨으로써 이란은 정규군과 혁명수비대라는 두 개의 군대를 갖게 되었다.

그 혁명수비대가 쿠르드인의 진압에 투입되었다. 그런데 혁명수비대는 종교적 정열에 불타 있었지만 전투 경험은 부족하고 장비도 훈련도 아직 충분하지 않았기 때문에, 쿠르드인과의 전투에서 고전을 면치 못했다. 결국 정규군이 투입되었다. 정규군은 전차와 헬리콥터, 팬텀 전투 폭격기 등 최신 무기를 가지고 쿠르드인과의 전투에 나섰다. 쿠르드인은 도시 지역을 유지하는 것은 어려우며 불리하다는 것을 깨닫고 산악 지대로 물러섰다.

이리하여 도시 지역을 중심으로 낮에는 혁명정부군이, 산악 지대를 중심으로 밤에는 쿠르드인이 지배했다. 점과 선을 지배하는 우세한 정규군에 대해서 면(面)을 지배하는 게릴라가 전투를 도발하는 전형적인 유격전의 풍경이 쿠르드 지역에서 나타났다. 그렇다고는 해도 혁명정부는 쿠르드의 무력 진압에 일단 성공을 거두었다. 그렇지만 동시에 그것은 반(反)샤 운동의 일익을 담당했던 쿠르드인 등 소수파를 정치 과정에서 배제하는 행위이기도 했다.

이 전투가 테헤란에서의 권력투쟁으로 파급되었다. 근대 무기를 투입한 전투는 미국과의 교섭을 불가피하게 만들었다. 왜냐하면 이란 정부군의 주요 무기가 미국제였기 때문이다. 근대 무기는 부품의 소모가 격렬하다. 전투를 계속하기 위해서는 교환 부품의 공급이 불가결하다. 그렇다면 미국과의 교섭도 불가결하다. 바자르간 주변에는 소련의 위협에 대비하기 위해서 미국과의 관계를 정상화하려고 모색하는 움직임도 있었다. 이미 논한 바와 같이, 이웃나라 아프가니스탄에서는 공산주의자가 전년인 1978년에 쿠데타로 친(親)소련 정권을 수립했다. 이란 국내의 친소련 세력인 투데당(공산당)의 움직임도 활발해졌다.

미국 대사관 '인질 사건'의 개막

미국에도 혁명 세력과의 교섭을 바라는 의견이 있었다. 예를 들면 혁명 상황이 진행 중일 때 테헤란 주재 미국 대사로 근무했던 설리번(W. Sullivan)은 샤를 버리고 바자르간 등의 혁명 세력과 교섭하는 안을 워싱턴에 진언했지만 기각되었다. 워싱턴에서도 혁명정권을 받아들이고 이란과의 관계를 재구축해서, 소련의 남하 압력을 저지해야 한다는 논의가 대두했다.

1979년 11월, 알제리 독립 기념식전이 그 장을 제공했다. 알제리의 수도 알제에 초대된 바자르간 총리는 카터 대통령의 보좌관 브레진스키와 만났고, 그 사진이 이란 신문에 게재되었다.

이것이 이란인 대다수에게 1953년을 상기시켰다. 미국이 개입하려는 것은 아닌가, 다시 쿠데타를 일으키려는 것은 아닌가, 모사데크 내각을 타도시킨 것처럼 반혁명 세력을 조정해서 혁명 체제에 대한 공격을 개시하려는 것은 아닌가? 그러한 우려를 갖고 있던 이란인은 많았다. 마침 망명 여행에 나섰던 샤가 미국 · 이란 간에 알제에서 접촉하기 직전인 10월 말 암 치료를 위해 미국으로 입국했다. 이에 미국이 다시 이란에 개입하는 수단으로 이용하기 위해서 샤를 입국시켰다고 많은 이란인이 해석했다. 또한 바자르간도 미국과 접촉하고 있었다.

그렇다면 선수를 쳐서 반(反)혁명의 움직임을 봉쇄해야만 한다. 그 거점이 되는 장소를 파악하지 않으면 안 된다. 1953년 쿠데타에서 사령탑의 역할을 수행했던 테헤란 주재 미국 대사관을 노리게 된 것은 이란 현대사 가운데에서는 자연스러운 흐름이었을지도 모른다.

미국 대사관을 '스파이의 소굴'로 간주한 이란인이 적지 않았다. 혈기 왕성한 한 무리의 젊은이들이 미국 대사관으로 돌입할 것을 계획했다. 이때 반대자 중 한 사람으로 후에 대통령이 되는 아흐마디네자드가 있었다. 반대 이유는 미국과의 관계 악화는 소련을 이롭게 하는 결과가 된다는 것이었다.

소련의 영향력 증대가 바람직하지 않다는 '온건한' 젊은이의 의견은 묵살되고 학생들은 미국 대사관을 점거했다. 그 이후 444일 동안에 걸쳐 계속되는 미국 대사관 '인질 사건'의 막이 열리게 된다. 1953년 반(反)모사데크의 쿠데타를 원경(遠景)으로, 샤의 미국 입국 및 바자르간과 브레진스키의 회담을 근경(近景)으로 한 드라마였다.

외교장관 야즈디로부터 보고를 받은 호메이니의 반응은 학생의 배제였다. 그렇지만 학생들은 호메이니의 아들 아흐마드(Ahmad Khomeini)를 경유하여 호메이니에게 이해를 호소했다. 호메이니는 의사를 번복하고 학생들에 대한 지지를 선언했다. 이 사건에서 이상한 것은 대사관 점거 그 자체보다도 혁명 지도자 호메이니가 점거에 이해를 보였던 점에 있다. 그 때문에 이란 혁명정부는 학생을 배제할 수 없었다. 혁명 지도자 호메이니에게는 학생을 비난할 생각이 없었다. 그뿐만이 아니라 거꾸로 학생들의 행동을 칭찬했고, 사건 해결의 수단을 잃어버린 바자르간 내각은 사임했다.

이 사건은 '혁명국가 이란'을 국제적으로 고립시켰다. 외교적으로 보면 합리성을 결여한 행동이었지만, 종교 세력은 대사관 점거로 인해 발생한 이란의 국제적인 고립을 역으로 이용했다. 샤의 미국 입국이 유발한 이란 국내에서의 위기감을 부채질하여 반(反)혁명의 위협이 높아졌다고 하며, 이란 국민에게 호메이니 노선으로 결집할 것을 호소했다. 그리고 자유주의파에 대한 공세를 시작했던 것이다.

호메이니 노선에 대한 지지자와 반대자를 격리시켰던 것은 베라야테 파기흐(Velayat-e Faqih, 이슬람 법학자 통치론)가 들어간 헌법안에 대한 태도였다. 혁명은 새로운 헌법을 필요로 한다. 새로운 헌법에 대해서는 서구식 헌법을 요구하는 자유주의파와 베라야테 파기흐 헌법의 성문화를 바라는 호메이니파 사이에 격렬한 대립이 있었다. 호메이니파가 헌법을 기초했지만, 그 채택에는 저항이 예상되었다.

거기에서 종교 세력은 미국과의 대결 위기라는 비상사태를 연출한 후에 이 초안을 국민투표에 부쳤다. 대사관 사건이 발생한 것은 1979년 11월로 헌법 초안의 비준을 위한 국민투표가 같은 해 12월에 있었다. 국민의 다수는 위기감 속에서 헌법안에 찬성표를 던졌다. 이에 따라 베라야테 파기흐가 이란을 지배하는 통치원리로서 확립되었다. 대사관 인질사건의 '성과'라고 할 수 있을 것이다. 호메이니를 지지하는 종교 세력의 입장에서 보면, 이 외교적인 폭거는 국내적으로는 합리적인 정치행동이었다. 이것이 처음에는 학생을 배제할 것을 선언했던 호메이니가 점거 지지로 의사를 번복한 정치적인 배경이었다.

이 헌법에 의해 확립된 이란의 정치체제에 대해서 부언하자면, 정치의 방향을 결정하는 최종적인 결정권은 최고지도자에게 속한다. 따라서 국민이 투표로 뽑은 대통령의 권한은 한정되어 있는 것에 불과하다.

이맘의 아들

바자르간과 야즈디의 사임에 의해 자유운동이 정권의 중추로부터 멀어졌지만, 정권 내부에는 아직 자유주의파가 남아 있었다. 그 대표가 바니사드르였다. 1980년에 들어선 직후 새로운 헌법하에서 대통령선거가 행해져, 바니사드르가 당선되었다.

바니사드르 자신은 이슬람 신학교 출신은 아니었지만 부친은 아야톨라였다. 테헤란에서 배운 후에 파리로 망명하여 이슬람 경제론에 대한 저작을 발표하는 등 집필 활동으로 알려지는 것과 동시에, 이란인 유학생을 조직하여 반(反)샤 운동에 종사했다. 1970년대 호메이니에게 접근하여 호메이니가 파리 교외로 망명지를 옮기자, 그의 측근이 되었다. 그 이후에는 혁명정권의 중추를 차지하게 된다.

바니사드르의 선거 슬로건은 "나는 이맘의 아들이다"였다. 이맘이란 시아파 최고지도자의 호칭이며, 호메이니를 모신다는 표현이다. 호메이니와의 거리가 가깝다는 것을 강조한 캠페인에 의해 바니사드르는 당선되었지만, 바니사드르가 대통령이 되자 종교 세력과의 대립이 일어났다. 이맘의, 즉 호메이니의 '아들'과 호메이니파 사이의 균열이었다. 그 균열은 바니사드르의 실각과 망명이라는 결과를 만들어냈다. 그 배경이 된 것은 1980년 9월에 시작된 이란 · 이라크 전쟁이었다.

제 7 장

이란 · 이라크 전쟁과 유엔 안보리

세 개의 구슬

이란 · 이라크 전쟁을 서술하기 전에 여기에서 미국의 중동 전체에 대한 정책에서 이란의 위상을 확인해보도록 하겠다. 이는 왜 미국이 1953년에 이란에 개입했고 그 이후에도 샤를 계속 지지했는가, 또한 1979년 샤의 몰락이 얼마나 큰 타격이었는가를 이해하는 데에 도움이 되기 때문이다.

제2차 세계대전 이후 미국의 중동정책에 대한 목표는 세 가지였다. 우선 첫째, 소련의 중동 진출 저지였다. 둘째, 석유 확보이다. 과도하게 표현하자면, 미국인이 저렴한 석유로 큰 차를 운전하는 권리를 인권의 일부로까지 보았다. 석유의 부족과 극단적인 가격 상승은 정치가의 실각 원인이 될 수 있다. 석유 확보는 미국 정치가에게는 중대한 일이다. 따라서 중동 석유를 자국을 위해서, 그리고 서구 국가들과 일본 등의 동맹국들을 위해서도 억제해둘 필요가 있었다.

그리고 셋째는 이스라엘의 안전보장이다. '유대인 국가'에 대한 지원이 미국의 진정한 국익인가에 대한 논의는 존재한다. 그렇지만 이스라엘의 안전보장은 미국의 입장에서 외교라기보다는 국내 문제이다. 이는 이스라엘을 열렬하게 지지하는 미국의 유대계 시민을 적으로 돌리게 되기 때문에, 정치가는 이스라엘에 대해 엄중한 태도를 취하기 어렵기 때문이다. 모금 능력과 손이 큰 정치 헌금으로 알려져 있는 유대인 조직을 적으로 돌리는 것은 미국 정치가에게 쉬운 일이 아니다.[1]

또한 1980년대 이후에는 기독교 원리주의라고 불리는 사람들의 발언력이 강해졌다. 이 사람들은 『성서(聖書)』를 자구 그대로 받아들인다. 그 주장은 낙태 금지, 동성애에 대한 반대 등이며, 진화론을 부정하고 있다. 기독교 원리주의자는 정치를 통해서 자신의 주장을 실현시키고자 하고 있다.

이러한 생각을 지니고 있는 사람들은 제2차 세계대전 이후 이스라엘의 탄생을 '신(神)의 의지'로 보고 있으며, 팔레스타인 전역, 즉 점령지와 이스라엘의 유대화가 메시아(구세주) 내림(來臨)의 준비라고 생각하고 있다. 따라서 팔레스타인 점령지에 대한 입식(入植: 정착촌 건설)을 계속하는 이스라엘 강경파에게 강력한 지지를 보내고 있다.

유대계 시민과 기독교 원리주의자라는 두 이스라엘 지지세력이 미국 국내에 존재하기 때문에, 이스라엘의 안전보장 확보는 국내정치적

1 이른바 '이스라엘 로비'와 미국 외교정책의 관계에 대해서는 다음을 참고하기 바란다. John J. Mearsheimer and Stephen M. Walt, *The Israel Lobby and U.S. Foreign Policy* (Farrar, Straus and Giroux, 2008); 사토 다다유키(佐藤唯行), 『미국은 왜 이스라엘을 편애하는가(アメリカはなぜイスラエルを偏愛するのか)』(新潮社, 2009). _ 옮긴이 주

인 이유로 인해서 미국의 중동정책의 목표가 되지 않을 수밖에 없다. 바로 이스라엘의 안전보장이 미국의 입장에서 외교문제가 아니라 국내 문제라고 논한 이유이다.

이와 같은 세 가지 정책의 문제점은 상호 정합성이 없다는 데에 있다. 이스라엘에 대한 미국의 후원은 이스라엘과 대립하는 아랍 국가들에게는 평판이 나쁘다. 석유 확보를 위해서는 산유국인 아랍 국가들과의 관계가 친밀할 것이 요구되기 때문에 이스라엘과의 관계가 그것을 방해한다. 아랍 국가들의 환심을 사기 위한 방법 중 한 가지로 무기 수출이 있다. 그렇지만 아랍 국가들의 무력 강화는 이스라엘의 안전보장을 위협할 수밖에 없다. 미국은 아랍 국가들에 대한 무기 수출에 관해서는 그 때문에 소극적이었다. 아랍 국가들은 미국의 태도를 보고 소련을 의지했으며, 소련은 무기의 제공을 지렛대로 삼아 아랍 국가들과의 관계를 심화시키고 중동에 기반을 구축했다. 이스라엘에 대한 지원과 소련의 봉쇄라는 정책이 부딪친 사례이다.

냉전 시기에 미국의 중동정책은 이 정합성이 없는 세 가지 목표 사이를 우왕좌왕했다고 말할 수 있을 것이다. 그런데 ① 소련 봉쇄, ② 석유 확보, ③ 이스라엘 보호라는 세 가지 구슬을 자유자재로 조정할 정도로 미국의 중동외교는 뛰어나지 않았다.

이스라엘의 안전보장

냉전 시기 이란은 미국의 중동정책 가운데 핵심이었으며, 미국의 세 가지 정책목표 모두에 공헌했다. 첫째, 소련과 긴 국경선을 접하고 있던 이란은 그 남하를 저지하는 크고 두터운 블록이었다. 샤는 미국이 훈련시킨 비밀경찰을 이용하여 국내 공산주의 세력을 포함하여 모든

'비판 세력'을 탄압했다. 또한 대외적으로도 친소련 성향의 이라크를 견제하는 군사력을 갖춘 의지할 수 있는 동맹자였다. 샤의 이란은 페르시아 연안에 대한 소련의 남하를 저지하는 미국의 헌병이었다.

둘째, 이란은 석유 공급의 측면에서도 중요한 지위를 차지했다. 이슬람 국가이기는 하지만 비(非)아랍인 이란은 1973년 아랍석유금수 조치가 실시될 때, 이미 살펴본 것처럼 '석유와 정치를 혼합하지 않는다'라는 정책을 내세우며 석유 수출을 계속했다. 가격을 끌어올리는 것은 수입국 입장에서 달갑지 않았지만, 이란은 의지할 수 있는 석유를 안정적으로 제공해주는 공급자였다.

계속적으로 강조하고 싶은 것은 이란인과 아랍인의 구별이다. 이란인은 고대 아케메네스 왕조 이래 페르시아인으로서의 강한 정체성을 지니고 있다. 페르시아인과 아랍인이라는 두 위대한 민족의 존재가 '중동 국제정치'의 기층을 구성하고 있다. 국내에서는 페르시아인과 아랍인이 혼동되고 있는데, 그것은 일본인과 중국인을 서로 혼동하고 있는 정도의 큰 문제이다.

셋째, 이스라엘의 안전보장에도 이란은 중요했다. 샤의 이란은 이스라엘과 실질적인 동맹국이었으며, 군사 부문을 포함한 다양한 분야에서 관계를 유지했다. 예를 들면, 주변 아랍 국가들로부터 석유를 수입할 수 없는 이스라엘에 석유를 수출했던 것은 이란이었다. 이란 원유를 운반하는 유조선은 홍해에서 아카바 만에 들어가 그 깊은 곳에 있는 이스라엘의 에일라트 항에 들어갔다. 하역된 원유는 지중해 연안의 하이파(Haifa) 항으로 수송되고, 하이파의 제유소에서 처리되어 이스라엘의 국내 수요를 충당했다. 나머지는 하이파에서 루마니아로 운반되어 동유럽 시장으로 흘러갔다.

이와 같이 이란이 중동전략의 핵심이었기 때문에 미국은 '샤 체제'의 강화에 주력했다. 1950년대 불안정한 시기에는 경제 · 군사 원조를 제공하고, 비밀경찰 및 군을 훈련시켰다. 샤가 독재적인 경향을 강화하고 모든 반대파를 탄압하고 있으며 비판자를 고문했다는 난처한 사실은 무시되었다. 이란은 그 정도로 전략적으로 중요하며, 이란은 미국의 중동 정책을 모든 측면에서 지탱하는 기둥이었다. 그 때문에 혁명으로 인한 친미 정권의 상실은 헤아릴 수 없을 정도로 커다란 충격을 초래했다.

미국의 오산

이란이라는 핵심이 제외되자, 미국의 중동정책은 큰 타격을 받았다. 우선 ① 소련의 남하를 저지하는 블록으로서 이란의 역할을 기대할 수 없게 되었다. 만약 혁명정권에 소련이 영향력을 침투시키고자 하는 사태가 벌어졌을 때, 모스크바의 힘이 페르시아 만 연안의 산유 지대에까지 미치게 된다. 이 지역 자체가 세계 경제의 혈액이라고 말할 수도 있는 원유를 송출하는 심장부에 해당한다. 이란을 통제할 수 있게 된다면, 소련은 서방측의 심장에 칼을 찌를 수 있게 된다. 그렇게 될 경우에 이 지역의 원유에 의존하는 일본 등의 국가들은 소련에 영합하지 않을 수 없게 되며, 냉전은 소련의 승리로 돌아갈 가능성마저 출현하게 된다.

미국으로서는 어쨌든지 이란이 소련의 영향 아래로 들어가는 것을 막아야 했다. 그 때문에 1979년 2월 혁명정권이 테헤란에 수립된 이후에도 대사관의 기능을 회복시키고 필사적으로 새로운 정권과의 파이프 만들기에 노력했다. 그 결과는 앞 장에서 논한 바와 같이, 대사관 점거 사건으로 끝났지만 말이다.

대사관 점거라는 이란 측의 폭거에도 불구하고 미국은 자중했다. 이란의 원유 수출을 끊어버리고 혁명정권을 경제적으로 압박하는 선택지가 미국의 수중에 있었지만, 미국은 이란에 대한 해상 봉쇄까지는 시행하지 않았다. 직접적인 대규모 군사력의 행사도 억제했다. 이와 같이 강경한 수단이 사용되지 못했던 이유는 많다. 그런데 그렇게 하지 못한 최대 이유는 그 같은 행동이 이란을 소련 쪽으로 내몰아 버리지는 않을까 하는 두려움이었다.

② 석유 공급 확보라는 측면에서도 이란에서의 정변이 가져다준 타격은 헤아릴 수 없었다. 앞에서 살펴본 것처럼, 1978년의 혁명 상황 가운데에 제2차 석유 위기가 발생했기 때문이다. 1973년 제4차 중동전쟁 때에는 안정적인 공급자였던 이란이 이번에는 위기의 진원지가 되었다. 혁명 상황 가운데에서 이란 남부 산유 지대의 노동자가 파업에 들어간 것이 계기가 되었다. 호메이니의 호소가 파업을 유도하여 일으킨 경위에 대해서는 이미 앞에서 논했다.

③ 이스라엘의 지원이라는 측면에서도 이란혁명은 마이너스였다. 이란의 혁명파가 권력을 탈취한 직후에 이스라엘과의 외교 관계를 단절하고, 테헤란 주재 이스라엘 대사관을 팔레스타인해방기구(PLO)에 제공했기 때문이다. 이스라엘은 강력한 동맹자를 상실했을 뿐만 아니라 석유 공급원도 차단되었다.[2] 이스라엘과 이란이 손을 잡고 아랍 국

2 최근 이스라엘에서는 시펠라 분지와 네게브 사막은 물론 지중해 해역에서 셰일 가스와 석유가 발견되어 개발이 진행 중에 있다. 특히 지중해의 리바이어던 가스전에는 셰일 가스가 5,380억 입방미터, 천연가스액이 3,400만 배럴, 원유가 6억 배럴 매장된 것으로 추정되고 있다. 이곳의 셰일 가스 매장량은 이스라엘이 120년간 쓸 수 있는 양이다. _옮긴이 주

가들에 대항한다는 구도가 무너지고, 이번에는 이란과 아랍 국가들이 협력하여 이스라엘에 맞서게 될 가능성이 출현했다.

혁명에 의한 친미 정권의 상실은 미국의 입장에서는 뼈아픈 타격이었다. 미국은 아직 그 타격에서 다시 일어서지 못하고 있다.

국경문제

인질 사건에 의해 이란이 국제적으로 고립된 상황에 처해 있었던 1980년 9월 22일, 이라크군이 이란에 대한 대규모 군사행동을 개시했다. 이란·이라크 전쟁의 개전이었다. 왜 이라크가 이란을 공격했을까? 그 이유를 찾아내는 것은 어렵지 않다.

이라크의 견지에서 볼 때, 이란의 혁명정권은 이라크의 이슬람교도, 즉 이라크인 대다수에게 이라크의 바아스(Ba'ath)당 정권에 대한 반란을 호소했기 때문에 위협적이었다. 시아파 국가인 이란에서의 혁명은 이라크 인구 중의 다수인 시아파에 영향을 줄 수밖에 없었다. 시아파에 의한 바아스당 간부의 암살 미수가 발생하는 등, 호소에 호응하려는 움직임도 일어났다.

이슬람을 높게 내세우는 호메이니의 혁명정권과 이라크의 세속적인 사회주의 정당인 바아스당은 무엇보다 체질을 달리했다. 바아스당의 바아스는 '사명'을 의미한다. 사명이란 무엇인가? 아랍 영광의 부흥이다. 그 수단은 아랍의 통일과 사회주의이다. 이 정당의 정식 명칭은 '아랍 부흥 사회주의당'이다.

1979년에 호메이니는 이란에서 최고지도자가 되었고, 후세인은 이라크에서 대통령이 되었다. 이 두 사람 사이에는 인연이 있었다. 나자프에 망명하고 있었던 호메이니를 후세인의 바아스당 정권이 1978년 샤의 요청을 받아 프랑스로 추방한 경위와 연결된다.

게다가 이란과 이라크 사이에는 장기간에 걸친 국경 문제가 있었다. 터키에서 발원하는 티그리스(Tigris)와 유프라테스(Euphrates) 두 강은 이라크 남부에서 합류하여 샤트알아랍(Shatt al-Arab) 강이 되어 페르시아 만으로 흐른다. 이란 측에서는 이 강을 아르반드루드(Arvand Rud)라고 부른다. 샤트알아랍 강을 끼고 이란 쪽으로는 호람샤르(Khorram-shahr) 항이 이라크 쪽으로는 바스라(Basrah) 항이 위치하고 있다. 정리해서 말하자면 이라크는 강 전체가 자국령이며, 국경선은 이란 쪽의 해안이라고 주장하고, 이란은 국경선이 강의 중앙이라고 반론했다.

국경선을 훨씬 넘어서 이란의 유전 지대를 빼앗을 수 있다면 이라크의 국력은 터무니없이 강대해진다. 또한 이란의 산유 지대에는 아랍계 주민이 많다. 이란으로부터 산유 지대를 분리할 수 있을지도 모른다. 아랍 국가인 이라크로의 병합도 시야에 넣었을 것이다.

후세인의 입장에서 본다면, 이러한 이란으로부터의 위협을, 그리고 이란과의 문제를 군사적으로 배제하고 '해결'하는 조건은 정비되었다. 테헤란에서는 격렬한 권력투쟁이 전개되고, 쿠르드 지역은 내전 상태에 있었다. 군의 숙청도 진행되고 있었고, 이로써 이란군의 전투 능력은 대폭적으로 저하되었음에 틀림없었다. 게다가 인질 사건으로 인해 이란은 국제적으로 고립 상태에 있었다. 따라서 이라크의 지도부가 장기간의 국경 분쟁 등을 군사력으로 단번에 해결할 생각을 했다고 해도 불가사의하지 않다.

기쁨의 거리, 피의 거리

이라크군은 이란의 유전 지대 후제스탄을 침공했다. 침략의 희생자

임에도 불구하고 국제적인 반응은 더디고 이란에 대한 동정의 목소리는 낮았다. 국내정치에 미국 대사관 '점거 사건'을 이용했던 대가였다.

예를 들면 개전 이후에 성립된 유엔 안보리 결의 제479호는 이란에 대해서 동정을 별로 보이지 않고 있다. 이 결의는 결국 개전으로부터 1주일 후에야 성립되었으며, 또한 그 내용은 단순히 이란 · 이라크 양국에 즉시 정전을 하도록 요구했을 뿐이었다. 침략을 받은 이란 측에서 본다면 결의는 침략의 '성과'를 이라크에 인정해주는 것이 된다.

결과적으로 이란인의 심리에 국제사회와 국제연합에 대한, 특히 안보리에 대한 깊은 불신감을 남긴 결의였다고 할 수 있다. 이란이 침략에 의해 희생이 되었을 때, 국제사회는 움직이지 않았다. 안보리는 이란을 위해 손가락 하나 움직이려고 하지 않았다. 그러한 인식이 이란인의 뇌리에 박혀 들어갔다.

이 전쟁의 행방에 관한 대부분의 예상은 이란에 대한 이라크의 단기간 압승이었다. 권력투쟁으로 내전 상태에 있는 국가가 이라크군의 침략에 대항할 수 있을 것으로는 예상되지 않았고, 초기 타격으로 이란군의 방위 라인은 붕괴하여 이라크가 전격적인 승리를 거두고, 그리고 이란은 분열될 것이라는, 그러한 예상이 나돌았다. 그렇지만 중동에서는 대부분의 예상을 믿을 수 없다.

이란의 도시 호람샤르가 이라크군의 최초 목표였다. 이라크군은 강력한 저항을 예상하지 못했다. 내란 상태인 이란 병사의 전투 의욕은 높지 않고, 아랍인이 많은 지역이기 때문에 이라크군을 동포(同胞)의 해방군으로서 맞이하게 될 것이라는 관측마저 있었다.

그러나 이와 같은 이라크 측에 대한 낙관적인 기대는 개전과 함께 빠른 시기에 저버리게 된다. 이란의 방위군과 호람샤르 시민은 완강하게 저항했다. 이라크군은 시가전에서 한집씩 이 잡듯이 공격하지 않으면 안 되었다. 이라크군의 진격은 정체되고, 결국 전격 작전은 좌절되었다. 궁극적으로 이란혁명은 살아남았다.

이란은 방위군과 시민의 과감한 전투를 칭송하여 시(市)의 명칭을 호람샤르에서 후닌샤르(khuninshahr)로 바꾸었다. 호람샤르는 '기쁨의 마을'을, 후닌샤르는 '피의 마을'을 의미한다. 그러나 결국 압도적인 이라크군 병력은 이란 측의 저항을 제압하고 이 '피의 마을'을 함락했다. 더 정확하게는 피로 물든 거리의 폐허가 함락되었다. 그렇지만 이라크군은 이미 진격할 여력이 남아 있지 않았다. 전선이 교착되고, 이란 · 이라크 전쟁은 장기전에 들어갔다. 나중에 국내 언론에서는 '이라이라(イライラ) 전쟁'이라고 부르기도 했다.

전투는 남부 전장 이외에서도 일어났다. '피의 마을'이 된 것은 후닌샤르뿐만이 아니었다. 테헤란에서 전개되고 있던 대통령 바니사드르와 종교 세력 사이의 권력투쟁이 극에 달해, 호메이니의 승인 아래에 의회를 지배하고 있던 종교 세력이 대통령을 파면했다. 또한 종교 세력은 무자헤디네 할크 등의 조직에 대한 탄압을 개시했다. 바니사드르는 무자헤디네 할크의 지도층과 함께 망명했다.

그렇지만 이란 국내에 남아 있던 무자헤디네 할크의 지하조직은 폭탄 테러를 단행하며, 종교 세력 조직인 '이슬람 공화당' 본부를 폭파하여 그 주요 멤버 대다수를 폭사시켰다. 종교 세력은 더욱 철저한 탄압을 시행하여 반대파를 대량으로 처형했다. 이에 대해 무자헤디네 할크는 다시 테러로 응했다. 총리실이 폭파되고 정권의 간부 대다수가 폭사했다. 정권 측은 반대파를 더욱 처형함으로써 이에 대응했다. 피로 피를 씻는 권력투쟁이었다. 유혈이 일단락되자 종교 세력의 권력 독점이 완성되었고, 최고지도자의 지위는 물론이고 행정, 입법, 사법 3권 전체가 호메이니파에 의해 장악되었다.

혁명 이란: 국토 회복의 싸움

테헤란에서의 권력투쟁이 매듭지어지자, 혁명정권은 전장에서 반격을 시작했다. 피를 흘리는 것을 두려워하지 않는 '인해(人海) 전술'이 채택되었다. 이라크군의 지뢰밭을 향해 이란군이 돌격했고, 병사들이 날아가며 뚫은 길을 후속 병사들이 돌진했다. 나중에 이란은 정예 부대의 희생을 줄이기 위해 아이들을 지뢰밭으로 보냈다. 소년들은 천국의 문을 여는 열쇠라고 가르쳐준 작은 열쇠를 목에 걸고 있었다. 소년들의 시체가 공중으로 날아가며 이라크 방위선에 돌파구를 열었다. 그다음에는 성인 병사들이 뒤를 이었다. 막바지에는 장래가 있는 소년을 대신하여 노인들이 지원하여 지뢰밭으로 돌진해 순교함으로써 지뢰를 제거한 후에 병사들이 돌격했다.

혁명 이란의 필사적인 국토 회복을 위한 전투가 계속되었다. 이리하여 1982년 봄까지 이라크군이 이란 전역에서 일소되었다. '피의 마을' 후닌샤르도 해방되고 마을의 이름을 '기쁨의 마을' 호람샤르로 되돌렸다. 이라크는 평화를 요구했다.

세계가 지켜보는 가운데 호메이니가 내린 결단은 전쟁의 속행이었다. 침략자 후세인을 타도할 때까지, 이라크 남부 시아파 성지인 나자프와 카르발라를 해방시킬 때까지, 그리고 팔레스타인의 예루살렘을 해방할 때까지 끝없는 혁명전쟁이 선언되는 것 같았다. 이번에는 이란군이 이라크 영토로 침공했다. 최초 목표는 이라크 남부의 도시 바스라(Basrah)였다. 이란군은 샤트알아랍 강을 건너 바스라를 향했다. 이 전쟁의 말기까지 계속되는, 이란 측에 의해 이루어진 집요한 공세의 첫 번째 물결이었다.

화학무기의 대량 사용

그렇지만 이란 영내에서는 패퇴를 계속하고 있던 이라크군도 자국 영내에서는 선전(善戰)했다. 전쟁이 종결될 때까지 방위 라인을 사수했다. 이라크 남부 시아파 민중이 같은 시아파인 이란군을 환영할 것이라는, 그러한 이란 측의 소망은 단순한 기대로 끝났다. 이라크 병사가 이란 측으로 돌아서는 예는 적지 않았다. 이라크군이 이란 남부로 침입할 때 아랍계 이란 시민이 이라크군에 호응할 것이라는 예상이 빗나간 것과 같다. 이 전쟁은 이란과 이라크 두 나라의 틀이 예상외로 강인함을 증명하고, 양국의 민족주의가 강하다는 것을 보여주었다는 견해가 일반적인 인식이라고 할 수 있을 것이다.

그러나 이란에 관해 말하자면, 고향에 가족을 인질로 남겨둔 형태로 전선에서 싸우는 시아파 병사들은 이란으로 돌아갈 수는 없었을 것이다. 후세인 정권에 의해 후방에 남겨진 가족에 대한 보복이 예상되기 때문이다.

1991년 걸프 전쟁 직후 이라크 남부의 시아파 지역에서는 후세인 정권에 대한 봉기가 있었다. 2003년 미군의 침공에 대해서도 민중 차원에서의 저항운동은 적어도 초기 단계에서는 보이지 않았다. 후세인을 위해 미국과 싸우겠다는 서민은 적었기 때문이다. 대(對)이란 전쟁에서도 이라크 병사를 이라크를 위해 싸우게 하는 것은 민족주의가 아니라, 후세인 주도 아래 바아스당 정권의 공포정치였다고 해석하는 것이 자연스러운 것이 아닐까 한다.

이라크군의 방위전(防衛戰)이 성공하게 된 요인으로 간과되어서는 안 되는 것이 화학무기이다. 이라크는 화학무기를 대량으로 사용하여 이란군의 진격을 멈추게 만들었다. 보병이 밀집하여 돌격하는 이란군의 전술에 대해서 화학무기는 특히 효과적이었다.

물론 화학무기의 사용은 국제법에 위반되는 것이다. 그렇지만 이라크에서의 바아스당 지배의 붕괴와 이란혁명의 확대가 주변 쿠웨이트와 사우디아라비아와 같은 친미 아랍 국가의 존재 그 자체를 위협할 수밖에 없다는 판단 아래, 미국 등의 국제사회는 공개적으로 국제법 위반을 비판하지는 않았다. 이라크의 바스라 전면(前面)에 있는 방위 라인을 지키는 것은 바그다드의 바아스당 정권뿐만 아니라 페르시아 만 연안의 '세력 균형' 그 자체라는 인식 때문이다.

부조리한 안보리 결의

이러한 인식은 두 가지 정책을 이끌어냈다. ① 이란을 봉쇄하고, ② 이라크를 지원한다는 정책이다. 미국이 주도하여 이란에 대한 무기 금수가 실시되는 한편, 이라크에 대한 대량 무기 매각이 이루어졌다. 그 선두에 섰던 것은 프랑스와 소련이었다. 특히 소련이 매각한 스커드 미사일은 이라크에 의해 개량되어 '알 후세인'으로 명명되었다. 폭약의 양을 줄이고 연료를 증가시킨 '알 후세인' 미사일은 그 사정거리를 늘려서 이란의 수도 테헤란에까지 도달할 수 있게 되었고, 이라크는 무기의 측면에서 이란에 대해 우위에 섰다.

미국은 이라크 측에 위성사진을 제공하여 이란군의 배치와 동향을 알려주었다. 바그다드에 미국 전문가가 상주하여 위성사진의 해석을 도왔다. 미국의 지원에 의해 이라크는 군사 측면에서도 우위에 섰다.

미국의 이라크 접근을 상징하는 것이 1983년 12월 레이건(R. Reagan) 대통령의 특사 럼스펠드(D. Rumsfeld)의 바그다드 방문 및 후세인 대통령과의 회담이다. 2003년 부시 대통령(G. Bush)의 국방장관으로서 '이라크를 공격해야 한다'는 논의를 선도했던 바로 그 럼스펠드이다.

이렇게 역외 대국의 지원을 받으면서 이라크는 전쟁이 종결할 때까지 그 견고한 방위선을 끝까지 지켜냈다. 이라크의 방위선을 지켰던 것은 다른 무엇보다도 미국의 이란에 대한 봉쇄 정책이었다. 샤트알아랍강은 이란군의 희생으로 붉게 물들어, 실로 '피의 하천'이 되었다.

1987년 7월, 미국의 제안에 의해 유엔 안보리 결의 제598호가 성립되었다. 이것은 전투의 즉시 중지와 국제적으로 인정되는 국경선까지의 즉시 철수를 요구했다.

제598호 가운데 즉시 정전 조항은 중립적이었지만, 이 시기에는 아직 이란이 약간의 이라크 영토를 점령하고 있었기 때문에 국경선까지의 즉시 철수라는 부분은 이라크를 편드는 것이었다. 이란은 상당수 젊은이의 피를 통해 얻은 토지를 아무 보상도 얻지 못한 채 포기하도록 요구받았으며, 이란 측에서 볼 때 이는 부조리한 결의였다.

이 전쟁에 관한 유엔 결의의 전례(前例)에 비추어보면, 그 부조리함이 더욱 두드러진다. 앞에서도 살펴본 것처럼, 이란 · 이라크전쟁이 시작되었을 때 유엔 안보리 역시 즉시 정전을 요구하는 결의 제479호를 성립시켰다. 그렇지만 이라크가 이란 영토를 점령하고 있었음에도, 이 시기에는 그 장소에서의 정전을 요구했고 국경선까지의 즉시 철수는 요구하지 않았다.

이란이 우세했을 때에는 이라크 영토의 점령이라는 기정사실을 추인하는 것과 같은 '그 장소'에서의 정전을 요구하고, 형세가 역전되면 이란에 그 점령지를 포기하도록 유엔 안보리가 압력을 가했다. 또한 이 결의를 수락하지 않을 경우에는 제재를 부과한다고 제598호는 논하고 있다.

이란은 이러한 불공평한 결의를 받아들일 수 없었다. 일본과 서독(당시)은 전장(戰場)에서의 현실을 더욱 충실하게 반영한 결의, 즉 이란에 좀 더 받아들여지기 쉬운 결의로 하자고 주장했다.

그러나 미국은 강경했으며, 이를 사우디아라비아 등의 아랍 국가들이 뒷받침했다. 아랍 산유국과 미국이 공동보조를 취하자, 이에 저항하는 것은 일본이나 서독 모두 불가능했다. 소련도 거부권을 행사하지는 않았다. 고르바초프(M. Gorbachev)가 '신사고(新思考) 외교'를 전개했던 시기, 크렘린(Kremlin)의 견지에서 최우선 과제는 대미 관계였지 중동에서의 자국의 영향력 유지와 확대는 아니었다. 아무리 강하게 이란에 맞서도 소련이 이란을 끌어안을 일은 없다고 판단한 미국은 강경했다. 이리하여 안보리 결의 제598호가 성립되었다.

이라크는 바로 결의를 수락한다는 의사를 표명했다. 전장에서 상실한 것을 유엔 결의의 수락으로 그 어떤 대가도 지불하지 않고 다시 돌려받을 수 있기 때문에, 이는 당연한 것이라고 할 수 있다. 문제는 이란의 대응이었다. 미국은 이란이 결의를 거부할 것이라고 예상하고 이를 기대하고 있었다. 거부가 제재를 개시하는 구실이 될 것임은 틀림없었다. 언론에서는 경제 제재가 상정되어 이란 원유에 대한 수입 금지 등의 조치도 있을 것이라고 논의되었다. 이를 통해서 이란이 계속 전쟁할 능력에 괴멸적인 타격을 가하여, 정전으로 내몰 수가 있다는 계산이었다.

이란은 그러한 미국의 속셈을 간파한 듯이, 명확한 대응을 피했다. 결의에는 평가할 수 있는 점도 있지만, 문제점도 있다는 정도의 코멘트를 할 뿐, '예스(yes)'와 '노(no)' 중에서 명확하게 말하지 않았다. 이에 따라 미국은 제재를 발동할 수 있는 대의명분을 상실했다.

이라크의 미사일 공격

1988년에 들어서자 전쟁의 상황이 변하기 시작했다. 이미 살펴본 것처럼, 소련 등으로부터 대량으로 무기를 수입함으로써 이라크군의 장비는 질과 양에서 모두 이 무렵까지의 이란을 압도하게 되었다. 또한 인구가 이란의 3분의 1인 이라크가 전선(前線)에 대한 동원 병력에서는 이란을 상회하여, 군사적인 균형은 이라크로 기울어졌다. 이러한 군사 균형의 변화가 전장을 움직였다. 예상되었던 이란군에 의한 이라크 남부지역에 대한 정면 대공세는 실현되지 않았고, 거꾸로 이라크군이 반격에 나섰다. 전쟁 초기의 공세 이래, 처음으로 이라크군이 방위 진지를 버리고 전진하여, 이란군이 확보했던 이라크 영토를 점차 탈환했다.

페르시아 만 연안에서는 이란의 석유 수출 시설과 유조선이 이라크 공군의 폭격을 받아 큰 타격을 입었다. 이란은 쿠웨이트의 유조선을 공격함으로써 보복했다. 쿠웨이트가 이라크에 자금을 지원했기 때문이다. 쿠웨이트는 당초 소련에, 다음으로 미국에 유조선의 호위를 요청했다. 미국이 이에 응했다. 페르시아 만에 미국 함대가 증파되고, 그 가운데 1척이 기뢰(機雷)로 파손되었다. 이에 대한 보복으로 미국 해군은 페르시아 만 해상에 있는 이란의 석유개발 시설을 공격했고, 유조선을 호위하는 미국 해군과 이란이 소규모이지만 서로 충돌했다.

이란 측에 또 한 가지 커다란 타격을 입혔던 것은 이라크에 의한 미사일 공격이었다. 이라크가 소련으로부터 수입한 스커드 미사일을 개량하여 그 비행 거리를 늘려 테헤란을 사정거리로 두었던 것은 앞에서 논한 바 있다. 1988년에 들어서자, 이 미사일이 수도 테헤란을 포함한 이란의 대도시에 비처럼 쏟아졌다. 미사일의 정밀도가 낮았기 때문에 군사적인 타격은 제한적이었지만, 그 심리적 효과는 헤아릴 수 없을 정도로 컸다. 테헤란 시민은 전쟁의 충격을 직접적으로 받게 되었다.

이리하여 전쟁 국면이 이란 측에 불리하게 돌아가고 있던 1988년 7월, 두바이를 떠난 이란 항공의 에어버스가 페르시아 만 상공에서 미국 해군 함정 '빈센스호'에 의해 격추되어 탑승했던 승무원과 승객 290명 전원이 사망하는 참사가 발생했다. 미국 측의 설명에 따르면 함정은 공해상에 있었는데, 접근해오는 항공기를 이란 공군의 F-14 전투폭격기로 오인했다는 것이다.

이란의 지도층은 이것을 오발사고라고 인식하지 않고, 미국이 고의로 민간 항공기를 격추했다고 해석했다. 미국이 공개적으로 이란에 선전포고를 했다고까지 받아들인 것이다. 이러한 새로운 상황을 받아들여 당시 국회의장이었던 라프산자니가 최고지도자 호메이니를 설득한 결과, 호메이니는 이 이상으로 전쟁을 속행하는 것은 이란의 이슬람 체제의 존속 그 자체를 위협한다는 판단에 도달했다.

그리고 7월, 이란은 결의 제598호의 수용을 발표했다. 이것을 호메이니는 "독을 마시는 것보다 맵다"라고 표현했다. 그 후 이라크군의 정전 직전 막바지 공세는 있었지만, 8월에는 정전이 발효되었다. 미국이 이란혁명을 억누른 형태였다. 워싱턴의 정책 담당자 사이에서 정책의 성공을 축하하는 환호성이 울려 퍼졌다. 이란은 혁명의 무력에 의한 수출 노선을 포기하고, 당분간은 '일국 이슬람 혁명주의' 노선을 걷게 되었다.

참고로 에어버스를 격추한 '빈센스호'가 당시 발표와 달리, 실제로는 이란 영해 내에 있었다는 사실이 미국의 주간지 ≪뉴스위크≫에 의해 폭로된 것은 그로부터 4년 후인 1992년 7월이었다.

이집트와 이란

개전 시인 1980년 9월의 시점으로 돌아가면, 이 시기 미국과 이란은 교섭 중에 있었다. 교섭이 시작된 배경에는 1980년 7월 말 샤가 카이로에서 객사한 일이 있었다. 미국은 테헤란에 체포되어 있는 52명의 인질에 대한 석방을 요구했고, 이란은 구미에 동결되어 있는 자산을 되돌려 줄 것을 요청했다.

카터 정권은 샤를 미국에 입국시켰지만, 대사관 사건의 해결을 위해서 샤에게 미국을 떠나도록 요구했다. 샤는 우선 파나마(Panama)로 이동했다. 이란이 그 신병의 인도를 파나마에 요구하자, 이번에는 이집트로 거주지를 옮겼다. 이집트의 사다트 대통령이 샤를 받아들였기 때문이다. 과거에 샤는 이집트 파루크 국왕(Farouk I)의 여동생을 처로 두었다. 이 결혼은(결국에는 이혼으로 끝났지만) 이집트와 이란 두 왕가(王家)의 결합이었다. 실제로는 그 파루크를 실각시킨 쿠데타를 나세르(G. Nasser) 등과 함께 실행했던 이가 사다트였다. 사다트는 이집트와 이란 두 왕가의 몰락을 지켜본 것이다.

파루크를 무너뜨린 나세르가 아랍 민족주의를 내세우며 이란의 신경을 건드렸기 때문에, 이집트와 이란의 관계는 한동안 험악해졌다. 예를 들면 나세르는 페르시아 만을 아라비아 만으로 부르고, 이란 서남부의 산유 지대인 후제스탄을 아라베스탄(Arabestan)으로 부르면서 해방되어야 한다고 주장했다. 이 지역에 아랍계 사람들이 많았기 때문이다.

1970년에 나세르가 사망한 이후 사다트가 후계자가 되자, 이란과의 관계는 개선되기 시작했다. 사다트의 이집트는 왕정인 사우디아라비아로부터 자금 원조를 받았고, 나세르에 비해 보수적이었다. 나중에 사다트는 미국에도 접근한다. 이것도 친미인 이란과 보조를 함께 맞춘 것이었다. 이란과 이집트 사이의 관계는 개선되어 석유 붐을 구가하고 있던 이란으로부터 이집트에 대한 경제 원조가 행해지게 되었다. 한 가지 사례를 들어보면, 샤는 카이로 시민을 위해 다수의 새로운 버스를 증정했다. 개인 차원에서도 사다트와 파장(波長)이 있었던 것으로 보인다. 사다트가 샤의 최후를 지켜본 배경이었다.

미국인의 반(反)이란 감정

샤가 사망하자, 이란인들도 미국이 샤를 이용해서 반(反)혁명의 움직임에 나서게 될 것이라고 걱정하지 않게 되었고, 교섭은 순조롭게 이루어지기 시작했다. 그렇지만 그 직후 양자 간의 대화 분위기가 급변했다. 이라크가 이란에 대한 공격을 시작하자, 이란은 이것을 미국의 사주라고 판단했기 때문이다. 미국은 샤가 아니라, 이번에는 사담 후세인을 이용하여 혁명을 공격했다고 이란인들은 생각한 것이다.

이란인의 판단이 전적으로 빗나간 것은 아니었다. 미국은 이란의 국내 정세에 대한 정보를 요르단과 사우디아라비아 등 친미 정권에 흘려보냈으며, 이란 국내의 혼란 상황은 이러한 국가들을 통해서 이라크에 전달되었기 때문이다. 무엇보다 별도로 미국 CIA로부터 정보제공을 받지 않아도, 이란 국내의 혼란은 신문을 읽으면 누구의 눈에도 명백하게 보였다. 어쨌든 이라크가 이란을 공격함으로써 미국을 대신하여 이란을 징벌하는 형태였다.

분위기는 악화되었지만 결국 이란은 미국과의 교섭에 응했다. 이라크와의 전쟁이 이란에 압력이 되었던 것은 확실할 것이다. 전쟁 비용은 막대하며, 동결되었던 자산이 되돌아온다면 이란의 입장에서는 고마운 일이다. 또한 이슬람 법학자의 지도(指導)를 명기한 헌법의 비준을 얻었던 호메이니에게 이 시기까지는 인질 사건의 이용 가치가 없어지게 되었을 것이다. 미국인 52명의 인질에 대한 석방이 합의되었다. 대가는 이란 자산 80억 달러의 동결 해제였다. 카터의 임기 종료까지 실로 36시간 전의 일이었다. 1980년 11월, 대통령선거에서 패배한 카터 대통령에게 인질 석방은 은퇴의 장식이 될 것이었다.

1981년 1월 20일 카터 대통령의 임기 마지막 날, 즉 로널드 레이건 대통령의 취임 첫 날, 미국인 인질들이 공항에 모여서 비행기에 탑승했다. 레이건의 취임식 2시간 전이었다.

그러나 비행기는 이륙하지 못했다. 그리고 레이건의 취임 선서가 끝났다. 그 직후 미국인 인질들을 태운 비행기가 '자유'를 향해 이륙했다. 선서 20초 정도 후의 일이었다고 관계자는 증언하고 있다. 이란 측은 카터의 임기 중 인질 문제의 해결을 허락하지 않았다. 인권을 구가하면서 인권을 유린했던 샤를 지지했던 카터에게 이란의 혁명 지도층은 창피를 줬다. 이 444일에 달하는 인질 사건은 미국인의 의식에 깊은 반(反)이란 감정을 남기게 되었다.

이란 · 콘트라 게이트

이란 · 이라크 전쟁 중 미국의 이란 정책 가운데에서 주목되는 것은 미국이 비밀리에 이란에 무기를 수출했던 '이란 · 콘트라 게이트' 사건이다. 이것은 커다란 사건이었다. 이 사실은 레바논 신문에 의해 폭로되었다. 왜 단순히 이란 게이트가 아니라 '콘트라'라는 이름이 더해졌는가 하면, 미국이 비밀리에 이란에 무기를 매각하고 그 대금을 니카라과에서 싸우고 있던 '콘트라'라고 불리는 우파 게릴라의 지원을 위해 전용했기 때문이다.

'게이트'라는 것은 1974년 닉슨 대통령을 사임으로 내몰았던 민주당 본부 도청사건에서 기원한다. 1972년 대통령선거 때 현직으로 공화당 대통령 후보였던 닉슨이 민주당 본부의 도청을 지시했던 이 사건은, 민주당 본부가 워싱턴의 워터게이트라는 장소에 있었기 때문에 '워터게이트 사건'으로 알려지게 된다. 그 이후 미국 언론은 대형 스캔들에는 'XXX 게이트'라는 명칭을 붙이게 된다.

이란은 대금을 지불했을 뿐만 아니라, 무기 공급에 따른 보상 중의 일부로 레바논에 체포되어 있던 미국인의 석방을 위해 진력했다. 미국인을 납치했던 것은 시아파 그룹이었는데, 이란이 영향력을 지니고 있었기 때문이다. 레바논의 시아파와 시아파 국가인 이란 사이에는 밀접한 관계가 존재한다.

이 사건이 복잡한 것은 이란과 미국 관계 이외의 요소, 즉 니카라과 문제도 서로 얽혀 있었기 때문이다. 당시 레이건 정권은 '콘트라'라고 불리는 니카라과의 반(反)정부 게릴라를 지원했지만, 미국 의회의 반대로 충분한 원조를 할 수 없었다. 니카라과 정권은 좌파 정권이어서, 레이건 정권은 우파인 반정부 게릴라를 지원하여 그 전복을 노린 것이었다.

또 한 가지 목표는 이미 언급했던 레바논에서의 미국인 인질의 석방이다. 그렇지만 물론 전략적으로 가장 중요했던 것은 무기 매각으로 인해 영향력을 확보하고, 호메이니의 사망 이후 이란이 소련에 굴복하지 않도록 하고자 하는 생각이었다.

정리해보면 이란에 대한 무기 매각에는 다음과 같이 세 가지 목표가 있었다.

① 니카라과의 반정부 게릴라인 콘트라에 대한 자금 조달

② 레바논에서의 미국인 인질의 석방을 위한 이란의 협력 확보

③ 호메이니 이후를 목표로 이란에 대한 영향력 확보

이러한 이란에 대한 무기 공여(供與)라는 사건의 배경에는 복선이 있었다. 그것은 이란 · 이라크 개전 직후부터 이스라엘의 동향이었다. 이스라엘에 적대적인 이라크와 이란 양국이 장기간의 전쟁으로 인해 국력을 소모하고 있다. 이것은 이스라엘에게는 이상적인 전개이며, 이 전쟁은 이스라엘에게는 하늘로부터의 도움이었다.

현실은 이러한 이상에 따라 전개되었다. 그렇지만 이라크의 단기간 승리가 예상되었던 서전 단계에서 이스라엘의 국익은 이라크의 승리를 저지하는 것에 있었다. 이란의 유전 지대까지 지배하게 될 경우, 이라크는 터무니없게도 강국으로 성장하게 된다. 이스라엘은 그것을 허용할 수 없었다.

대사관 인질 사건으로 인해 이란은 고립되었다. 그 대부분의 무기는 샤의 시대에 수입되었던 미국제였다. 그렇지만 미국이 교환 부품의 공급을 중단했기 때문에 이란군의 무기는 가동률이 떨어졌다. 무기는 첨단 기술이 되면 될수록 부품 소모가 심하다. 일정 횟수 및 일정 시간 동안 사용한 이후에는 기본적으로 부품의 교환이 필요하다. 예를 들면, 이란 공군의 주력 F-4 전투 폭격기는 타이어를 교체하지 않으면 바로 이착륙이 불가하게 된다.

그러한 이란 측에 미국제 무기의 교환 부품을 제공했던 것은 미국제 무기로 무장한 국가인 이스라엘이다. 물론 이스라엘 측으로부터 공개적이고 직접적으로 부품이 이란에 수출된 것이 아니라, 유럽에 존재하

는 몇 군데 유령회사를 통한 거래였다. 이스라엘로부터 이란에 흘러들어간 것은 교환 부품에 머물지 않고 다종다양한 무기가 수출되었다. 어느 관계자는 그 총액을 200억 달러로 추산하고 있다. 이란의 최고지도층에 의한 결단이 없이는 일어날 수 없는 일이다. 이스라엘과 이란이 '샤 시대'의 동맹 관계를 실질적으로 회복했다는 관점마저 있었다. 이러한 이스라엘과 이란의 비밀 채널이 이란 · 콘트라 게이트 때 사용되었다.

이 시기 이란과 이스라엘의 협력 관계와 관련된 사례를 또 한 가지 들어보겠다. 개전과 동시에 이스라엘군 간부가 바그다드 교외 오시라크(Osirak)에 프랑스 기술로 건설 중이었던 원자로의 공격을 공공연하게 호소했다. 호소에 응하는 것처럼 이란 공군이 폭격을 시도했지만, 역부족으로 실패했다. 실패하기는 했지만, 이스라엘과 이란이 이라크에 관해서 이해(利害)를 공유하고 있다는 사실을 적나라하게 드러낸 사건이었다. 뒤에 다루게 되는 바와 같이, 이 원자로는 1981년 6월 이스라엘 공군의 폭격에 의해 파괴된다.

제 8 장

냉전 종식 이후의 중동

걸프 전쟁, 9 · 11, 이라크 전쟁

남겨진 두 개의 목표

1998년 안보리 결의 제598호의 성립에서부터 1988년 정전 실현까지의 시기가, 어떤 의미에서는 그 이후 페르시아 만 연안을 둘러싼 정세의 행방을 결정했다. 왜냐하면 이 기간에 이라크가 군사력으로 이란을 압도하게 되었기 때문이다.

이에 의해 이라크는 이란의 위협으로부터 해방되었다. 이란의 군사력이 저하되고 있는 동안, 이라크군에는 행동의 자유가 있었다. 이 전쟁을 통해서 이라크군은 화학무기와 미사일로 무장한 총병력 100만 명의 '프랑케슈타인'으로 성장했다. 이 괴물을 묶어 놓고 있던 이란의 압력이라는 사슬이 끊어짐으로써, 이란 · 이라크 전쟁이 끝났을 때에 프랑케슈타인은 자유롭게 걸어 나갈 수 있는 상태에 있었다.

그 이후 중동지역의 정세 전개 가운데 1980년대 말 일어난 국제정치의 지각변동을 이해할 필요가 있다. 왜냐하면 그 변동이 미국의 중동정책을 변화시켰기 때문이다.

지각변동이란 말할 필요도 없이 냉전의 종결이다. 상징적으로는 1989년 11월 9일 베를린 장벽의 붕괴를 통해 냉전은 종결된 것으로 간주되었다. 그렇지만 중동의 입장에서 본다면 냉전은 그 2년 전에 종결되었다. 이미 살펴본 것처럼 1987년 이란에 정전을 요구하는 안보리 결의 제598호가 성립되었다. 미소가 협력하여 이란의 야심을 억제한 사례이다. 또 한 가지 냉전 종결의 징후를 든다면, 같은 1987년 소련은 아프가니스탄으로부터의 철수를 표명했다. 그리고 1989년 실제로 아프가니스탄에서 군을 철수시켰다. 냉전은 우선 중동에서 끝났다.

냉전의 종식은 미국의 중동정책에 무엇을 가져왔을까? 냉전 시기 미국 중동정책의 세 가지 목표를 다시 살펴보도록 하겠다. ① 소련의 봉쇄, ② 석유의 확보, ③ 이스라엘의 안전보장이었다. 냉전이 종결됨으로써, ①을 고려할 필요가 없어졌다. 그리고 1991년에는 소련 자체가 소멸해버린다. 냉전 이후 미국의 중동정책 목표는 석유의 확보와 이스라엘의 안전보장 두 가지뿐이었다.

양자의 균형을 유지하는 것은 여전히 어려웠지만, 소련의 봉쇄라는 과제가 없어진 만큼 편해졌다. 이에 따라 안심하고 이란에 압력을 가하게 되었다. 냉전 종결이 미국에 가져온 과실(果實)이라고 할 수 있다. 1987년 미국은 소련의 협력을 얻어 이란에 불리한 안보리 결의 제598호를 성립시켰다. 1988년에는 이란 해상의 석유시설 등을 폭격하고, 결국 대(對)이라크 전쟁의 정전을 이란에 요구했다. 그해 8월, 이란·이라크 간의 전투가 멈췄다.

걸프 전쟁

이 1988년은 미국에서는 대통령선거의 해였다. 레이건 정권에서 부

대통령을 맡았던 부시가 공화당 후보가 되어, 민주당의 듀카키스(M. Dukakis) 후보를 격파하고 당선되었다. 1989년 1월 취임하면서 레바논에서 인질이 되었던 미국인에 대해 언급하고, 그 석방을 위해 도움을 제공해줄 것을 암시적이지만 이란에 요구했다. "선의(善意)는 선의를 부른다"라는 말로 조력에 대한 보상을 시사하고, "위대한 국가는 …… 약속을 지켜야만 한다"고 계속 말을 이었다.

부시는 유엔의 쿠에야르(J. P. de Cuéllar) 사무총장에게 이란에 대한 중재 역할을 요구했다. 쿠에야르는 이라크의 화학무기 사용을 비난함으로써 이란에 의해 평가를 받았기 때문이다. 쿠에야르가 파견한 특사가 이란에 노력해줄 것을 요구했다.

1990년 8월 이라크가 쿠웨이트에 침공하여 걸프 위기가 발생하자, 미국은 이라크에 압력을 가하기 위해 이란의 협력이 필요해졌다. 이라크도 역시 필사적으로 이란의 협력을 요구했다. 이란은 미국을 선택했다. 걸프 위기 및 걸프 전쟁의 기간 동안, 이란은 중립을 유지함으로써 중동 지역에서 이라크는 결정적으로 고립되었다.

1991년 걸프 전쟁에서 미국은 압도적인 승리를 거두었다. 또한 미군은 이란의 근린 지역에 주둔했다. 테헤란에서는 이것이 큰 압력으로 느껴졌을 것이다. 이란의 라프산자니 대통령은 레바논에서 유괴된 상태인 미국인의 석방을 위한 공작을 전개했다. 이란은 레바논의 '시아파 조직' 헤즈볼라에 대해 원조를 제공했다. 그 이란이 헤즈볼라를 설득하여 미국인들을 석방시켰다. 이란은 미국으로부터의 보상을 기다렸다.

그런데 부시 정권의 간부들 사이에서의 논의 가운데 이란에게 보상을 제공하자는 제안이 부결되었다. 당시 유럽에 망명 중이던 반체제파 이란인이 암살되는 사건이 계속되었던 점 때문에, 이란의 행동이 받아들여질 수 없다는 인식이 강했다. 이때 희생자 중의 한 명이 앞에서 논한 바흐티야르 전임 총리였다. 이 사건에 대해 이란 정부는 부인했지만, 미국은 이란 첩보기관의 관여를 의심했다. 또한 호메이니가 사망하기 전에 나온 『악마의 시(The Satanic Verses)』의 작가[1]에게 사형을 선언한 파트와(fatwa, 종교적 판결)도 있었다. 이란에 대한 보상을 제안했던 안보 담당 보좌관이었던 스코크로프트(B. Scowcroft)는 논의에서 졌다. '선의는 선의'를 부르지 못했다. 부시 대통령의 취임 연설도 헛되게, 결국 위대한 국가는 약속을 지키지 못했다.

이중봉쇄

그리고 1992년 대통령선거에서 민주당 클린턴 후보가 부시를 격파했다. 부시를 대신하여 백악관의 새로운 주인이 된 클린턴의 이란 정책에는 제목이 붙여져 있다. 바로 '이중봉쇄'이다.

여기에서 이중(二重)이란 이라크와 이란 양국을 의미한다. 당시 이라크는 어찌되었든 이란이 봉쇄되어야 할 이유는 무엇이었을까? 미국에 의하면, 이란은 다음과 같은 몇 가지 죄를 지었다. ① 핵무기를 개발하고 있다. ② 국제 테러의 지원자(sponsor)이다. ③ 인권을 억압하고 있다. ④ 중동평화에 반대하고 있다. 핵무기 개발에 관해서 이 시기에 미국 정부는 구체적인 증거를 제시하지 않았다. 그렇지만 이란이 세계에서 조달하고 있는 설비가 오로지 핵의 평화적 이용을 위한 것이라고 하기에는 너무 고성능이라는 점이 의혹의 근거였다. 이 점에 관해서는 이

1 살만 루쉬디(Sir. A. S. Rushdie)를 지칭한다. _ 옮긴이 주

책의 앞부분에서 이미 소개했다.

이 당시, 이미 미국의 정보 당국은 이란 핵 관련 시설의 위치를 특정했음에도 불구하고 그 정보력을 숨기기 위해서 공표하지 않았는가, 혹은 단순히 정보를 갖고 있지 못했는가의 여부는 불명확하다. 그렇지만 2002년 이후 국제원자력기구(IAEA)의 조사 등에 의해서, 이란이 1990년대에 이미 비밀리에 핵개발을 추진했다는 사실이 밝혀지게 된다.

봉쇄를 내세웠지만 클린턴 정권이 실제로 엄격하게 이란을 압박하려고 했던 것은 아니었다. 사실 미국 기업은 이란 원유를 수입했었고, 이란은 관계를 개선하려는 제스처로 자국에서의 석유개발권을 미국의 회사 코노코(Conoco)에 주려고까지 했다. 이것은 이미 소개한 전례를 상기시킨다. 즉 말기의 카자르 왕조가 이란 북부의 석유개발권을 미국 기업에 주어 워싱턴에 접근하고자 했다. 그때는 영국의 반대가 이와 같은 시도를 방해했다. 그렇지만 이번에는 영국이 아니라 미국 의회의 압력이 좌절하는 배경이 되었다.

대(對)이란 정책의 경직화

이란에 대한 압박을 강화한 것은 미국 의회이다. 공화당은 민주당의 클린턴 정권을 공격하는 수단으로 이란을 이용했다. 이란에 대해서 백악관이 약하다는 비판을 전개했기 때문에, 클린턴 정권도 이란에 약하게 대할 수 없게 되었다. 1995년 3월, 클린턴은 선수를 쳐서 대통령령을 공포하여 이란과의 통상을 금지했고, 미국 회사 코노코와 이란 간의 교섭은 물거품으로 돌아갔다.

그럼에도 의회는 납득하지 않았다. 1994년 중간 선거에서 공화당이 상하 양원에서 과반수를 차지했기 때문에, 의회는 클린턴 대통령보다도 이란에 대해 엄중한 조치를 도입했다. 대통령령의 공포 직후에 공화당은 「이란 · 리비아 제재법(ILSA)」을 제안하여, 1996년 8월에 성립시켰다. 이것은 이란과 리비아 양국의 에너지 부문에 2,000만 달러 이상의 투자를 행하는 외국 기업에 제재를 가하는 것을 내용으로 하고 있다. 미국이 이란에 대한 투자를 이유로 자국 기업을 처벌하는 것은 물론이고, 외국 기업에 대해서까지 제재를 가하도록 되어 있다. 자국의 법을 타국의 기업에까지 미치도록 하는 것이었기 때문에, 국제법적으로는 터무니없는 것이다. 그렇지만 터무니없음을 알면서도 한 입법이었다. 당시 백악관과 미국 의회 중 어느 쪽이 강하게 이란을 때릴 것인가 하는 경쟁을 하고 있는 것처럼 보였다.

그 배경에 있었던 것은 1996년 11월의 대통령선거이다. 「이란 · 리비아 제재법」이 성립된 지 3개월 후인 11월에 클린턴은 공화당의 돌(B. Dole) 후보를 물리치고 재선에 성공했다. 공화당은 클린턴의 이란 정책을 격렬하게 공격했지만, 클린턴의 인기를 이길 수가 없었다.

클린턴 대통령 시대는 인터넷 산업이 폭발적으로 성장하는 시대였으며, 미국은 호경기에 들끓고 있었다. 실업률은 내려갔으며 재정은 흑자였다. 재정이 흑자가 되는 등의 '이상한' 사태는 1950년 아이젠하워 대통령 시대 이후 처음 있는 일이었다. 클린턴의 8년간을 아이젠하워의 8년간과 비교해보면, 양쪽 모두 새로운 전쟁을 시작하지 않았던 대통령이라는 점에서 일치한다. 아이젠하워는 한국전쟁을 계승했지만 휴전을 시켰다. 클린턴도 대규모 군사개입에는 소극적이었다. 전쟁처럼 재정을 적자로 만드는 것도 없다. 두 대통령이 재정의 건전성을 지킨 이유이다.

미국의 대(對)이란 정책이 경직화된 배경에는 물론 수차례나 언급해온 것처럼 소련의 소멸이 있었다. 미국은 대통령령에 의해 이란과의 거래 금지, 그리고 「이란 · 리비아 제재법」에 의한 외국 기업에 대한 압력 등 잇달아 펀치를 날렸다. 이란이 샌드백인 것 마냥 계속 때렸다. 샌드백의 입장에서는 되받아칠 방법이 없었다. 영국과 러시아의 제국주의 시대에는 양국 사이에서 샌드위치가 되었고, 미국의 일극 패권 시기에 이란은 샌드백이 되었다.

미국이 이란을 공격한 배경에는 이스라엘의 의향도 있었다. 이스라엘의 라빈(Y. Rabin) 총리와 페레스(S. Peres) 외교장관은 1993년 「오슬로 협정」 이후 팔레스타인해방기구(PLO)의 아라파트(Y. Arafat)와의 평화를 유권자에게 선전할 때 악자(惡者)를 필요로 했다. 그것이 이란이었다. 이스라엘에게 진정한 위협은 아랍 국가들이 아니라 이란이라는 논법이었다.

걸프 전쟁에서 이라크군이 큰 타격을 받은 이래, 사실상 이스라엘을 군사적으로 위협할 수 있는 아랍 국가는 남아 있지 않았다. 남은 위협인 이란에 대해 준비하는 데 주력하기 위해 팔레스타인 사람을 포함한 아랍 세계와의 평화가 필요하다는 논의였다.

1990년대 전반에는 아르헨티나 부에노스아이레스(Buenos Aires)의 '유대인 단체' 관련 시설이 폭파되는 사건 등이 계속 발생했다. 앞에서도 다루었지만, 유럽에서는 1991년 8월에 망명 직전의 샤가 임명한 최후의 이란 총리인 바흐티야르가 암살되었다. 이란으로부터 온 다른 망명자의 암살도 일어났다. 이란 정부는 부인했지만, 이란 첩보기관이 그 배후에 있는 것은 아닌가 하는 혐의가 떠올랐다. 이란을 악자로 만들기 위한 재료로 삼기에는 부족함이 없었다.

클린턴 정권의 접근

1996년 미국 대통령선거에서는 예상대로 클린턴이 재선에 성공했는데, 이듬해 이란 대통령선거에서는 예상 외로 개혁을 내세운 하타미(M. Khatami)가 큰 격차로 압승했다. 이란의 대통령 제도는 미국과 같은 1기 4년제이며, 2기까지 재선을 인정하고 있다. 하타미는 1997년부터 2005년까지 2기 8년을 맡았다. 이 하타미가 대통령이었던 8년 중 마지막 3년은 미국에서는 클린턴이, 나머지 5년은 부시가 대통령이었다. 제2기를 맞이한 클린턴 정권은 하타미 대통령의 개혁 노선에 흥미를 보였다. 그리고 클린턴 정권에는 이란에 통하는 통로가 몇 가지 있었다. 우선 각료이다. 대통령은 여성을 '잘 보살펴' 주었다. 백악관의 연수생이었던 르윈스키(M. Lewinsky)와의 스캔들을 상기시키며, 너무 잘 보살펴줬다는 견해도 강할 것이다. 클린턴은 대통령에 취임하자 3명의 여성 각료를 임명했다. 법무장관에 리노(J. Reno), 에너지장관에 오리어리(H. O'Leary), 그리고 보건 · 복지장관에는 샬랄라(D. E. Shalala)를 임명했다. 이 샬랄라는 클린턴 대통령의 2기 8년간에 걸쳐 같은 부처의 장관을 맡았다. 동 부처의 이제까지 20명의 역대 장관들 가운데 이 정도로 장기간에 걸쳐 장관을 맡았던 인물은 샬랄라뿐이다.

위스콘신 대학 학장에서 천거된 샬랄라는 레바논 계통의 기독교도로 1962년부터 1964년 동안에 걸쳐 평화봉사단(Peace Corps)의 일원으로서 이란에서 활동했다. 이 평화봉사단은 케네디 대통령 시대에 시작된 미국 젊은이에 의한 발전도상 세계에의 봉사 활동으로, 수많은 청년들이 의료와 교육 분야에서 활동했다. 케네디 시기의 이상주의를 반영한 활동으로 일본의 '청년 해외협력대' 등도 이 평화봉사단의 이념으로부터 영향을 받았다. 이러한 샬랄라의 취임으로 인해 미국은 처음으로 페르시아어를 구사할 수 있는 각료를 얻었다. 그렇지만 샬랄라가 클린턴의 이란 정책에 영향을 미쳤는지의 여부는 확인할 수 없다.

제2기째에 들어서자 클린턴은 더욱 주목을 끄는 높은 자리에 여성을 등용했다. 1기 시절의 크리스토퍼(W. Christopher)를 대신하여 올브라이트(M. Albright)가 국무장관이 되었다. 국무장관은 각료 자리의 필두이다. 즉 행정부에서는 대통령, 부통령에 다음가는 세 번째 지위에 있다.

이 올브라이트 아래에서 국무부 대변인을 역임한 사람이 루빈(J. Rubin)이었다. 올브라이트는 국무장관이 되기 전에는 미국의 유엔 대표를 맡았고, 루빈은 이 시기부터 올브라이트의 측근이었다. 국무부 대변인은 미국의 정책을 세계를 향해 설명하는 정부의 얼굴이다. 그 중요성으로 인해서 국무장관뿐만 아니라 대통령과도 직접적으로 면담할 기회가 많은 요직이다.

1960년 출생한 루빈은 이 요직에 취임할 당시 37세였다. 독신이고 장신(長身)이며 잘생긴 3박자를 두루 갖춘 루빈은 워싱턴 사교계에서는 가장 바람직한 남편감이라고까지 불렸다. 그 루빈의 연인으로 후에 아내가 되는 사람이 CNN의 스타 기자인 아만푸어(C. Amanpour)였다. 아만푸어의 부친은 이란인으로 혁명 발발 이전까지는 이란 항공에서 근무했으며 아만푸어는 유아기를 이란에서 보냈다. 그러한 환경으로 인해서 페르시아어를 능숙하게 구사하는 저널리스트였다.

이 아만푸어는 1990년대 유고슬라비아의 붕괴 과정에서 발생한 전쟁 보도로 유명해졌다. 그리고 현지와 미국을 잇는 TV 실황 프로그램에서 미국에 있던 클린턴 대통령과 동시에 출연했을 때에 클린턴의 발칸 정책을 "항상 휘청거리고 있다"라고 얼굴을 마주보고 비판하여, 당시 대통령을 TV 화면에서 쩔쩔매게 했다.

미국이 발칸에 대한 개입을 결정한 배경에는 아만푸어 등 저널리스트의 보도가 있었다는 견해가 넓게 받아들여지고 있다. 하타미 대통령 시기, 아만푸어는 이란을 빈번하게 방문하고 개혁의 흐름이 얼마나 강한가와 관련된 프로그램을 제작했으며, 1998년 1월에는 하타미 대통령과의 독점 인터뷰도 했다. 그 모든 프로그램을 CNN이 방송했다.

아만푸어를 하나의 통로로 해서 이란과 미국 사이에 간접적인 대화가 이루어졌다.

하타미의 미소(微笑) 외교

양자 사이의 큰 응어리를 녹이기 위해서는 상호 접근이 불가결하다. 한편으로 이란은 미국에 의한 1953년 쿠데타에 대해 사죄를 요구했다. 다른 한편으로 미국은 1979년부터 1981년에 걸쳐 테헤란에서 일어난 미국 대사관 점거 사건에 대해 사죄를 요구했다. 쌍방은 주저하며 서로를 향해서 가기 시작했다.

2000년 3월에 올브라이트 국무장관이 과거 이란에 대해 행했던 미국의 정책상의 과오에 관해서 처음으로 언급했다. 예를 들면 "미국이 관여했던 1953년 모사데크 정권을 전복시킨 쿠데타는 이란의 정치적 발전을 역행시킨 것이었다"라든지, "미국이 지원해온 샤 체제는 정치적 반대파를 탄압하는 체제였다", "이란 · 이라크 전쟁 중 미국의 이란 지원정책은 근시안적인 것이었다"라는 등의 내용이었다. 이란 측이 요구해온 1953년 쿠데타에 대한 간접적인 사죄로 받아들여지는 표현이다.

이란 쪽에서도 미국과의 관계 개선을 모색하는 흐름은 항상 존재했다. 반복되는 것이지만, 이란 국민 대다수는 워싱턴의 과거 이란 정책을 증오하면서도 미국에 대해 강한 동경을 하고 있다. 애증(愛憎)이 교차하는 감정을 갖고 있다. 그리고 걸프 만 위기 및 전쟁, 또한 그 후에 접촉하게 되는 아프간 전쟁 때 이란은 미국을 음으로 양으로 지원했다.

개혁파인 하타미는 '미소 외교'로 이란의 이미지를 바꾸고자 했다. 또한 앞에서 언급한 CNN과의 인터뷰 가운데, 미국 대사관 점거 사건이 미국인에게 상처를 주었다고 인정했다.

화해를 위한 최초의 한걸음이라는 표현이 과대평가라면, 쌍방은 반걸음을 내딛었다고 할 수 있다. 그렇지만 쌍방의 국내 사정이 그 이상의 움직임을 가로막았다. 미국에서는 이란에 대한 국민감정이 나빴기 때문에, 정치가들이 이란과의 관계를 개선하기 위해 움직이는 것은 선거 때 마이너스가 된다. 특히 미국의 유대계 시민은 이란을 경계하고 있다. 이란이 이스라엘을 적대시하고 있기 때문이며, 민주 · 공화 양당이 일치하여 추진해왔던 '중동평화 프로세스'에 이란이 반대해왔기 때문이다.

이 시기, 반걸음이라고 해도 클린턴이 앞에 나서게 된 것은 제2기째 대통령으로서 다음 선거에 걱정이 없었기 때문이라고 할 수 있다. 그렇지만 그 이상은 어려웠다. 국내에서의 반대가 여전히 강하고, 또한 부인 힐러리(H. Clinton)는 아직 수많은 선거를 치러야 할 것으로 예상되었기 때문이다. 그리고 예상대로 클린턴 부부가 백악관을 떠난 이후 힐러리는 뉴욕 주에서 선출된 상원의원이 되었으며, 2008년에는 민주당 대통령 후보지명을 놓고 오바마와 격렬하게 경쟁했다.

이란에서도 최고지도자를 포함하는 보수파의 반대가 강했다. 대미 관계 개선은 혁명 이란의 정체성을 위협한다는 인식도 있었다. 게다가 보수파는 대미 관계의 개선이라는 공로를 개혁파가 세울 수 있도록 놔두고 싶지 않았던 것이다.

'악의 축'에서 '테러와의 전쟁'으로

그렇지만 이러한 하타미의 미국과의 관계 개선 노력을 무너뜨린 것은 이란 국내의 보수파는 아니었다. 그것은 2002년 1월에 이루어진 부시 대통령의 '악의 축' 연설이었다. 이 가운데 부시 대통령은 이란, 이라크, 그리고 북한을 악의 축으로 거론했다.

이것으로 하타미는 체면을 잃고 고립되었다. 이것은 이미 언급했지만, 그 전년인 2001년 아프가니스탄에 대한 전쟁과 전후 처리에서 이란이 미국에 협력했기 때문이다. 특히 중요했던 것은 탈레반(Taleban) 이후의 지도자로 미국이 추천했던 카르자이에 대해 이란이 반대하지 않았다는 점이다. 또 한 명의 유력 후보로서 라바니(B. Rabbani)가 있었다. 라바니는 탈레반 정권 이전의 대통령이었다. 장기간에 걸쳐 이란은 라바니를 지원해왔다. 그렇지만 이란은 영향력을 행사하여 라바니를 억누르고 카르자이를 위해 길을 열어주었다.

그러한 아프가니스탄에서 이란의 협력 직후에 한 '악의 축' 발언에 이란의 온건노선은 갑자기 머리를 힘껏 맞은 듯한 충격을 받았다. 하타미가 자아냈던 '미소 외교'의 표정이 웃는 얼굴 상태에서 얼어붙었다. 이란의 온건파는 현재에 이르기까지 이 충격의 후유증에 시달리고 있다. 그 이후 2005년 이란의 대통령선거에서 강경파인 아흐마디네자드의 승리를 준비해준 연설이었다.

하타미의 표정을 굳어지게 만들었던 '악의 축' 연설의 배경에 있었던 것은 미국의 중동정책, 아니 세계전략의 근본적인 변용(變容)이었다. 이러한 변화를 이끌어낸 것은 물론 2001년 9월 11일 미국에서 동시다발로 일어난 테러이다. 이 '9 · 11 사태'에 의해 냉전 이후 시대가 끝났다. 그리고 대(對)테러 전쟁의 시대가 시작되었다. 9월 11일 뉴욕 세계무역센터의 두 고층 빌딩에 대한 자폭 테러에 의해, '탈냉전 시대'가 끝났다.

냉전 이후 풍경의 특징은 초강대국 미국의 일극 패권이었다. 그 패권에 도전했던 것이 알카에다(Al-Qaeda)이다. 초강대국 미국의 힘의 상징이 공격을 받았다. 미국의 힘의 원천을 '3개의 M'으로 표현했던 것은 군사평론가인 다오카 슌지(田岡俊次)이다. ① Money(돈, 즉 경제력), ② Military(군사력), 그리고 ③ Media(미디어), 즉 자신의 주장을 퍼뜨리는 힘이다. 이 '3개의 M'이라는 상징이 테러의 목표가 되었다.

미국의 경제력을 상징하는 세계무역센터와 미국의 군사력을 상징하는 펜타곤(국방부 건물)을 여객기가 직격했고 언론에는 탄저균이 뿌려졌다. 탄저균 테러의 범인에 관해서는 논란이 있다. 그렇지만 어쨌든 '3개의 M'이 거의 동시에 공격받았다는 의미에서 상징적이다. 미국은 즉각 반격에 나섰다. 미국이 규정하는 '테러와의 전쟁' 시대가 시작되었다.

이 테러로 인해 미국은 국내적으로도 외교적으로도 일변했다. 이 날 부시는 진정한 대통령이 되었다. 2000년 대통령선거는 역사상 매우 드문 접전이 되었고, 최후에는 부시가 플로리다 주에서 고어(A. Gore) 후보를 제압하고 대통령이 되었지만, 플로리다 주의 개표에 관해서는 공화당 부시에게 투표했는가, 대립 후보인 민주당 고어에게 했는가의 여부가 명확하지 않은 표가 있다는 등 불투명함이 따라다녔다. 게다가 선거 전체의 총득표 수에서는 고어가 부시를 상회하기까지 했다.

각 주마다 1표라도 더 많은 표를 얻은 후보가 그 주의 대통령선거인을 모두 얻게 되는 미국 대통령선거의 특수한 제도가 없었다면 부시는 패배했을 것이다. 결과적으로 부시는 진정한 대통령은 아니라는 이미지를 불식시키지 못했다. 그렇지만 동시다발 테러는 미국 국민들에게 부시 아래에서 단결해야 한다는 의식을 불러일으켰다. 2001년 9월 11

일에 부시는 진짜 대통령이 되었다.

세계전략과 네오콘(Neocon)

미국에서는 외부로부터 공격에 반응하는 형태로 대외정책의 새로운 합의(consensus)가 형성되어, 적극적인 대외정책이 시작되었다. 냉전의 종식 이후 미국에서는 국가가 나아가야 할 방향에 관한 논의가 이루어졌다. 한편에 있었던 것은 미국은 국내 문제의 해결에 자국의 국력을 쏟아 부어야 한다는 것이다. 냉전이 끝나고 제3차 세계대전의 위기가 있는 것은 아니기 때문에 최대한 해외 문제에 상관없이 내정에 모든 마음을 기울여야 한다는 논의이며, 이러한 흐름을 대표했던 인물이 클린턴이었다. 1992년 2월 대통령선거에서 클린턴은 냉전과 걸프 전쟁의 승자인 '외교의 대통령' 부시를 "문제는 경제다, 바보야!"라는 슬로건으로 격파했다. 공약대로 외국에 대한 군사 개입에는 소극적인 대통령이었다.

한편 거꾸로 지구상 유일한 초강대국 슈퍼 파워(Super Power)로 그 압도적인 국력을 구사하여 세계를 변화시켜야 한다는 논의가 있었다. 1992년 대통령선거에서 클린턴에게 패배했던 부시 대통령 등은 걸프 전쟁 직후에 '신세계질서(New World Order)'라는 슬로건을 많이 사용했던 것처럼, 이쪽 진영에 속했다. 다만 구체적으로 신질서가 무엇을 의미하는가에 대해서는 명확하지 않았다. 어쨌든 선거에서 패배하고 권력을 잃게 되어, 결국 슬로건은 물거품이 되었다.

그리고 8년 동안의 클린턴 재임기간 이후에 대통령이 된 부시의 주변에는 적극적인 외교론자가 많았다. 미국의 힘으로 세계를 바꾸어야 하며, 바꿀 수 있다고 주장하는 사람들을 '네오콘(Neocon, 새로운 보수파)'이라고 부른다. 이러한 국내중시론자와 적극 외교파의 논의에 알카에다가 종지부를 찍었다. 국내에 머물러 있어도 외국으로부터 테러리스트가 오기 때문에 의미가 없게 된다. 따라서 이쪽에서 나가 행동하여 공격을 당하기 전에 공격해야 한다는 의견이 탄력을 받았다.

테러와 대량파괴무기

미국의 세계전략과 중동정책 모두 새로운 시대에 들어섰다. 무엇보다 테러조직 알카에다를 괴멸시키는 것이 미국의 세계전략 목표 가운데 등장했다. '9 · 11 사건'을 계기로 하여 나타난 두 번째 목표는 대량파괴 무기의 확산 저지이다. 라이스(C. Rice) 대통령 보좌관(후에 국무장관), 체니(D. Cheney) 부통령, 울포비츠(P. Wolfowitz) 국방부 차관(후에 세계은행 총재) 등 부시 정권의 핵심에 있었던 인물들은 테러리스트에게 대량파괴 무기가 넘어갈 가능성을 지적했다.

'9 · 11 공격'에 만약 핵무기, 화학무기, 생물무기, 핵오염 물질 중에 그 어느 것이라도 사용되었다면 피해는 엄청난 규모가 되었을 것이다. 물론 '9 · 11 사건'은 불행한 일이었지만, 불행 중 다행이었다. 왜냐하면 대량파괴 무기가 사용되지 않았기 때문이다. 만약 사용되었다면 피해는 3,000명으로 끝나지 않았을 것이다. 3만 명이나, 30만 명 혹은 300만 명의 규모로 끝나지 않았을지도 모른다. 테러리스트의 손에 대량파괴 무기가 건너가는 것을 절대적으로 저지하지 않으면 안 된다. 이에 따라 테러와 대량파괴 무기의 결합은 미국에게는 상상할 수 있는 최악의 시나리오가 되었다.

테러와의 전쟁, 그리고 대량파괴 무기의 확산 저지, 이 두 가지 목표 달성을 위한 주전장은 중동이다. 따라서 여기에서 미국의 세계전략과 중동정책이 겹치게 되었다. 환언하자면, 미국의 세계전략 중심에 중동정책이 위치하게 되었던 것이다.[2] 그 목표로 이전부터 계속되고 있는 이스라엘의 안전보장과 석유의 확보에 더하여 미국은 네 가지 목표를 중동에서 추구하기 시작했다. 다시 반복해보면, ① 테러조직의 괴멸, ② 대량파괴 무기의 확산 저지, ③ 이스라엘의 안전보장, ④ 석유의 확보이다.

선제공격과 중동의 민주화

이와 같은 정책 목표의 설정을 배경으로 하여 선제공격이라는 의견이 나오게 되었다. 이라크의 사담 후세인이 스스로 미국에 대해서 핵무기를 사용하지 않더라도 핵무기를 개발하여 알카에다 등의 테러조직에 건넬 가능성이 있다. 그렇게 되면 공격을 받게 된 이후에 대처하는 것은 너무 늦다는 의견이 라이스 등에 의해 제기되었다. 이러한 인식에 기초하여 대(對)이라크 전쟁이 치러졌다. 전쟁이 종료된 후에도 대량파괴 무기는 발견되지 않았지만, 전쟁을 지지하는 사람은 사담 후세인이라는 위협을 제거한 것은 좋은 일이었다고 선제공격을 정당화했다.

또한 부시 대통령을 둘러싼 사람들은 알카에다와 같은 반미 테러조직이 출현하게 된 원인으로 중동에서의 '민주주의 결여'를 들었다. 그 때문에 중동의 민주화가 일종의 정책 사안으로 제기되었다. 비민주적인 체제가 편향된 교육에 의해 테러리스트를 만들어냈다는 인식에서

2 미국의 중동정책에 대해서는 다음을 참고하기 바란다. Colin Dueck, *Reluctant Crusaders: Power, Culture, and Change in American Grand Strategy* (Princeton University Press, 2008). _ 옮긴이 주

시작된 중동의 민주화 구상에는, 자유시장 원리에 입각한 경제발전이라는 속편(續編)까지 마련되어 있다. 낡은 경제체제 자체가 경제 자유화와 발전을 방해하고, 빈곤을 존속시키며, 그 빈곤이 테러의 온상이 되고 있다는 인식이다.

성경의 「창세기」에 따르면 신이 자신의 모습과 비슷하게 사람을 창조했다고 한다. 미국은 자신의 모습과 유사하게 중동 국가들을 창조하고 변화시키고자 하고 있는 것처럼 보였다. 이리하여 테러와의 전쟁이 시작되었다. 미국은 우선 2001년 12월에 아프가니스탄의 탈레반 정권을 붕괴시켰다. 이미 소개한 바와 같이, 아프가니스탄 문제에서 이란은 미국을 간접적으로 지원했다. 이란은 탈레반과 대립하는 북부동맹의 지원자이며, 알카에다와 탈레반과 대립하는 진영에 속해 있다는 자기 인식이다. 그런데 부시 정권에 의하면 이란은 이라크 및 북한과 함께 위협의 원천이자 싸워야 할 대상이며, 테러와 핵을 융합시킬 가능성이 있는 '악의 축'의 일부였다.

핵 관련 시설의 폭로 사진

2002년 여름, 이란의 반정부 조직 무자헤디네 할크가 이란의 핵 관련 시설의 위성사진을 공개했다는 것은 이 책의 앞부분에서도 언급한 대로이다. 거기에는 테헤란 남쪽 24킬로미터 지점에 있는 나탄즈(Natanz)에 있는 우라늄 농축시설의 위성사진이 포함되어 있었다. 미국은 핵무기를 개발하고 있는 이란을 비판해왔다. 그렇지만 미국은 그 구체적인 증거를 국제사회에 제시한 적은 없었다. 그런데 이 조직이 핵 관련 시설의 존재를 폭로하는 위성사진을 이란과 국제사회에 들이댔다.

무자헤디네 할크는 1960년대에 반(反)샤 무장투쟁을 개시했으며, 이란혁명에서도 중요한 역할을 담당했다. 그렇지만 종교 세력으로부터 탄압을 받아, 결국 국외로 도망가지 않을 수 없었다. 이 조직이 도망간 곳 중 한 군데는 이라크였다. 그곳에서 후세인 정권의 지원을 받아, 이라크의 편에서 이란·이라크 전쟁에서 싸웠고 정전 이후에도 이란에 대한 산발적인 게릴라 활동에 종사해왔다. 후세인의 지원을 받았으며 이란·이라크 전쟁에서도 이라크 편이었기 때문에, 이란 국내에서의 지지 기반은 소멸되었다는 것이 일반적인 견해이다. 다만 구미에 망명한 이란인을 중심으로 활발한 로비 활동을 전개하고 있으며, 구미의 도시에서 가두 행동 등을 조직하고 있다.

그 무자헤디네 할크가 이란 국내에 독자적인 정보망을 유지하며, 각국의 첩보기관을 앞질러서 이란 정부가 은폐했던 최고 기밀의 핵 관련 시설에 대한 정보를 얻었던 것일까? 만약 그렇다면 이란 국내에서의 지지는 아직 소멸되지 않고 예상 이상으로 강한 것일까?

혹은 일부 전문가 사이에서 나오고 있는 소리가 다음과 같은 해석이다. 즉 이스라엘 혹은 미국의 정보기관이 이란의 핵 관련 시설에 대한 정보를 확보했지만, 그것을 스스로 공표하지 않고 무자헤디네 할크를 통해서 폭로했다는 것이다. 왜냐하면 부시 정권은 이라크와의 전쟁 개시를 최대 과제로 삼고 있으며, 이란 핵문제가 이 단계에서 화제가 되는 것은 바람직하지 않기 때문이다. 그 때문에 미국 정부로서는 이란의 핵문제가 주목 받고 이라크에서 초점이 떨어져 나가는 전개는 바람직하지 않다는 계산이 있어서 정보기관에 공표를 금지했다.

그러나 미국과 이스라엘 정보기관의 내부에 이라크가 아니라 이란 자체가 진정한 위협이라고 믿는 자가 있어서, 무자헤디네 할크에 정보를 누설했다. 무자헤디네 할크의 정보가 독자적인 정보망에 의한 것이었던지, 미국과 이스라엘의 정보기관이었는지의 여부를 떠나서 결과는 같은 것이다. 이란의 핵개발이 문제로 떠오르게 되었다.

우라늄 농축

이란은 「핵무기 비확산 조약」의 가맹국이다. 핵의 평화적 이용 권리는 인정하고 있지만, 핵개발에 대해서는 국제원자력기구에 신고할 의무가 있다. 핵 관련 시설을 비밀리에 건설했던 것은 명백히 의무에 위반된다. 예를 들어 그것이 이란이 주장하는 것과 같이 평화적 이용을 위한 것이라고 해도 그러하다.

이 문제를 둘러싸고 국제원자력기구를 무대로 하여 협의가 이루어졌다. 이와 병행하여 유럽연합 국가들과 이란 간의 협의도 진행되었다. 문제의 핵심은 우라늄 농축이다. 자연에 존재하는 우라늄을 어느 정도까지 농축하면 원자력 발전소의 연료 등으로 평화적인 이용이 가능해진다. 또한 농축을 계속하여 농도를 높이게 되면, 그것은 핵폭탄의 재료가 된다. 같은 우라늄 농축기술이 평화적 이용과 군사적 이용 모두에 사용될 수 있다. 이란은 평화적 이용을 위해서라고 주장하고 있지만, 한 번 기술을 획득하게 되면 언제라도 기술의 군사적 전용이 가능해진다. 바로 각국이 우려하고 있는 이유이다.

그러나 이란의 핵개발이 아니라 이라크의 '대량파괴 무기' 문제 쪽으로 국제적인 관심이 모아지게 되었다.

제 9 장

오바마 정권의 중동정책

그랜드바겐(grand bargain)

2003년 3월 20일, 미군과 영국군의 공격으로 이라크 전쟁이 시작되었다. 전쟁 국면의 전개는 빨라서 4월 9일에 이미 미군은 바그다드에 돌입했고, 후세인 정권은 붕괴 위기에 몰렸다. 5월 1일, 부시 대통령은 항공모함 '아브라함 링컨 호'의 갑판 위에서 "대규모 전투는 종결되었으며 승리로 끝났다"고 소리 높이 연설했다. 미국은 그 압도적인 승리에 도취되었고 세계는 놀랐다.

이 시기 수면 아래에서는 큰 움직임이 있었다. 이란으로부터의 제안이 스위스의 외교부를 통해서 비밀리에 미국으로 전달되었다. 그 내용은 '그랜드바겐'으로 알려져 있다. 이란 측의 제안은 핵문제 해결, 이스라엘의 승인, 하마스와 헤즈볼라 등 반(反)이스라엘 세력에 대한 군사원조 중지 등 광범위한 내용을 포함했다.

이에 대한 보상으로 이란이 미국에 요구했던 것은 이란의 '이슬람 체제' 보장, 즉 정권 전복을 위한 공작의 중지, 경제 제재의 해제, 그리고 이란의 지역 대국으로서의 지위에 대한 승인 등이었다. 스위스가 문서를 중개했던 것은 이란과 미국 사이에 외교 관계가 1979년 대사관 점거 사건 때부터 단절되어, 테헤란 주재 스위스 대사관이 미국의 이익대표부가 되었기 때문이다. 상호 간에 얼굴을 맞대고 말을 나누지 않았기 때문에 스위스가 연락원 역할을 했다.

이 문서는 당시 이란의 하타미 대통령뿐만 아니라 하메네이 최고지도자로부터 승인을 얻은 것으로 알려졌다. 그렇다면 이것은 이란 지도층의 합의를 반영한 것이다. 이란이 이 시기에 포괄적인 교섭을 제안한 이유는 물론 시기상으로 본다면 이라크 전쟁에서 미국이 승리했기 때문이다. 이 시기에 반미 세력의 봉기는 아직 시작되지 않았고, 이라크는 평정을 유지했다.

1980~1988년 이란 · 이라크 전쟁에서 이란은 출혈을 마다하지 않는 공세를 집요하게 반복했지만, 몇 년간에 걸쳐서도 이라크의 방위선을 돌파하지 못했다. 그런데 미군은 개전해서부터 3주일 정도 만에 이라크의 수도를 함락시켰다. 이란은 미국의 군사력에 놀랐을 것이다.

부시 정권의 반응은 재빨랐다. 즉시 제안을 거절했다. 2001년에 아프가니스탄의 탈레반 정권을, 2003년에 이라크의 후세인 정권을 무너뜨리고 의기양양해진 부시 정권은 이란과 교섭할 생각이 없었다. 제재를 통해, 그리고 필요하다면 군사력을 통해 이란을 굴복시킬 생각이었기 때문일 것이다.

타협의 산물인 제재결의

이란과의 교섭에 들어간 것은 유럽연합이다. 이후 이란과 유럽 국가들 사이에서 우라늄 농축 중단에 관한 교섭이 연거푸 이루어졌지만, 성과를 올리지는 못했다. 2006년 무렵까지 이 문제는 단순한 교섭으로 해결할 수 없다는 것이 명확해졌다. 이란은 교섭 중이라는 이유로 우라늄 농축을 일시적으로 중단했다.

그렇지만 2006년 1월 농축 재개를 선언했다. 이렇게 되자, 같은 해 2월에 국제원자력기구가 이란 핵문제를 안보리에 위임했다. 이것으로 문제는 국제원자력기구의 손을 떠나 '유엔 안보리'로 옮겨졌다. 국제원자력기구는 정치색이 옅은 기술 관계 조직으로서의 인상이 강하며, 유엔 안보리는 국제정치의 축소판 그 자체이다.

2006년 3월 말에 안보리는 이란에 대해 "우라늄 농축 활동을 중단하라"고 호소하는 의장성명을 채택했다. 같은 해 7월에는 찬성 다수로 결의 제1696호를 채택했다. 우라늄 농축의 중단을 재차 이란에 요구하는 내용이었는데, 이란이 농축을 계속하는 경우에 제재하는 규정은 결의에 포함되지 않았다.

안보리는 2006년 12월 23일 결의 제1737호를 채택했다. 그 전의 결의 제1696호가 찬성 다수였던 것에 비해서 이번에는 만장일치였다. 그것만으로 이란을 향해 강력한 메시지를 보내는 효과가 있었다. 이란 측에 우라늄 농축의 중단을 요구하는 목소리는 이것으로 안보리에서 합의가 되었다. 그렇지만 이러한 성명과 결의에도 불구하고 이란은 우라늄 농축을 계속했다.

2008년 3월, 안보리는 새로운 결의 제1803호를 찬성 다수로 채택했다. 이 결의는 다시 이란에 우라늄 농축을 중단할 것을 요구했다. 그리고 이란이 결의에 따르지 않을 경우에는 핵개발에 관련된 인물의 해외 여행 금지 등 새로운 상징적인 제재가 부가되었다.

이와 같이 안보리의 이란에 대한 압박은 강해졌다. 우선 안보리 의장성명이 나오고, 다음으로 제재가 부과되지 않은 안보리 결의가 다수결에 의해 채택되었다. 만장일치의 결의도 채택되었다. 나아가 약하지만 제재 조항이 부가된 결의도 채택되었다.

안보리 5개 강국의 논의는 항상 두 개의 진영으로 나누어졌다. 한편으로 이란에 대해서 강경한 미국이 있고, 다른 한편으로 소극적인 러시아와 중국이 있다. 러시아는 원자로와 항공기의 수출 등에서 대(對)이란 무역에서 막대한 이익을 올리고 있다. 또한 무기 시장으로서도 이란은 중요하다. 중국은 이란 원유에 대한 의존을 심화시키고 있으며 이란의 에너지 개발에 투자할 의욕도 보이고 있다. 이란에 대한 수출도 확대되고 있다. 중국 노동자를 보내는 건설 공사의 수주도 주목을 끈다.

대(對)이란 제재를 해도 잃을 것을 갖고 있지 않은 미국은 강한 제재를 요구했고, 거꾸로 잃을 것이 많은 러시아와 중국은 반대였다. 논의가 계속되고 있는 동안에도 이란의 우라늄 농축은 계속되고 있었다. 그리고 러시아와 중국에 대한 미국의 설득 공작도 행해졌다.

이란 통화 '리알'의 폭락

이란에 대한 경제적인 압력으로 가장 효과가 있는 것은 이란 원유에 대한 보이콧이다. 외화수입의 대부분을 석유 수출에 의존하고 있는 이란에게 이것은 큰 타격이 된다. 일본, 중국, 인도 등 석유 수입국은 이란 원유의 수입 정지를 내켜하지 않았다. 그렇지만 미국은 그러한 국가들에 대해서 강한 압력을 행사하기 시작했다. 그 결과 2012년 각국이 이란으로부터의 석유 수입을 삭감시켰다.

이 측면에서 주효했던 것은 유럽연합이 이란으로부터의 원유 수입을 중단한다는 결단이었다. 석유 수출의 격감으로 인해 이란의 통화 리알(rial)이 폭락했다. 2012년 겨울에는 미국 달러 대비 교환 비율의 가치가 같은 해 봄의 절반 이하가 되었고, 2013년에 들어서서는 3분의 1 이하가 되었다. 식량의 상당한 부분을 수입에 의존하고 있는 이란 경제는 큰 타격을 받았다. 육류 가격이 폭등하여 서민들의 식탁에서 모습이 사라졌다. 경제 제재의 효과로 인해 이란은 미국과의 교섭을 제안하지 않으면 안 되는 상황으로까지 내몰리고 있다. 이 책의 앞부분에서 해설한 대로다.

예상되고 있는 이란과 미국의 교섭이 실패할 경우에 이란의 우라늄 농축을 멈추게 할 수 있는 수단은 군사력의 행사뿐이다. 그렇지만 누가 군사력을 행사할 것인가? 가능성이 있는 것은 이란의 핵무기 보유를 용납하지 않는다고 반복해서 언명해온 미국이다. 그리고 또 하나의 국가, 이란의 핵무기 보유는 자신의 생존을 위협한다고 주장하는 이스라엘이다. 미국과 이스라엘 그 어느 쪽이, 혹은 공동으로 이란에 대해 군사력을 행사하게 될 것이라고 상정하는 시나리오이다.

레바논에서의 전초전

이스라엘이 이란을 공격할 경우, 이란으로부터의 반격이 예상된다. 동시에 이란의 지원을 받아 성장해온 레바논의 시아파 조직 헤즈볼라로부터의 공격도 예상된다. 그러면 이스라엘은 사전에 헤즈볼라로부터의 위협을 배제해야 한다는 계산이 2006년 여름에 일어난 레바논에서의 이스라엘의 군사행동 배경에 있었다. 장래 이란의 핵개발을 둘러싼 군사적 대결의 전초전이라고도 여겨지는 전투였다. 이 전투에 대해서는 이 책의 앞부분에서 소개했다.

다시 한 번 살펴보도록 하겠다. 이란의 입장에서 볼 때, 2006년 여름에 레바논에서 일어난 전쟁은 미국과 이란의 대리전이며 전초전이라고도 할 수 있다. 미국과 그 동맹자 이스라엘이 패배하고 이란과 그 동맹자인 헤즈볼라가 승리를 거두었다. 그 승리의 의미는 레바논 국내에서 본다면 헤즈볼라가 독자적인 군사력을 유지하는 것을 가능케 한 것이다. 또한 헤즈볼라의 군사력은 레바논군을 압도하고 있다. 친(親)구미적인 중앙정부를 강화하고자 하는 미국, 영국, 프랑스의 정책은 꿈으로 끝났다. 레바논은 통일된 국가라기보다는 종파별로 분열된 모자이크 국가 상태에 머물렀다. 즉 레바논에서는 '레바논 상태'가 계속되었던 것이다.

그 의미는 향후에도 헤즈볼라가 이스라엘을 공격할 수 있는 능력을 끝까지 지켜냈다는 사실이다. 이것이 이스라엘과 이란이 군사적으로 충돌할 때에 헤즈볼라가 미사일을 남쪽으로 발사한다는 것을 반드시 보장하는 것은 아닐 것이다. 헤즈볼라에게는 헤즈볼라의 계산이 있으며, 이란의 이해(利害)가 그 상태로 헤즈볼라의 이해는 아닐 것이다. 그렇지만 헤즈볼라 측에 이스라엘을 공격할 수 있는 능력이 있는 한, 이스라엘은 헤즈볼라에 의한 공격 가능성을 대비할 필요가 있다. 이것은 이스라엘군(IDF)에게는 큰 부담이다.

내전 상태의 이라크

부시 정권의 시대, 그리고 오바마 정권에 들어선 이후 미국의 대(對)이란 정책을 억제하는 요인은 이라크였다. 이라크에서의 고전(苦戰)이 미국의 새로운 전쟁이라는 선택을 비현실적인 것으로 만들었다. 아래에서 이라크의 정세를 살펴보도록 하겠다.

2003년 미군은 전격적으로 승리하며 후세인 정권을 붕괴시켰고 이라크를 점령했다. 그렇지만 이후 미군에 대한 저항운동이 시작되고, 시아파와 수니파 사이의 대립도 격화되었다. 이 시기 이라크는 국가의 형태를 구성하지 못했다. 미국 정부는 신중하게 말을 선택하면서, 상황을 표현하는데 '내전'이라는 말은 피했지만, 실제로 이라크는 내전 상태에 빠졌다.

미국이 내전이라는 말을 피했던 것은 미국에서 이 말이 대단히 무겁게 느껴지기 때문이다. 영어로 내전은 'civil war'이다. 그리고 미국 영어로 'the Civil War'라고 하면 남북전쟁이 된다. 1861년부터 1865년 사이에 미국의 여러 주가 노예제도를 둘러싸고 남북으로 분열되어 대결한 전쟁이다. 이 전쟁은 북부의 승리로 끝났고, 노예제도를 지키기 위해서 연방에서 탈퇴하겠다던 남부 여러 주들의 시도는 좌절되었다.

이 전쟁에서 역사상 가장 많은 미국인이 죽었다. 제1차, 제2차 두 차례의 세계대전보다도, 한국전쟁이나 베트남 전쟁보다도, 그리고 걸프 전쟁이나 이라크 전쟁보다도 많은 미국인이 남북전쟁에서 사망했다. 미국이 싸운 다른 전쟁에서 사망한 미국인의 총수보다도 남북전쟁에서 사망한 사람이 많으며, 그 수는 62만 명에 달한다. 당시 미국의 총인구가 3,000만 명을 넘는 정도였기 때문에 인구의 2%가 사망했다는 계산이 된다. 현재 미국의 총인구는 3억 명 정도이기 때문에, 3억 명의 2%면 600만 명이 된다.

그 희생의 거대함을 상상할 수 있는가? 남북전쟁, 즉 'the Civil War'라는 말이 지니고 있는 무거움의 배경이다. 부시 정권은 '내전'이라는 말을 피해야만 했던 것이다.

이라크는 언제 내전 상태에 빠졌을까? 구체적으로 어떤 시점이라고 특정하기는 어렵다. 몇 가지 사건이 있던 가운데에서도 최대 사건은 2006년 2월 '아무도 죽지 않았던' 테러 사건이다. 이 사건으로 이미 소개한 사마라의 아스카리야 모스크가 폭파되었다. 이 모스크는 시아파의 11명 째의 이맘을 모시고 있다. 그리고 12명 째 이맘은 이 모스크의 지하 동굴에서 정의의 시대를 열기 위해서 재림할 것으로 믿어지고 있다. 그 시아파 신앙의 핵심에 있는 시설이 파괴되었다.

이 사건 직후, 시아파의 수니파에 대한 보복이 일어났다. 그 누구의 눈에도 이라크는 내전 상태였다. 군복과 경찰 제복을 착용한 시아파가 수니파를 학살하고, 이에 대해 수니파가 보복하는 사건이 빈발했다. 양자가 공존했던 지역은 소멸하고, 이라크는 수니파의 거주 지역과 시아파의 거주 지역으로 분단되어버렸다. 유엔 난민고등판무관 사무실(UNHCR)에 의하면 이라크 국내외의 난민은 300만 명을 넘는다. 아스카리야 모스크의 폭파 사건으로 사망자는 나오지 않았다. 죽었던 것은 바로 이라크라는 국가의 일체감뿐이었다.

대패배 이후의 증파

이러한 이라크 정세의 악화를 배경으로 하여 2006년 11월 미국에서는 중간선거가 치러졌다. 그 결과는 공화당의 대패배였다. 상하 양원에서 공화당은 다수파에서 소수파로 전락했다.

공화당이 패배한 요인에 관해서는 몇 가지 의견이 있다. 그렇지만 이라크 전쟁으로 인한 인기 하락이 공화당 측에 큰 부담이 되었던 사실을 부정하는 지식인은 없다. 2003년 5월 부시 대통령의 승리 선언으로 이라크 전쟁은 종결되었다. 그렇지만 물론 전쟁은 계속되었으며 이 단계에서 미국 병사의 사망자 수는 3,000명, 부상자는 2만 명 정도가 발생했다. 그 이후에 선거가 치러져 공화당은 패배했다. 투표 이전의 예상도 공화당의 패배 혹은 대패배라는 것이었다. 그렇지만 결과는 단순한 대패배에 멈추지 않았다. 역사적인 대패배였다. 패배의 가혹함은 예상을 초월했으며 공화당에는 충격이었다.

이라크 정세의 악화와 의회에서 공화당의 후퇴에 입각하여, 부시 대통령은 이라크 문제에 관해서 어떻게 나오게 될 것인가? 2007년이 시작되고 얼마 지나지 않은 1월 23일, 항상 이루어지던 일반교서 연설이 예년보다 큰 주목을 받았다. 부시는 여기에서 2만 명의 병력 증파를 발표했다. 이것은 미국의 이라크 파견군 사령관이었던 페트레이어스(D. Petraeus) 장군의 요청에 응한 것이었다.

이 단계에서 부시는 결국 현실을 직시하기 시작했다. 이제까지 이라크의 치안은 혼란에 혼란을 거듭했음에도 불구하고 이라크 파견군의 병력 수준은 충분하다고 인식했다. 부시는 항상 군의 요청을 존중하는 입장이었다. 그렇지만 실제로 병력 규모가 너무 작다고 말하는 군인은 해임되었다. 대(對)이라크 전쟁 개시 전의 합참의장(즉 군인의 최고 리더) 신세키(E. Shinseki) 장군은 투입되는 병력의 규모가 너무 작다는 의견이었다. 이에 따라 그는 해임되었다. 병력 규모에서는 군의 의견에 따르면서도 큰 병력 규모를 요구하는 장군을 해임시키면, 당연한 일이지만 병력 증파를 요구하는 장군은 없게 된다.

그러나 과연 이라크의 내전 상태에 따라 부시는 작은 규모로 치안 안정이 가능하다고 주장해온 럼스펠드 국방장관을 해임하고 방향을 전환했다. 후임에는 미국 중앙정보국(CIA) 국장 출신인 게이츠(R. Gates)를 임명했다. 공화당의 부시에서 민주당의 오바마 정권으로 권력이 이행된 이후에도 유임된 사실로 알 수 있는 바와 같이, 게이츠라는 인물은 당을 초월해서 평가를 받고 있다.

2만 명의 증파는 영어로는 '서지(surge)'로 알려져 있다. 이 '서지'란 일시적인 병력 규모의 증대라는 뉘앙스를 갖고 있는 용어이다.

이란 시프트(Iran shift)

2007년 1월 상하 양원에서 부시가 한 일반교서 연설 가운데 이라크에 대한 병력 증파와 동시에 주목되는 것이 대(對)이란 정책이었다. 부시는 연설에서 이라크에 대한 적의(敵意)를 노골적으로 드러냈다. 부시는 이란이라는 말을 5회 언급했는데, 모두 부정적인 문맥에서 다루었다. 그 한 가지로 부시 대통령은 이라크의 시아파를 지원하고 있다고 이란을 비난했다.

그리고 패트리엇 미사일 부대의 중동 파견을 언급했다. 패트리엇 미사일은 탄도미사일 요격용 무기이며, 이라크와 아프가니스탄의 반미 무장조직은 탈레반이든지 알카에다든지 그러한 무기를 갖고 있지 않다. 패트리엇의 유일한 용도는 이란의 탄도미사일에 대해서이다.

미국은 중동정책 초점을, 아니 세계전략을 이란에 맞춰 조준하고 있는 것이 아닌가? 그러한 인상을 주는 연설이었다. 미국 대통령은 이라크 정책의 발표와 동시에 새로운 이란 정책을 발표했던 것은 아닌가? 그렇게 해석한다면 당시 부시 정권의 말과 행동이 한 가지 형태로 묘사되는 것으로 보인다. 그것은 대(對)이란 강경책이라고 할 수 있다.

사실 2006년 말부터 부시 정권의 말과 행동을 추적해서 살펴보면 미국이 이란과의 대결을 준비하고 있는 것은 아닌가 하고 추측되는 것이 많았다. 일반교서 연설 이전인 2007년 1월 10일에 했던 연설에서 부시는 "미국 병사에 대한 공격에 이란이 지원을 하고 있다"라고 이미 비난했다.

당시 체니 부통령은 부시 대통령 이상으로 이란에 관해서는 강경했다. 부시의 일반교서 연설 다음 달인 2007년 2월에 체니 부통령은 "모든 선택지가 여전히 검토되고 있다"라고 말하여, 이란에 대한 군사행동 등의 강경 조치도 배제하지 않을 것이라는 입장을 보였다. 미국은 이란과 시리아가 이라크에 주둔하고 있는 미국 병사를 위험에 빠트리는 것을 용납하지 않을 것이라고 라이스 국무장관도 강한 어조로 말했다.

국가안전보장 담당 대통령 보좌관 스티븐 해들리(S. Hadley)도 이라크에서 "미국인을 위험에 빠트리고 있는" 이란인을 추적하는 권한을 미국은 갖고 있다고 발언했다. 이 대통령 보좌관이라는 자리는 부시 정권 제1기에서는 라이스 국무장관이 맡았다. 말하자면 대통령과 가장 가까운 자리에 있는 인물의 발언이다. 정권의 간부가 일제히 이라크에서 미국 병사가 많이 희생당하는 것을 이란의 책임으로 돌리기 시작했다.

그렇다면 왜 이 시기에 부시 정권의 간부가 이란을 비난하는 합창을 일제히 시작했던 것일까? 생각할 수 있는 것은 이라크에서의 치안 회복의 실패에 대한 책임 전가이다. 이라크가 안정되지 않고 있는 것은 미국의 잘못이 아니며, 이란 탓이다. 만약 이란이 개입을 그만두면 안정된다. 이제까지의 책임을 이란에 전가시키고, 국민에게는 계속해서 자신의 이라크 정책을 지지할 것을 요구한다. 윤리적인 행동은 아니지만, 정치적으로는 합리적인 행동이라고 할 수 있다.

미국은 이라크 문제에서 테헤란을 악자(惡者)로 만들었고, 이와 함께 이란을 공격할 준비를 했었는지도 모른다. 이란이 이라크의 급진파를 지원하여 미국 병사를 간접적으로 살해하고 있다면, 병사의 생명을 지키기 위해 미국 정부가 이란을 공격해야 한다는 여론 형성에 열중하고 있던 것은 아니었을까?

부시 정권의 이란에 대한 위협은 단순한 말이라기보다는 일종의 웅변이었다. 우선 2006년 12월 페르시아 만의 출입구인 아라비아 해 주변 지역에 항공모함 '드와이트 아이젠하워(Dwight Eisenhower) 호'를 중심으로 하는 기동부대를 파견했다.

이 항공모함의 선택은 우연한 것일지도 모른다. 그렇지만 이란인에게 아이젠하워는 혐오스러운 대통령이다. 그렇게 말하는 것은 이미 언급한 바와 같이, 1953년 CIA에 의한 쿠데타가 일어났을 때 미국의 대통령이 아이젠하워였기 때문이다. 이 대통령의 결단이 모사데크 총리를 실각시켰다. 이란의 입장에서 본다면 미국 · 이란 관계 악화의 원점이 되었던 쿠데타이다.

또한 미국은 항공모함 '존 스테니스(John C. Stenniss) 호'를 중심으로 하는 제2의 기동부대를 파견하여, 페르시아 만 주변에서 항공모함 2척을 배치하는 준(準)전투 상태에 들어갔다. 그 이후 약 6개월의 주기로 세 번째 항공모함이 도착하고, 이미 배치되었던 항공모함 1척이 이 해역을 떠난다. 즉 항상 2척의 항공모함이 대기하고 있는 것이다. 그리고 교체 직전에는 단기간이지만 항공모함 3척이 이 해역에 존재하며, 미군의 공격능력은 정점에 달한다. 이 정점이 6개월마다 찾아온다.

패트리엇 미사일의 배치

이란 주변 해역에서의 미국 해군의 전개는 생각하지 못했던 사고도 일으키고 있다. 2007년 초, 페르시아 만의 출입구에 해당하는 호르무즈

(Hormuz) 해협에서 일본의 유조선 '가와사키 기선(川崎汽船)'이 미국 해군의 잠수함과 충돌하는 사건이 일어났다. 잠수함이 무엇 때문에 페르시아 만의 출입구인 호르무즈 해협을 항해했을까? 그것은 항공모함의 호위를 위해 파견된 다수의 잠수함 중의 일부가 접촉했다고 보는 것이 하나의 해석일 것이다. 항공모함은 단독으로 행동하지는 않는다. 다수의 호위함과 보급 함선을 동반한다. 잠수함은 그중 1척이었던 것일까?

혹은 잠수함은 다수의 순항 미사일을 탑재하고 있는 경우가 있는데, 대(對)이란 공격에 대비하여 전개되어 있는 함대의 일부라고도 추측할 수 있다. 여차하면 아라비아 반도에 위치해 있는 아랍 국가들의 미군 기지를 이용하지 않더라도 이란을 공격할 수 있는 체제를 구축했다는 해석도 가능할 것이다.

그리고 이미 소개한 바와 같이, 부시는 2007년 초에 행한 연설에서 패트리엇 미사일을 배치하겠다고 했다. 반복되지만 여기에서 다시 그 의미를 살펴보도록 하겠다.

당시 패트리엇 미사일은 어떤 역할도 하지 못했다. 미군을 공격하고 있는 알카에다 계통의 전투원이든지 시아파와 수니파의 민병이든지 탄도미사일을 갖고 있는 조직은 이라크에 존재하지 않았기 때문이다. 패트리엇 미사일은 탄도미사일 요격용 무기이다. 어떻게 생각하더라도 이란의 미사일에 대한 방어를 시야에 둔 전개이다. 부시가 이란에 대한 공격을 상정하고, 이란이 탄도미사일로 반격했을 때 미군 등을 지키기 위해 패트리엇 미사일의 파견을 발표했다고 밖에는 해석되지 않는 움직임이었다.

이 무렵, 병력의 전개와 동시에 미군이 이란을 도발하려는 동향을 보였다. 2006년 12월 바그다드에서 이란인이 미군에 의해 구속되고,

2007년 1월 11일 이라크 북부에서 미군이 '이란 영사관'을 수색해서 5명을 구속했다. 해당 이란 건물이 영사관이었는가, 그리고 구속된 5명은 미국이 말하는 것처럼 혁명수비대(Revolutionary Guard)였는가, 혹은 이란이 주장하는 것처럼 외교관이었는가에 대해서는 불명확하다.

그러나 대사관과 영사관에 외교관의 신분으로 첩보관계자가 배치되는 것은 외교상으로는 일반적인 것으로 여겨진다. 만약 건물이 영사관이었다면, 첩보관계자라는 이유로 들어가서 영사관 직원을 구속하는 행위는 1979년 이란에 의한 테헤란 주재 미국 대사관 '인질 사건'을 정당화해버리는 만행이다.

부시 대통령의 입에서 구속뿐만 아니라 살해를 용인하는 듯한 발언마저 흘러나왔다. 2007년 1월 26일 기자회견에서 이라크 국내에서 이란인 공작원이 미군과 민간인을 공격할 경우, 주둔하고 있는 미군에게 반격할 권한을 부여한다는 것을 명확히 했다. 부시 대통령의 이란 비난은 더욱 톤(tone)을 높였다. 다음달 2월 15일에는 "이란이 이라크의 시아파에게 폭탄을 제공했다"라고까지 발언했다. 이 날짜가 매우 흥미롭다. 그 전날인 2월 14일에 북한의 핵문제를 둘러싼 6개국 협의가 타결되었기 때문이다. 미국이 북한과의 타협에 응했던 것은 북한이 이란에 대량파괴 무기의 기술 등을 제공하지 않는다고 확약했기 때문이라는 일부 보도가 더욱 흥미롭다. 미국은 한반도에서의 불씨를 끄고, 중동에 집중하는 '이란 시프트'를 깔았던 것은 아닐까?

아울러 주목되는 사건이 이란 국내에서 다발적으로 벌어졌다. 이란의 서남부와 동남부, 이라크와 파키스탄과의 국경 지대에서 발생한 테러이다. 아랍인과 바로치인 등 이란 국내의 소수파 지역에서 일어난 사건이었다. 소수파가 불만을 갖는 것은 이란에 국한되지는 않지만, 시기가 시기인 만큼 그리고 상황이 상황인 만큼, 이란 정부가 아니어도 이 시기 국경 지대에서의 불온한 움직임에 미국과 이스라엘 첩보기관의 그림자를 상상하게 된다.

군사행동과 군인

이 시기에 부시 정권은 제2기 말기였다. 헌법 규정에 의해 미국 대통령에게 3선은 없다. 따라서 부시는 자신의 임기 중에 이 문제를 군사력의 행사로 결론지을 것인가, 아니면 외교 교섭을 통한 해결을 지향할 것인가를 놓고 고민했다. 후자라면 문제를 차기 정권으로 미루는 결과가 된다. 격렬한 논의가 이루어졌을 것으로 여겨진다.

상세한 것은 밝혀져 있지 않다. 그렇지만 대략적인 그림은 군사력의 행사를 주장한 체니 부통령과 외교를 주장한 라이스 국무장관 사이의 대립이었다. 이 논의의 균형을 후자로 기울어지게 한 요인은 럼스펠드 국방장관의 경질이었다. 아프가니스탄 전쟁과 이라크 전쟁을 추진했던 럼스펠드는 이라크 전황의 악화에 대한 책임을 지는 형태로 파면되었다. 후임에는 게이츠가 취임했다.

게이츠 신임 국방장관은 이란과의 전쟁에 반대했다. 개전이 되면 실제로 전투에 참여하게 되는 군 간부에게도 반대론이 강했던 모양이다. 결국 신중론이 부시 대통령을 설득하여 이란에 대한 공격은 행해지지 않았다. 문제는 다음 정권에, 즉 오바마 정권의 과제로 남겨졌다.

부언하면 군인이 전쟁을 일으킨다는 논의를 흔히 듣게 되는데, 미국의 정책에 관한 한 그것은 맞지 않는 사례가 많다. 이라크 전쟁이든지 이란 문제든지 군사 행동에 신중한 것은 전쟁의 비참함을 피부로 경험하는 군인들이다. 반면에 전쟁 경험이 없는 양복 차림의 정치가들의 용맹함이 두드러진다. 대(對)이라크 개전 시의 부시 대통령, 체니 부통령, 럼스펠드 국방장관, 라이스 보좌관은 모두 총탄이 날아다니는 장소에 몸을 둔 적이 없는 지도자들이었다. 가장 신중했던 인물은 베트남에서 부상을 당한 경험이 있는 파월(C. Powell) 국무장관이었다.

이스라엘의 요망

이리하여 부시 정권은 오바마 정권에게 숙제로 이란의 핵문제를 남겨둔 채로 퇴진했다. 이 단계까지 일단 형태상으로는 이란이 이긴 형태였다. 부시 정권에 의한 군사력의 행사는 없었다.

그렇다면 미국 이외에 이란을 공격할 가능성이 있는 이스라엘의 동향은 어떠했을까? 당시 이스라엘의 올메르트(E. Olmert) 정권은 2006년 레바논에서의 실패에도 불구하고 만약 미국이 이란의 핵문제를 군사적으로 '처리'하지 않는다면 이스라엘이 단독으로 '해결'하겠다고 생각한 것으로 보인다.

2008년 5월, 이스라엘의 올메르트 정권은 부시 정권에게 이란 공격에 대한 승인을 요구했다. 그리고 이라크 상공의 통과 허가를 요구했다. 2011년 병력 철수까지 이라크의 상공은 미국이 관리했기 때문이다. 이것이 허가되었다면 이스라엘의 이란 공격이 물리적으로 가능하게 된다.

부시의 대답은 "노(No)"였다. 미국은 이스라엘의 이란 공격에 찬동하지 않았다. 2기 8년간 부시 정권이 이스라엘의 요청을 처음으로 거절했다고 말할 수 있다. 그 이유의 일단은 이스라엘이 공격할 경우에는 이란의 보복이 이라크와 아프가니스탄에 주둔한 미군을 향하게 될 것이라고 우려했기 때문이다. 이 거절은 부시 정권에 의한 이란 핵문제의 보류를 의미했다.

이미 언급한 바와 같이, 이스라엘은 핵시설을 폭격했던 '실적'이 있다. 1981년 총선거를 앞에 두고 패배가 결정적일 것으로 간주되었던 당시 리쿠드당의 베긴(M. Begin) 총리는 이라크의 원자로를 폭격했다. 이것이 성공하여 국민의 인기를 다시 모은 베긴은 상황을 역전시켜 재선되었다. 올메르트가 베긴의 역전을 의식했던 것은 틀림없다. 또한 올메르트 총리 자신도 2007년 9월 시리아의 원자로를 이스라엘 공군을 통해 폭격해 파괴했다. 그렇지만 이란은 멀리 있다. 미국의 지원이 없이는 올메르트도 개전의 결단을 내리지 못했을 것이다.

이란과의 대화

부시와 올메르트가 군사력의 행사를 피한 결과, 이란의 핵문제는 미국의 다음 대통령에게, 그리고 이스라엘의 다음 총리에게 계승되었다. 민주당의 대통령 후보를 결정하는 예비선거에서 버락 오바마 상원의원이 힐러리 클린턴 등 경쟁상대를 격파하고 2008년 여름에 민주당의 지명을 받았다. 그리고 같은 해 11월 대통령선거에서 공화당 맥케인(J. McCain) 후보를 물리치고 대통령에 당선되었다. 오바마는 유색 인종으로서 최초로 대통령이 되었다.

이와 같은 오바마가 선거 캠페인에서 중동정책에 관해, 특히 이란에 대해 무엇을 말했을까? 후보자 오바마의 주장은 다음과 같다.

① 이스라엘의 안전보장은 절대적이다

② 하마스는 테러조직이다

③ 이라크로부터 조기에 병력을 철수한다

④ 테러와의 전쟁의 주요 전장은 이라크가 아니라 아프가니스탄 및 파키스탄이다

⑤ 이란의 핵무기 보유는 용납할 수 없다

⑥ 대(對)이란 무력행사는 배제하지 않는다

⑦ 그렇지만 이란과도 교섭한다

그리고 오바마는 2009년 1월 대통령이 되었다. 오바마는 백악관에 들어간 이후 이란과 교섭하기 위해 움직이기 시작했다.

제1장에서도 다룬 바와 같이, 2009년 3월 20일 오바마 대통령은 이란을 향한 비디오 메시지를 발표했다. 3월 20일 춘분은 이란어권에서는 '노루즈(*Nowruz*)'라고 불리는 정월에 해당한다. 이란력(曆)은 이 날부터 시작된다. 이슬람 이전부터의 전통이다. '노루즈'란 페르시아어로 '새로운 날'을 의미한다.

그 가운데 이란의 지도층과 대중을 향해서 상호 경의(敬意)에 기초한 대화의 필요성을 호소했다. 이란의 영광스런 역사와 문명에의 공헌을 언급하고, 마지막으로 "새해 복 많이 받으세요"라고 서투르지만 페르시아어로 인사말을 보냈다. 생각해보면 아프가니스탄 전쟁에서 탈레반 정권을 무너뜨린 직후라고 할 수도 있는 2002년 1월에 부시가 이란을 '악의 축'의 일각(一角)으로 지명한 연설로부터 7년 후, 오바마 연설 가운데에 이란과의 대화를 표명했다.

위협설을 선동하는 네타냐후

미국 · 이란 관계는 확실히 외교의 계절에 들어섰다. 그렇지만 외교에는 무한한 시간이 주어지는 것은 아니다. 교섭이 길어지면 길어질수

록 이란은 우라늄 농축기술을 더욱 확고한 것으로 하며, 농축 우라늄의 축적량도 증대될 것이다. 시간이 경과하면 할수록 이란은 기술적으로 핵무기 보유에 가까워진다. 미국과 이스라엘은 교섭의 조기 타결을 요구했다.

이스라엘은 이러한 전개를 진지한 시선으로 지켜보고 있다. 이스라엘에서는 2009년 2월에 총선거가 치러져 야당 리쿠드당의 당수로 전임 총리인 네타냐후가 총리로 복귀했다. 네타냐후는 이스라엘이 심각한 생존 위기에 직면하고 있다면서 이란의 위협을 부채질했다. '이란은 나치 독일이며, 현재는 1938년'이다. '상황은 제2차 세계대전 발발 직전의 시기와 같은 위기'라는 이해하기 쉬운 비유로 국민에게 호소하고 있는 인물이다. 제2차 세계대전은 1939년에 시작되었다. 이 수사법에 대해서는 서두에서 소개했다.

이 메시지는 이스라엘 국민들 사이에서 모래땅에 물이 스며드는 것처럼 전달된 듯하다. 2007년 유로비전 콘테스트라는 유럽 음악제에서 이스라엘 대표인 티팩스(Teapacks)라는 그룹이 불렀던 것은 〈푸시 더 버튼(Push the Button: 단추를 눌러라)〉이라는 곡이었다. 이란 대통령이 이스라엘을 향해 핵미사일을 발사한다는 내용을 시사한 가사이다. 아흐마디네자드 대통령의 이스라엘 말살 발언과 홀로코스트(holocaust) 부정 발언이 이 곡의 판매를 뒷받침했다.

네타냐후는 국제사회에 이란의 핵무기 보유를 저지해야 할 의무가 있다고 주장하며, 만약 국제사회가 그 의무를 이행하지 않는다면 이스라엘이 단독으로 '해결'할 것이라며, 대(對)이란 공격을 단행할 것을 시사했다. 전임자인 올메르트와 같은 주장이다.[1]

“핵무기 보유는 허락할 수 없다”

이스라엘은 2007년 9월 시리아를 폭격했다. 표적이 된 것은 북한 기술자에 의해 건설된 원자로로 보도되었다. 또한 2008년 12월 말에 이스라엘은 팔레스타인의 가자 지구를 공격했고, 이듬해 1월에는 수단(Sudan)을 포격했다. 가자를 향한 무기를 수송하고 있던 차량이라고 이스라엘은 설명했다. 두 가지 사례에서 자신의 안전보장을 위해서는 타국의 영공을 침범하기까지 해서 군사행동을 일으킨다는 이스라엘의 결의를 살펴볼 수 있다. 또한 수단 폭격의 사례는 장거리를 마다하지 않고 공군력을 행사하는 실력을 보여주고 있다. 이스라엘에서 수단까지의 거리는 이란까지보다도 더 멀다.

물론 오바마 정권이 이란과의 교섭을 결단한 이상 이스라엘도 공개적으로 반대하지는 않고 있다. 그렇지만 네타냐후가 오바마에게 요구하고 있는 것은 교섭의 시간제한이다. 계속적으로 교섭이 연장된다면 이란은 우라늄 농축을 기정사실화하게 될 뿐이다. 따라서 일정 기간까지 교섭을 하고, 그 이후에는 군사력의 행사를 요구하고 있다.

여기에서 주의해야 할 필요가 있는 것은, 오바마는 이란의 핵무기 보유는 용납하지 않고 있다는 점이다. 이는 핵무기에 도달하지 않는 핵능력이라면 허용할 수 있을지도 모른다. 소규모 우라늄 농축의 속행을 이란에게 인정하고 그 체면을 지키며 동시에 엄중한 조사로 핵무기에 대한 전용은 억제한다는 타협안이라면, 미국에게 받아들여질 가능성이

1 이란 · 이스라엘 관계에 대한 최근 연구는 다음을 참고하기 바란다. Yaakov Katz and Yoaz Hendel, *Israel vs. Iran: The Shadow War* (Potomac Books Inc., 2012). _ 옮긴이 주

있을지도 모른다. 이 경우 현재 일본이 놓여 있는 상황이 참고가 될 것이다. 일본은 우라늄을 농축하고 있지만 국제원자력기구의 엄격한 조사를 받고 있다. 군사적으로 전용할 의사가 없다고 국제적인 이해를 얻고 있다. 말하자면 '일본 방안(Japanese option)'이라는 타협도 이론적으로는 가능하다.

이란의 세대 간 투쟁

오바마 정권의 교섭 상대는 이란의 아흐마드네자드 대통령이다. 그리고 아마 그다음 이란의 대통령일 것이다.[2] 오바마는 대통령에 취임하자, 아흐마디네자드가 2009년 6월에 재선을 확정하기를 기다렸다. 현직의 강경파인 아흐마디네자드가 손쉽게 재선될 것이라고 간주되어 아흐마디네자드와 오바마 정권의 교섭이 예측되었다. 오바마는 가을까지 교섭을 진행시켜 2009년 말까지 교섭의 타결을 바랐다.

그런데 6월의 이란 대통령선거가 순조롭게 진행되지 않았다. 선거관리위원회는 아흐마디네자드의 승리를 발표했지만, 경쟁 후보인 무사비 전임 총리의 지지자는 납득하지 못했다. 선거에 대규모 부정이 있었고, 또한 부정이 없었다면 무사비 후보가 승리했을 것이라며 시위를 개시했다. 정부, 즉 아흐마디네자드의 정부는 시위대를 힘으로 진압했다. 수십 명이 사망하고 다수가 체포되었고, 체포자 대부분이 성(性)적인 폭력을 포함하여 가혹한 취급을 받았다고 보도되었다.

시위 참가자가 체포되었을 뿐만 아니라 무사비 후보와 하타미 전임

2 현재 이란의 대통령은 하산 로하니(H. Rouhani)이다. _ 옮긴이 주

대통령, 그리고 라프산자니 전임 대통령의 주변 주요 인물들도 차례로 구속되었는데, 그중에는 하타미 대통령 시기의 부통령과 라프산자니의 딸[3]까지도 포함되었다. 정권은 힘으로 반대 세력을 억눌렀지만, 개혁을 요구하는 목소리가 소멸되었던 것은 물론 아니다. 불만은 지하로 침잠하고 축적되어 폭발의 순간을 기다리고 있다.

이러한 상황은 현직 아흐마디네자드 대통령으로 대표되는 보수파와 무사비 후보가 이끄는 개혁파의 대립으로 인식되는 측면이 있다. 그렇지만 다른 측면도 존재한다. 그것은 세대 간 투쟁이다. 이란혁명의 지도자 호메이니를 따라 혁명이 성취된 이후, 정부의 요직에 취임한 이들은 1963년 폭동에서 피의 탄압을 목격했던 세대이다.

라프산자니 전임 대통령, 현재의 최고지도자 하메네이, 2009년 대통령선거에서 아흐마디네자드에 도전했던 무사비 전임 총리, 하타미 전임 대통령 등 모두가 같은 세대에 속한다. 이 그룹을 '혁명 제1세대'라고 부를 수 있다.

그런데 아흐마디네자드는 1956년에 출생했다. 1963년 폭동이 있었을 때 호메이니의 연설을 잘 기억하고 있다고 말하지만, 당시 아직 7세였다. 아흐마디네자드는 혁명정권이 성립되자 혁명수비대에 입대하여, 이란 · 이라크 전쟁의 최전선에서 몸을 아끼지 않고 혁명을 수호했던 한 사람이다. 이 세대를 '혁명 제2세대'라고 부를 수 있다. 이 제2세대에는 혁명 체제의 운영에 대해 비판적인 시각을 가지고 있는 사람이 많다.

제1세대를 대표하는 라프산자니 일족의 축재에 대한 소문은 널리 퍼

---

3 파에제 라프산자니(F. Rafsanjani)를 지칭한다. _ 옮긴이 주

져 있다. 하타미도 과거에는 샤의 고관들이 생활하고 있던 테헤란 북부의 고급 주택지에 거주하고 있다. 또한 이란 중부 선거구에 가면 하타미 일족의 저택이 있다. 서민은 인플레와 실업으로 고통을 겪고 있는데, 혁명 제1세대는 물질적으로도 혁명으로부터도 큰 은혜를 받아왔다. 이와 같은 배경에서 이란에서는 이슬람 체제에서 특권을 독점하는 종교지도층에 대한 반감이 높아지고 있다.

운전사가 종교 관계자를 태우는 것을 싫어하기 때문에, 터번을 두르고 종교인의 모습을 하고 있으면 손을 들어도 택시를 잡기 어렵다고 한다. 종교지도층에 대한 반감 자체가 아흐마디네자드를 권력의 지위에 올려놓은 에너지이다. 제1세대는 혁명 공로자 세대임과 동시에 혁명 특권계급 세대이기도 하다.

아흐마디네자드로 대표되는 혁명 제2세대 자체는 호메이니의 유지(遺志)를 충실하게 실현하는 입장에 있다. 이 세대는 혁명수비대에 투신하여 이슬람 체제를 수호하기 위해서 대(對)이라크 전쟁의 전화(戰火)를 뚫으며 수많은 사람들이 시체가 되었고, 살아남은 자들은 체제의 중추를 차지하게 되었다. 제2세대 자체가 혁명수비 세대이며, 혁명이 순수하게 배양해낸 세대이다. 대(對)이라크 전쟁이 진행되는 8년 동안, 이 혁명수비대는 혁명 직후 열광적인 아마추어 집단에서 거대한 군사·산업공동체로 성장했다.

인적(人的)으로 보아도 상비 병력은 육·해·공군 3군으로 10만 명을 넘으며, 첩보기관마저 유지하고 있다. 필요하다면 100만 명 단위의 예비역을 동원할 수 있다. 또한 수많은 기업들이 혁명수비대의 지배하에 있다. 8년간의 가혹한 이란·이라크 전쟁이 이라크군을 프랑켄슈타인으로 변하게 만든 것처럼, 이란에서는 혁명수비대라는 거대한 군사

조직을 형성시켰다.

이 제2세대가 하메네이 최고지도자와 함께 싸우며 제1세대와 권력투쟁을 연출하고 있다. 그러한 측면이 대통령선거를 둘러싼 혼란에 있다. 제1세대 하메네이의 경쟁자들을 권력의 중심에서 주변으로 내몰았다. 그리고 지금 중심에 남은 하메네이와 아흐마디네자드 사이에서의 권력투쟁이 전개되고 있다.

바빌론에서 2,500년 이후

개혁과 보수의 투쟁이든지, 세대 간의 권력투쟁이든지, 대통령선거를 둘러싼 혼란은 오바마에게는 성가신 일이었다. 이 혼란은 이제 막 시작되었을 뿐인 이란과 구미 국가들 사이의 교섭을 지연시켰다. 여름이 부질없이 지나가고 결국 가을이 되어서야 교섭이 시작되었다.

미국을 중심으로 하는 국가들의 제안은 이란이 보유하고 있는 농축우라늄을 프랑스로 운반하고, 프랑스에서 농축도를 민생용으로 이용가능한 정도까지 높여서 이것을 이란에 돌려보낸다는 내용이었다. 이것에 의해 프랑스에서 농축하고 있는 기간 중에 이란은 농축 우라늄을 핵무기로 전용할 수 없지만, 이란은 우라늄 농축을 속행할 수 있다. 근본적인 해결이라고 할 수 없는 것이지만, 교섭을 위한 시간을 확보하기 위한 타협안이었다.

당초 아흐마디네자드는 이 제안의 수용을 시사했다. 그렇지만 국내 강경파의 압력을 받았기 때문인지 이란 국내에서의 농축을 주장하기 시작했고, 교섭은 정체 상태가 되었다. 대통령선거의 혼란에 의해 아흐마디네자드가 권력 기반을 굳건히 하지 못한 빚이 아흐마디네자드를 동요시켰던 것이었을까?

그리고 다시 이란의 농축 우라늄을 외국으로 이송한다는 제안이 부상했다. 2010년 5월 터키의 에르도안(R. Erdogan) 총리와 브라질의 룰라(Lula da Silva) 대통령의 조정에 이란이 응했다. 이란이 보유하고 있는 농축 우라늄의 58%를 터키로 이송하고, 대신하여 민생용 수준까지 농축한 우라늄을 이란이 받아들인다는 내용이었다.

터키가 대표하는 것은 이슬람 세계이며, 브라질이 대표하는 것은 발전도상의 국가들이다. 또한 양국은 안보리의 비상임이사국이기도 했다.

그러나 경제 제재의 강화에 직면한 이란이 마지막으로 최소한으로밖에 양보하지 않았다고 봐서, 미국은 이 합의에 회의적이었다. 미국은 안보리 안팎에서의 대(對)이란 제재 강화에 가속도를 내었다. 제재는 이 책의 앞부분에서도 살펴본 것처럼, 무겁게 이란 경제의 어깨에 파고들어 이란의 국민생활을 직격하고 있다.

향후 본격적인 교섭이 행해질 경우에 그 타협점으로 예상되는 것은 다음과 같은 내용이다. 즉 이란에 일정한 형태로 계속 농축하는 것을 인정하고 그 체면을 지켜준다. 동시에 엄중하게 조사하여 그 군사 전용을 감시한다. 즉 '일본 방안(Japanese option)'이다. 이 옵션에 대해서는 이미 소개했다. 문제는 이스라엘이 그것을 충분하지 않다고 주장하고 있다는 점이다. 이스라엘의 인식에 의하면, 우라늄을 농축할 수 있는 능력이 있는 이란과는 공존할 수 없다. 그러한 상태의 이란은 언제라도 기술과 농축 우라늄을 군사용으로 전용할 수 있기 때문이다. 미국과 이스라엘의 입장에는 차이가 존재한다.

이스라엘 국민의 속내

이스라엘 단독에 의한 이란 공격은 곤란하지만 불가능한 것은 아니다. 이스라엘 단독으로 공격할 때에 이란의 대응은 예상할 수 없다. 그렇지만 양자 간 전쟁은 미국을 끌어들이게 할 가능성이 있다. 미국이 참전한다면, 이란은 아라비아 반도 국가들의 에너지 관련 시설에 보복을 할 수도 있다. 중동 전역이 불타오르는 시나리오마저 떠오르고 있다.

그렇게 되면 오바마는 이란과의 교섭으로 문제를 해결하고자 하는 동시에 이스라엘의 폭발을 억제할 필요가 있다. 오바마의 아군은 이스라엘의 여론이다. 네타냐후 총리의 과격한 말에도 불구하고 여론조사를 살펴보면 이스라엘 단독으로 이란 공격을 지지하는 목소리는 20% 이하이다. 이것으로는 미국이 승인하지 않는다면 이스라엘 단독의 이란에 대한 개전은 정치적으로 어렵다.

이러한 이스라엘 국민의 분위기가 반영된 것이었을까? 2012년 이스라엘에서 가장 히트를 한 노래는 리타(Rita Johantaruz)의 〈샤네(shane)〉라는 음악이다. 샤네는 히브리어로 '빛'을 의미한다. 리타는 아홉 살이 되던 해 혁명에서 도망하여 이란에서 이주해왔다. 1980년대 10대의 나이에 데뷔한 이래 리타는 가수로서 스타의 길을 걸어왔다. 그녀는 히브리어와 영어 외에 페르시아어로 노래를 불러왔다.

주목해야 할 것은 이 히브리어로 부른 노래가 수차례나 히트 차트를 떠들썩하게 하고 있는 점이다. 본인의 블로그에 의하면 모친이 이란에서 가져온 오래된 레코드를 수차례나 들었다고 한다. 페르시아어 히트곡도 그러한 오래된 곡을 리타 풍(風)으로 해석하여 부르고 있다. 페르시아어 노래의 대다수는 과거에 이란에서 히트했던 곡이다. 혁명으로 인해 이란에서는 공개적으로 듣지 못하게 된 음악이 리타에 의해 이스라엘에서 되살아나고 있는 것이다.

리타의 페르시아어 음악을 좋아하는 제1의 팬은 이란으로부터 들어온 이민자들이다. 실제로 이란에서 이스라엘로 이민 온 유대인의 이스라엘 사회에서의 활약은 두드러진다. 예를 들면 2000년부터 2007년에 걸쳐서 이스라엘 대통령[4]을 했던 모셰 카차브(M. Katsav)는 이란 중부 도시 야즈드(Yazd) 근교 마을 아르다칸(Ardakan)에서 태어났다. 유소년 시기에 가족과 함께 이스라엘로 이민을 왔다. 이 아르다칸은 이란의 하타미 전임 대통령의 출신지이기도 하기 때문에, 이스라엘과 이란의 두 전임 대통령을 배출한 아르다칸은 말하자면 중동 제일의 '대통령 산지(産地)'인 셈이다. 2002년부터 2005년에 걸쳐서 국방장관이었던 샤울 모파즈(S. Mofaz)는 테헤란에서 출생했다. 그도 역시 유소년 시절에 가족과 함께 이스라엘에 이민을 왔다.

또한 2005년부터 2007년에 걸쳐서 이스라엘군의 1인자인 참모총장이었던 단 할루츠(D. Halutz)는 이란에서 온 이민자의 아들이다. 이란으로부터 이스라엘로 이민 온 유대인은 7만 5,000명 정도라고 알려져 있는데, 그 자손을 함께 포함하면 '이란계' 이스라엘 시민은 25만 명에 달하는 것으로 추정되고 있다. 이스라엘의 총인구가 770만 명이기 때문에 약 3% 정도에 해당한다.

그런데 겨우 3%가 대통령과 국방장관과 참모총장을 동시에 배출했기 때문에 그들이 성공한 모습은 사람들의 주목을 끈다. 유튜브에서 리타의 콘서트를 볼 수 있다. 그 가운데에는 카차브(M. Katsav) 전임 대통령을 무대로 올려서 리타가 페르시아어로 사랑을 노래하는 영상도 있다.

리타는 2011년에 〈샤네〉라는 이란 고전 노래의 커버 곡을 발표했

4 2014년 7월 24일, 루벤 리블린(R. Rivlin)이 신임 대통령으로 취임했다. _옮긴이 주

다. “나의 마음은 당신의 아름다운 머릿결 속에 머물러 있어요. 따라서 빗을 사용하지 말아주세요. 머리를 빗을 때마다 나의 마음이 상처를 입어요”라는 사탕에 꿀을 바른 듯한 감미로운 가사의 노래이다.

이 곡은 이란계 유대인뿐만 아니라 수많은 이스라엘 시민의 마음을 사로잡았다. 앞으로 전쟁을 시작할까 하는 이스라엘 국민이 리타의 대단히 감미로운 페르시아어 노래에 환희하고 열광하는 모습을 영상으로 보면, 불가사의한 느낌을 갖게 된다. 전쟁은 피할 수 있지 않을까 하는 희망마저 솟아오른다.

이스라엘 정부의 이란 위협을 선동하는 듯한 수사법에도 불구하고, 이란에 대한 증오가 이스라엘 국민의 사이에서 불타오르고 있지 않다는 생각도 들기 때문이다. 리타의 음악은 이란에서도 비밀리에 팬을 모으고 있다. 이란 정부의 반(反)이스라엘 선전에도 불구하고 이란 국민 사이에 이스라엘에 대한 깊은 적의(敵意)는 존재하지 않는다. 양국의 국민이 서로 싸울 이유는 없다.

이란의 핵문제를 외교적으로 해결하기를 강하게 바란다.[5] 그리고 이를 위해서는 미국에 의해서 이스라엘이 억제되기를 강하게 희망한다. 부디 오바마 대통령은 2,500년 이상이나 예전에 바빌론에서 해방된 유대인의 자손과 그들을 해방시킨 키로스 대왕의 자손이 서로 싸우게 만들어서는 안 될 것이다.[6]

5 이란의 '핵 위기'를 둘러싼 이란 · 미국 관계에 대한 최근의 연구로는 다음을 참고하기 바란다. Kenneth Pollack, *Unthinkable: Iran, the Bomb, and American Strategy* (Simon & Schuster, 2013). _ 옮긴이 주

6 이스라엘의 외교 및 안보 정책과 관련된 주요 연구에 대해서는 다음을 참고

하기 바란다. Michael Brecher, *Decisions in Israel's Foreign Policy* (Oxford University Press, 1974); Jonathan Shimshoni, *Israel and Conventional Deterrence: Border Warfare from 1953 to 1970* (Cornell University Press, 1988); Martin Sicker, *Israel's Quest for Security* (Praeger Publishers, 1989); Uri Bialer, *Between East and West: Israel's Foreign Policy Orientation 1948-1956* (Cambridge University Press, 1990); Naomi Chazan, "The Domestic Foundations of Israeli Foreign Policy," in Judith Kipper and Harold H. Saunders, eds., *The Middle East in Global Perspective* (Westview Press, 1991), pp.82~126; Dore Gold, "Evaluating the Threat to Israel in an Era of Change," in Shai Feldmand and Ariel Levite, eds., *Arms Control and the New Middle East Security Environment* (Jaffee Center for Strategic Studies, Tel Aviv University, 1994), pp.95~108; Yair Evron, *Israel's Nuclear Dilemma* (Routledge, 1994); Yitzhak Shamir, *Summing Up: An Autobiography* (Weidenfeld and Nicolson, 1994); Yossi Melman and Dan Raviv, *Friends in Deed: Inside the U.S.-Israel Alliance* (Hyperion, 1994); Efraim Inbar, ed., *Regional Security Regimes: Israel and Its Neighbors* (State University of New York Press, 1995); Moshe Lissak, "The Civilian Components of Israel's Security Doctrine: The Evolution of Civil-Military Relations in the First Dacade," in S. Ilan Troen and Noah Lucas, eds., *Israel: The First Decade of Independence* (State University of New York Press, 1995), pp.575~591; Shimon Peres, *Battling for Peace: A Memoir* (Random House, 1995); David Makovsky, *Making Peace with the PLO: The Rabin Government's Road to the Oslo Accord* (Westview Press, 1996); Gad Barzilai, *Wars, International Conflicts, and Political Order: A Jewish Democracy in the Middle East* (State University of New York Press, 1996); Gad Yaacobi, *Breakthrough: Israel in a Changing World* (Cornwall Books, 1996); Shibley Telhami, "Israeli Foreign Policy: A Realist Ideal-Type or a Breed of Its Own?" in Michael N. Barnett, ed., *Israel in Comparative*

Perspective: Challenging the Conventional Wisdom (State University of New York Press, 1996), pp.29~51; Sasson Sofer, *Zionism and the Foundations of Israeli Diplomacy* (Cambridge University Press, 1998); Abraham Ben-Zvi, *Decade of Transition: Eisenhower, Kennedy, and the Origins of the American-Israeli Alliance* (Columbia University Press, 1998); Avner Cohen, *Israel and the Bomb* (Columbia University Press, 1999); Efraim Inbar, *Rabin and Israel's National Security* (The Woodrow Wilson Center Press, 1999); Uri Bialer, *Oil and the Arab-Israeli Conflict, 1948-63* (Macmillan Press, 1999); Barry Rubin, *The Tragedy of the Middle East* (Cambridge University Press, 2002); Ofra Bengio, *The Turkish-Israeli Relationship: Changing Ties of Middle Eastern Outsiders* (Palgrave Macmillan, 2004); Yoram Meital, *Peace in Tatters: Israel, Palestine, and the Middle East* (Lynne Rienner Publishers, 2006); Efraim Inbar, *Israel's National Security: Issues and Challenges Since the Yom Kippur War* (Routledge, 2008); Zeev Maoz, *Defending the Holy Land: A Critical Analysis of Israel's Security & Foreign Policy* (University of Michigan Press, 2009); Itamar Rabinovich, *Waging Peace: Israel and the Arabs 1948-2011* (Princeton University Press, 2011); Yehezkel Dror, *Israeli Statecraft: National Security Challenges and Responses* (Routledge, 2012); Charles D. Freilich, *Zion's Dilemmas: How Israel Makes National Security Policy* (Cornell University Press, 2012); Gabriel Sheffer and Oren Barak, *Israel's Security Networks: A Theoretical and Comparative Perspective* (Cambridge University Press, 2013). _ 옮긴이 주

지은이 후기

중동에 관한 책을 집필하는 것은 컴퓨터를 구입하는 것과 유사하다. 어떤 최신 제품을 구입하더라도 곧 새로운 제품에 의해 낡은 것이 되어 버린다. 집필부터 출판하는 기간 중에마저도 서술에 입각했던 사실이 역사의 격변으로 흘러가버린다. 시나리오가 현실에 추월당해버린다. 이러한 실정에 입각하여 의식했던 것은 미시적인 변화뿐만 아니라 거시적인 구조이다. 즉 큰 그림은 어떤 것인가 하는 문제의식이다.

이 시기에 이란과 미국이라는 두 국가의 관계를 되살펴보는 의의는 무엇일까? 그것은 중동이라는 지역이 전환기에 접어들고 있다는 것이다. 그러한 강력한 예감을 느끼고 있다. 그 전환기는 어떤 형태를 취하게 될 것인가? 안타깝지만 우리의 장래를 내다볼 수 있는 능력은 제한되어 있다. 그 제한되어 있는 시야를 조금이라도 넓혀주는 것이 역사 지식이다. 현재는 과거로부터의 연장선상에 위치해 있으며, 미래는 현재로부터의 연장선상에 있기 때문이다. 과거는 항상 현재와 미래를 비추는 빛이다. 역사 자체에 장래를 전망하는 열쇠가 숨겨져 있다. 이 책의 집필에 있어서 필자의 신념이었다.

편집을 담당한 나카지마 미나(中島美奈) 씨가 정성되고 정확하게 지적해주어서, 기술(記述)의 정밀도가 높아졌다. 열의란 정성을 들이는 것임을 가르쳐주셨다.

이란의 모자데크 총리가 CIA의 쿠데타에 의해 전복된
60주년 연초에
다카하시 가즈오

이란 관련 약년표

기원전

539	바빌론 함락
538	유대인 해방
330	페르세폴리스 염상(炎上)

서기

70	예루살렘의 함락과 제2 신전의 파괴
260	로마 황제 바레리아누스, 포로가 됨
651	사산 왕조 멸망
680	케르벨라 전투
732	푸아티에 전투
874	12대 이맘이 모습을 감춤
1258	바그다드 함락

\|

1796	카자르 왕조 성립
1812	나폴레옹의 러시아 원정
1815	워털루 전투
1861~1865	미국, 남북전쟁
1883	이란 · 미국 간에 외교사절 교환
1902	호메이니 출생
1904	러일 전쟁
1908	이란에서 석유 발견
1925	팔라비 왕조 성립(카자르 왕조 멸망)
1935	페르시아에서 이란으로 국명 변경
1939	제2차 세계대전 발발
1941	독일 · 소련 개전(6월) 영국 · 소련의 이란 분할 점령(8월) 모하마드 레자 샤 즉위(8월)
1945	제2차 세계대전 종결(8월)
1951	모사데크 정권의 석유산업 국유화
1953	미국 · 영국, 반(反)모사데크 쿠데타(8월)
1971	페르시아 제국 건국 2,500년 주년
1973	제4차 중동전쟁, 제1차 석유 위기(10월)

1979	호메이니 귀국, 이란 혁명정권 성립(2월) 미국 대사관 인질 사건 발생(11월)
1980	이란 · 이라크 전쟁 개전(9월)
1981	미국 레이건 대통령 취임(1월) 미국 대사관 인질 사건 해결(1월)
1986	이란 · 콘트라 게이트 폭로(11월)
1988	이란 · 이라크 정전 발효(8월)
1990	걸프 위기
1991	걸프 전쟁
1993	미국 클린턴 대통령 취임(1월) 오슬로 합의
1995	이란과의 통상을 금지하는 미국 대통령령 공포
1996	이란 · 리비아 제재법 성립(8월) 미국 클린턴 대통령 재선(11월)
2001	미국 부시 대통령 취임(1월) 동시다발 테러 발생(9월) 아프가니스탄 전쟁 개전(10월) 탈레반 정권 붕괴(12월)
2002	부시 '악의 축' 연설(1월)
2003	이라크 전쟁 개전(3월) 바그다드 함락(4월) 부시 대통령, 승리 선언(5월)
2005	이란, 아흐마디네자드 대통령 취임(8월)
2006	이란, 우라늄 농축을 재개(1월) 국제원자력기구가 이란 핵문제를 유엔 안보리에 상정(2월) 레바논에서 헤즈볼라와 이스라엘의 충돌(7월) 미국 중간선거, 공화당의 역사적 패배(11월) 이란에 우라늄 농축의 중단을 요구하는 안보리 결의 제1737호, 만장일치로 채택(12월)
2007	부시 대통령, 이라크에 대한 병력 증파 발표(1월) 이란에 우라늄 농축 중단을 요구하는 안보리 결의 제1747호, 만장일치로 채택(3월) 이스라엘, 시리아의 '핵 관련 시설'을 폭격(9월)
2008	이란에 우라늄 농축 중단을 요구하는 안보리 결의 제1803호, 찬성 다수로 채택(상징적인 제재의 부가, 3월) 이스라엘의 가자 공격(12월)
2009	미국 오바마 대통령 취임(1월)
2010	유엔 안보리, 이란에 대한 추가 제재결의 채택(6월)

2011	튀니지, 이집트, 리비아에서 민주화. 시리아 내전 상태. '아랍의 봄'
2012	바그다드에서 안보리, 독일, 이란의 6개국 핵 협의(6월, 모스크바) 미국 오바마 대통령 재선(11월)
2013	이스라엘 총선거, 네타냐후 총리가 이끄는 우파 리쿠드당 의석 격감, 연립 내각 형성(1월) 이란에서 로하니(Hassan Rouhani)가 대통령에 당선(6월) 헤즈볼라가 시리아에서 본격적으로 참전(6월) 이란과 강대국들 간에 핵문제 관련 잠정 합의(11월)
2014	ISIS(Islamic State of Iraq and Syria)가 이라크에서 공격(6월) ISIS가 IS(Islamic State)로 명칭 변경, 그 지도자를 '칼리프'에 선출(7월)

옮긴이 후기

"量長短遠近孰不知, 乃可以進, 乃可以退, 乃可以縱, 乃可以橫."

《鬼谷子》

"知慧の拍子より發して勝所也."

《五輪書》

"安民之本, 在於擇交."

《戰國策》

필자가 '중동 국제정치' 연구에 천착하게 된 계기는 20세기 말에 중국 베이징대학 국제정치학과 대학원에서 국제정치를 전공하며 공부하던 무렵에, 사우디아라비아의 메카(Mecca)를 방문하고 돌아온 어느 중국인 교수의 강연회를 들었던 것에서 시작되었다. 21세기는 '이슬람의 시대'가 될 것이라는 것이 주된 강의 내용이었고, 그 당시 필자는 한반도의 통일 시대를 대비하기 위해서 '중국 연구'와 '중동 연구'를 '유라시아 국제정치'의 관점에서 장기적이며 전략적으로 동시병행(同時竝行)하여 추진해야 할 필요성이 있음을 깨닫게 되었다. 그 이후 필자는 한편으로 '중국 연구'를 천착하면서, 다른 한편으로 '중동 연구'를 위한 제반 언어(히브리어, 아랍어 등)와 기본 연구(문학, 역사, 철학, 정치, 외교 등)를 체득하기 위해 점진적으로 노력을 기울여왔다.*

2001년 9 · 11 사태를 시작으로 하여, 아프가니스탄 전쟁, 이라크 전쟁, 시리아 내전, 이란 핵 위기 등 미국 외교정책의 동향은 물론 국제정치의 역학구조를 면밀히 살펴볼 때, '이슬람의 시대'가 도래했음은 명백한 사실이라고 할 수 있다. 또한 이른바 'three Is'라고 일컬어지는 이란(Iran), 이라크(Iraq), 이스라엘(Israel)에 대한 미국의 정책적 입장과 이들 국가 간의 관계는 궁극적으로 예루살렘(Jerusalem)의 정치적 · 종교적 분단선을 지칭하는 녹색선(Green Line)의 궁극적인 향배는 물론, 역사적 질곡으로 점철되어온 한반도 휴전선의 방향을 결정짓는 중대한 흐름을 형성할 수 있다는 점을 인식할 필요가 있다. 이러한 측면에서, '이란과 미국'을 포함하는 '중동 국제정치'에 대한 연구는 학술적 · 연구사(研究史)적 측면뿐만 아니라, 거시적인 차원에서 한반도 통일과도 연계되는 정책적 의미를 깊게 지니고 있다는 점에 유의해야 할 것이다.**

필자는 북미중동학회(MESA) 회원으로서 과거에 미국 워싱턴과 캐나다 몬트리올에서 개최된 연례 학술대회에서 각각 사회자, 토론자, 발표자로 참석한 바가 있다. 그러한 장(場)을 통해서 살펴볼 수 있었던 것은

* 이러한 맥락에서 필자는 2009년 일본 나고야(明古屋)에서 개최된 국제학술회의에서 '유라시아' 지역을 포괄하는 중국(中國)~중앙아시아(中亞)~중동(中東)을 잇는 이른바 '삼중 관계(三中關係)'에 대한 연구를 핵심 내용으로 하는 '중양(中洋) 국제정치'라는 개념을 제시한 바가 있다. 이에 대한 구체적인 논의에 대해서는 다음을 참고하기 바란다. イタマール·リー, "中東における中國の影響力擴大と變貌する中洋國際政治," *ICCS Journal of Modern Chinese Studies*, Vol.2, No.1(2010), pp.202~211.

** 미국의 외교정책과 국제정치에서 이란이 갖는 다층적이며 전략적인 함의에 대해서는 다음을 참고하기 바란다. James F. Jeffrey, *Moving to Decision: U.S. Policy toward Iran* (Washington, DC: The Washington Institute for Near East Policy, 2013).

국내 중동연구의 국제화 수준을 더욱 제고시킬 필요성이 있다는 점이었고, 다른 한편으로 미국의 중동연구자들 틈바구니 속에서 많은 가르침과 훈련을 받을 수 있었다. 그리고 몇 년 전에는 이스라엘 국회(크네세트)의 초청을 받아 예루살렘에서 이스라엘 내부의 주요 인사들을 직접 만나고, 그들의 의견을 들을 수 있는 매우 소중한 기회가 있었다. 그 과정에서 이스라엘 히브리대학과 텔아비브대학의 주요 연구소를 방문할 기회가 있었고, '마사다(Massada) 요새'의 정상을 직접 걸어 올라가면서 이스라엘의 시각에서 저 멀리 미국 워싱턴, 러시아 모스크바, 그리고 한반도의 휴전선을 상념해보며 중동지역의 복잡성과 전략적 중요성을 통감할 수 있는 기회가 있었다.

또한 필자는 일본중동학회(JAMES) 회원으로서 '차세대 일본 중동연구자'에 해당하는 형태로 일본 교토(京都)에서 열린 국제학술회의에 참석하여 연구논문을 발표한 바가 있으며, 일본 내의 중동연구 커뮤니티를 전반적으로 파악하고 있기도 하다. 이러한 가운데 일본 도쿄외국어대학에서 '중동 · 이슬람 연구과정', 그리고 국립오사카대학에서 '팔레스타인 아랍어' 연수과정을 치열한 경쟁을 거치며 모두 이수한 바가 있다. 이를 통해서 일본에서의 중동연구 흐름과 후속 연구자를 양성하는 시스템을 직접 체득한 바가 있기도 하다.

아울러 필자는 미국의 중동연구자와 중국의 중동연구자 사이의 학술교류 차원에서 2007년에 최초로 결성된 미국과 중국 양국 간의 중동연구 그룹에 초대를 받아 2007년, 2009년, 2011년 세 차례에 걸쳐서 중국의 중동정책을 중심으로 한 다양한 연구논문을 발표할 기회가 있었다. 이를 통해서 중미 관계의 '중동지역 차원'에서의 흐름을 다양한 논쟁을 경청하고 직접 참여하면서 파악할 수 있었다. 한반도의 통일과 평화에 갈수록 중요해지고 있는 중미 관계가 동북아시아 지역에 한정될 수 없으며, 유라시아 지역의 핵심지대인 중동을 통해서 환류(還流)될 수밖에 없다는 차원에서, '이란과 미국' 관계를 비롯한 중동연구에 대해 국내에서의 관심의 제고가 전략적인 측면에서 시급히 이루어져야 할 것이다. 요컨대, 예루살렘을 둘러싼 국제정치의 행방이 '한반도 통일' 프로세스에 궁극적으로 결정적인 영향을 미칠 수밖에 없다는 현실을 전략적인 차원에서 철저하게 인식하고 심도 있게 살펴보아야 한다는 것이다.***

특히 2009년 초에 필자는 미국 아나폴리스(Annapolis)에 위치해 있는 미국 해군사관학교에서 미국 해군사관학교와 영국 해군사관학교가 함께 주최한 '걸프 지역과 세계'라는 주제의 국제학술대회에 '중국의 이란 정책'과 관련된 논문을 발표하기 위해 참석할 기회가 있었다. 그 당시 필자가 속해 있던 패널에는 필자의 오른쪽으로 미국인 교수가 미국의 인도양에 대한 관점과 이란에 대한 논점을 소개했고, 왼쪽으로 이란에서 직접 참석한 이란인 교수가 걸프지역에 대한 이란의 입장과 미국의 정책에 대한 논평을 했다. 이를테면 필자는 그 자리에서 이른바 '이란과 미국'의 관계를 실시간으로 학술적으로 경험했던 것이다. 그러한 경험을 뒤로 하고 작년 상반기에 일본 도쿄(東京)를 방문했을 때, 마침 이 책을 발견하여 신속하게 번역 작업을 마쳐서 국내에 소개할 필요성을 절감하게 되었다. 그리고 작년 여름 나고야(名古屋)에 머무는 동안

*** 이란 · 북한 관계의 최근 동향에 대해서는 다음을 참고하기 바란다. Olli Heinonen and Simon Henderson, "A North Korean in Iran," *Foreign Policy* (July 23, 2014).

관련 작업을 신속하게 마칠 수 있었다.

이 책의 저자 분께서 「한국어판 서문」에서 강조하셨던 것처럼, 국내에서 거의 관련 연구가 이루어지지 않고 있는 상태이지만, 학술적으로 의미가 있는 서적을 시의적절하게 혹은 선제적으로 번역 · 출간하는 작업은 참으로 어려운 일이라고 할 수 있다. 그것은 '중동 국제정치'와 같이 국내에서 연구 기반이 상대적으로 취약한 영역에서는 참조할 수 있는 서적이 많지 않으며, 국내 언론을 통해서 언급되는 중동 관련 표기나 기술(記述)이 다층적으로 존재하여 개념과 용어 등이 혼동되고 있다는 측면에서 더욱 그러하다.

그렇지만 필자가 야마우치 마사유키(山内昌之), 『이슬람과 미국(イスラームとアメリカ)』(中公文庫, 1998); 사쿠라이 게이코(櫻井啓子), 『현대 이란: 신국(神國)의 변모(現代イラン: 神の國の變貌)』(岩波新書, 2001); 다카하시 가즈오(高橋和夫), 『미국과 팔레스타인 문제(アメリカとパレスチナ問題)』(角川書店, 2001); 사카이 게이코(酒井啓子), 『이라크와 미국(イラクとアメリカ)』(岩波新書, 2002); 가시마 마사히로(鹿島正裕), 『중동전쟁과 미국: 미국 · 이집트 관계사의 문맥(中東戰爭と米國: 米國 · エジプト關係史の文脈)』(御茶の水書房, 2003); 호사카 슈지(保坂修司), 『사우디아라비아: 변해가는 석유 왕국(サウジアビア: 變わりゆく石油王國)』(岩波新書, 2005); 사쿠라이 게이코(櫻井啓子), 『시아파: 대두하는 이슬람 소수파(シーア派: 台頭するイスラーム少數派)』(中公新書, 2006); 미야다 오사무(宮田律), 『이란: 세계의 화약고(イラン: 世界の火藥庫)』(光文社新書, 2007); 우스기 아키라(臼杵陽), 『이스라엘(イスラエル)』(岩波新書, 2009); 미야다 오사무, 『미국 · 이란 개전 전야(アメリカ·イラン開戰前夜)』(PHP新書, 2010); 후나쓰 야스시(船津靖), 『팔레스타인: 성지의 분쟁(パレスチナ: 聖地の紛爭)』(中公

新書, 2011); 구니에다 마사키(國技昌樹), 『시리아: 아사드 정권의 40년사(シリア: アサド政權の40年史)』(中公新書, 2012); 미야다 오사무, 『이슬람의 세계전략(イスラムの世界戰略)』(每日新聞社, 2012); 수에치카 고타(末近浩太), 『이슬람주의와 중동 정치: 레바논·헤즈볼라의 저항과 혁명(イスラーム主義と中東政治: レバノン・ヒズブッラーの抵抗と革命)』(名古屋大學出版會, 2013); 우스기 아키라, 『세계사 속의 팔레스타인 문제(世界史の中のパレスチナ問題)』(講談社現代新書, 2013); 고스기 야스시(小杉泰), 『9·11 이후의 이슬람 정치(9·11以後のイスラーム政治)』(岩波書店, 2014)를 위시하여 일본의 중동연구자들이 집필한 수많은 책들을 점진적으로 섭렵하면서 중동연구를 천착하는 과정에서 몸으로 배울 수 있었던 것은, 대부분의 일본 연구자들이 자신의 일신(一身)을 위해서가 아니라 사회의 발전에 일조(一助)하고자 헌신적으로 노력하고 있다는 점이었고, 이는 많은 귀감이 되는 것이라고 할 수 있다.

무엇보다 어려운 여건 속에서도 이 책이 출간될 수 있도록 물심양면으로 지원해주신 도서출판 한울의 김종수 사장님을 비롯한 모든 분들에게 진심으로 감사의 말씀을 전하고 싶다. 아울러 분주하신 가운데 이 책을 위해 각별히 「추천의 글」을 집필해주신 미국 해군사관학교 중동·이슬람연구소(CMEI) 소장님이신 브래넌 휠러(Brannon Wheeler) 교수님, 중국 상하이외국어대학(SISU) 중동연구소 소장조리(所長助理)이신 쑨더강(孫得剛) 교수님, 그리고 인도 자와할랄네루대학(JNU) 서아시아연구소(CWAS) 전임 소장님이시자 동 연구소 걸프 지역 연구를 이끌고 계신 파샤(A. K. Pasha) 교수님께도 감사의 말씀을 전해드리고 싶다.

이 책을 국내에 소개할 수 있었던 먼 계기는 필자가 2007년 미국 국무부의 초청을 받아 워싱턴을 방문했을 때, 필자를 따뜻하게 맞이해주셨던 미국 의회도서관의 호안치(Anchi Hoh) 박사님으로부터의 끝없는 격려와 지원 덕분이었다. 그리고 이스라엘 히브리대학 정치학과 이츠하크 쉬호르(Yitzhak Schichor) 명예교수님과 동 대학 외교학과 오렌 바라크(Oren Barak) 교수님께도 이 지면을 통해 감사의 말씀을 전해드리고자 한다. 또한 중국의 중동연구를 실질적으로 이끌고 계신 중국 상하이외국어대학(上海外國語大學) 중동연구소 주웨이레(朱威烈) 명예소장님, 류중민(劉中民) 소장님, 그리고 왕보(王波) 교수님의 따뜻한 격려에 대해서도 감사의 마음을 담아 기록으로 남겨 두고자 한다. 아울러 중국 서북대학(西北大學) 중동연구소 왕톄정(王鐵錚) 소장님, 황민싱(黃民興) 교수님, 장전(蔣眞) 박사님의 따뜻한 지원에 대해서도 진심어린 감사의 말씀을 전해두고자 한다. 그리고 중국 베이징대학(北京大學) 아랍·이슬람연구소 우빙빙(吳冰冰) 교수님, 칭화대학(淸華大學) 사회과학학원(社會科學學院) 천치(陳琪) 부원장님께도 다양한 형태로 격려를 하여 주시고 도움을 주신 것에 대해서 사의(謝意)를 표하고자 한다.

그리고 필자가 일본 도쿄외국어대학에서 이슬람·중동 연구를 하고 있을 때에 따뜻한 미소와 함께 '미치지 않으면 미치지 못한다'는 불광불급(不狂不及)의 이치를 논하여 주시면서 "더욱 열심히 공부하시길 바랍니다"라며 여러 가지 조언을 해주셨던 사카이 게이코(酒井啓子) 교수님께도 사의(謝意)를 전해드리고자 한다. 아울러 2012년 『시리아: 아사드 정권의 40년사』를 번역·출간할 때에 각별히 「추천의 글」을 집필해주셨던 미국 뉴욕대학의 이타마르 라비노비치(Itamar Ravinovich) 교수님(이스라엘 전임 주미 대사 및 텔아비브대학 전임 총장)께서도 이 책의 번역·출간에 즈음하여 격려의 말씀을 전해주셨다. 이에 대한 감사의 말씀을 이 지면을 통해서 전해드리고자 한다.

마지막으로 일반 독자의 입장에서 바쁜 가운데 번역 초고의 내용을 분담하여 읽고 소중한 조언을 해주었던 이동건(서울대 법학전문대학원 석사과정, 서울대 한반도문제연구회 전임 회장), 옥창준(서울대 정치외교학부 외교학전공 석사과정), 김동욱(서울대 정치외교학부 정치학전공, 한반도아시아국제관계연구회 연구원) 세 후배들에게도 고마움을 전한다.

2014년 8월 3일
일본 도쿄 일독협회(日獨協會;
Japanisch-Deutsche Gesellschaft) 회관에서
이용빈

지은이 다카하시 가즈오(高橋和夫)

후쿠오카현(福岡縣) 기타큐슈시(北九州市) 고쿠라(小倉) 출생. 방송대학 교수. 중동연구 · 국제정치 전공. 오사카외국어대학 페르시아어과 졸업. 컬럼비아대학 국제관계론 석사. 쿠에트대학 객원연구원 등 역임

저서: 『현대의 국제정치』(放送大學教育振興會), 『정말 그랬단 말인가!! 팔레스타인과 이스라엘』(幻冬社), 『미국의 이라크 전쟁: 중동정세와 쿠르드 문제』(角川書店), 『미국과 팔레스타인 문제: 아프가니스탄의 그림자 가운데』, 『아랍과 이스라엘: 팔레스타인 문제의 구도』(講談社現代新書) 외

옮긴이 이용빈

한국지도자육성장학생. 중국 베이징대 국제정치학과 대학원 수학, 서울대 외교학과 대학원 수료. 미국 하버드대 HPAIR 연례 학술대회 참석. 국회 정무위원회 수습연구원, 인도 방위문제연구소(IDSA) 객원연구원 역임. 일본 국립오사카대 '팔레스타인 아랍어' 연수과정 수료. 이스라엘 국회(크네세트), 미국 국무부, 미국 해군사관학교, 일본 게이오대 초청방문. 이스라엘 히브리대학, 미국 중동연구소(MEI), 러시아 모스크바 국립국제관계대학(МГИМО) 학술방문. 현대중국연구소 연구원, 한림대만연구소(HITS) 연구원, 홍콩국제문제연구소 연구원

역서: 『슈퍼리치 패밀리』(2011), 『시진핑』(2011), 『김정은 체제』(공역, 2012), 『시리아』(2012), 『러시아의 논리』(2013), 『중국인민해방군의 실력』(근간, 2014) 외

주요 연구: "The China Factor in Transatlantic Relations," in A. Mania, P. Laidler, and L. Wordliczek, eds., *U.S. Foreign Policy: Theory, Mechanisms, Practice* (Krakow, Poland: Wydawnictwo Uniwersytetu Jagiellonskiego, 2007); בתקופת המלחמה הקרה השינוי במדיניות החוץ של סין כלפי המזרח התיכון(Jerusalem: The Hebrew University of Jerusalem, 2008); "Deepening Naval Cooperation between Islamabad and Beijing," *China Brief: A Journal of Analysis and Information*, Vol.9(Washington DC: The Jamestown Foundation, 2009); "Chasing the Rising Red Crescent: Sino-Shi'a Relations in the Post-Cold War Era," in Anchi Hoh and Brannon Wheeler, eds., *East by Mid-East: Studies in Cultural, Historical and Strategic Connectivities* (Sheffield, UK and Bristol, US: Equinox Publishing, 2013) 외

한울아카데미 1717

이란과 미국

이란 핵 위기와 중동 국제정치의 최전선

지은이 | 다카하시 가즈오
옮긴이 | 이용빈
펴낸이 | 김종수
펴낸곳 | 도서출판 한울

편 집 | 김현대

초판 1쇄 인쇄 | 2014년 8월 22일
초판 1쇄 발행 | 2014년 9월 5일

주소 | 413-756 경기도 파주시 광인사길 153 한울시소빌딩 3층
전화 | 031-955-0655
팩스 | 031-955-0656
홈페이지 | www.hanulbooks.co.kr
등록번호 | 제406-2003-000051호

Printed in Korea.
ISBN 978-89-460-5717-3 03340

* 책값은 겉표지에 표시되어 있습니다.